普通高等教育汽车类专业精品系列教材

U0571568

混合动力电动汽车使用与维护

主　编　毛彩云　柯　松　周锡恩
主　审　王海林

北京理工大学出版社
BEIJING INSTITUTE OF TECHNOLOGY PRESS

内 容 简 介

本书以混合动力电动汽车的使用与维护为主线，简要地介绍了混合动力电动汽车的产生、现状、发展前景及其结构与工作原理，系统地阐述了混合动力电动汽车的使用和维护方法。本书主要内容包括绪论、混合动力电动汽车的总体认识、混合动力电动汽车的结构与工作原理、混合动力电动汽车的使用、混合动力电动汽车的维护以及附录。

本书可作为汽车运用与维修等相关专业的高职、本科院校教材，同时可供相关领域的工程技术人员参考，也可作为车主自行用车或对汽车进行日常维护的指导用书。

版权专有　侵权必究

图书在版编目（CIP）数据

混合动力电动汽车使用与维护／毛彩云，柯松，周锡恩主编. —北京：北京理工大学出版社，2021.1（2025.7 重印）

ISBN 978-7-5682-9490-4

Ⅰ.①混… Ⅱ.①毛… ②柯… ③周… Ⅲ.①混合动力汽车-电动汽车-使用方法 ②混合动力汽车-电动汽车-车辆修理 Ⅳ.①U469.72

中国版本图书馆 CIP 数据核字（2021）第 017697 号

出版发行／北京理工大学出版社有限责任公司	
社　　址／北京市海淀区中关村南大街 5 号	
邮　　编／100081	
电　　话／(010)68914775(总编室)	
(010)82562903(教材售后服务热线)	
(010)68948351(其他图书服务热线)	
网　　址／http：//www.bitpress.com.cn	
经　　销／全国各地新华书店	
印　　刷／涿州市新华印刷有限公司	
开　　本／787 毫米×1092 毫米　1/16	
印　　张／17	责任编辑／陆世立
字　　数／399 千字	文案编辑／赵　轩
版　　次／2021 年 1 月第 1 版　2025 年 7 月第 3 次印刷	责任校对／刘亚男
定　　价／49.00 元	责任印制／李志强

图书出现印装质量问题，请拨打售后服务热线，本社负责调换

随着社会经济的迅速发展，环境问题愈发突出，人们的环保意识也在不断增强，尤其是 20 世纪 90 年代以来，世界各国对改善环保的呼声日益高涨，新能源汽车随之得到迅速发展，电动汽车在国家政策的支持下，有了越来越多的使用者。虽然随着电池技术的进步，纯电动汽车将被更多的人所接受，纯电动汽车的普及也是未来发展的必然趋势，但是由于当前电池技术的限制和充电设备的数量及覆盖面还远未达到人们的要求，因此短期内纯电动汽车还无法取代燃油汽车。由此，混合动力电动汽车应运而生，其结合了燃油汽车与电动汽车的优点，并在汽车市场上已占有一席之地。本书的编写目的是使人们更好地了解混合动力电动汽车使用与维护的技术和方法。

本书共分为 5 章：第 1 章是绪论，阐述了汽车的发展历史以及新能源汽车产生的原因及相关政策，并在此基础上介绍了混合动力电动汽车的现状和发展前景，提出混合动力电动汽车正确使用与维护的重要性；第 2 章是混合动力电动汽车的总体认识，以丰田雷凌双擎和帕萨特插电混动汽车为例，介绍了常见混合动力电动汽车的外观结构、驾驶室组成以及各组成系统；第 3 章是混合动力电动汽车的结构与工作原理，在介绍典型的混合动力电动汽车结构的基础上，以丰田雷凌混合动力电动汽车为例，介绍了混合动力电动汽车各个系统的工作原理；第 4 章是混合动力电动汽车的使用，对混合动力电动汽车的启动与使用方法及注意事项进行了简要介绍，对混合动力电动汽车的保养进行了详细的介绍；第 5 章是混合动力电动汽车的维护，详细介绍了混合动力电动汽车各组成系统的维护方法。

本书的编写注重实用性，并有针对性地收集和引入了当前技术较为先进、使用较为广泛的混合动力电动汽车实例，内容丰富、简明扼要、图文并茂、通俗易懂，融专业技术知识和相关新标准和规范于一体，每章结束均附有思考题和参考答案，便于自学。

本书由广州欧纬德教学设备技术有限公司教研中心统筹，由院校一线教师与企业技术人员合作完成。本书可作为汽车运用与维修等相关专业的高职与本科院校教材，同时可供从事这些领域的工程技术人员参考，也可作为车主自行用车指导或日常维护用书。

本书主编为毛彩云、柯松和周锡恩，主审为王海林。在本书的编写过程中，学生许誉铧、黄华腾等做了大量的资料收集和整理工作，在此致以衷心的感谢！此外，本书参考并引用了一些书籍、论文和网站资料，在此也向原作者表示感谢！

限于编者的经历和水平，书中难免存在疏漏，敬请广大读者批评指正。

目 录

第1章

绪 论

1.1 汽车的历史

以内燃机为动力是现代汽车的标志。早在 1769 年，世界上第一辆蒸汽机汽车便诞生了。而一种四行程的内燃机循环理论直到 1862 年才由法国的 B. D. 罗杰斯提出。1876 年，德国青年工程师 N. A. 鄂图制成了第一台往复活塞式内燃机，之后经过改进的内燃机在欧洲各地迅速出现，并且被装上汽车。

法国人宣称，1884 年法国人爱德华·德马拉·德布特威尔制造出了第一辆内燃机汽车。因此，内燃机汽车诞生百年庆典于 1984 年在巴黎举行。德国人卡尔·本茨于 1886 年 1 月 29 日申请德国皇家专利局专利证书第 37435 号——一辆带煤气内燃机的三轮汽车。因此，德国在 1986 年举办了汽车百年诞辰庆典。1886 年，德国人戈特利布·戴姆勒制成了四轮内燃机汽车。由此可见，汽车的发明是一个漫长的过程，在这个过程中许多人分别作出了不同的贡献。全世界纪念汽车诞生是以卡尔·本茨申请汽车专利为标志，因此人们称卡尔·本茨为"汽车之父"。

德国工程师 R. 狄塞尔在 1893 年发明了压燃式内燃机循环。1897 年，柴油机的实用机型制成，但十分笨重，且轻量化进展较慢，直到 20 世纪中叶以后才大量用于汽车。

内燃机汽车诞生之初并非完善，真正辉煌的时代是从 1895 年 6 月 11 日开始，这一天世界首届汽车拉力赛在法国巴黎举行，竞赛路段是巴黎到波尔多的往返。据记录，参赛汽车共有 22 辆，其中 1 辆是电动汽车，6 辆是蒸汽机汽车，其余为内燃机汽车。比赛结束后，仅有 9 辆汽车跑完全程，其中 8 辆是内燃机汽车，另一辆无记录。这一结果宣告了内燃机汽车的绝对胜利，蒸汽机汽车也由此逐渐退出市场，直到 1923 年停止生产。

汽车技术的发展主要包括两个方面，一是其动力——内燃机技术的发展；二是车辆本身的发展。具体体现在内燃机功率增加使得汽车行驶速度提高，动力大，加速快，行驶也快；车辆良好的控制、减震、避震，保证了高速行驶的安全性、舒适性。此外，还包括方向准确控制和迅速制动，这些性能都是汽车技术的发展。

人类不断地发展进步的汽车技术，在汽车发展史上建立了几个里程碑，产生了对汽车演变的重要影响。

19 世纪末，法国的帕纳尔·勒瓦索公司提出了一种新的驱动方案，即将内燃机装在汽车前部，通过离合器、变速装置和齿轮传动装置把驱动力传到后轮。这种方案后来被称为"帕纳尔系统"，且被人们称为常规方案，一直被载货汽车沿用。

1901 年 3 月，戴姆勒公司的埃米尔·那利内克用女儿的名字"梅赛德斯"作为该公司新型汽车的牌号登记参加了"尼扎赛车周"汽车比赛。结果是，所有的对手都被这种新赛车战胜了，"梅赛德斯"一鸣惊人。法国汽车俱乐部的秘书长保罗·梅昂说："我们进入了梅赛德斯时代。"

1908 年 10 月 1 日，美国底特律开始生产一种以"福特"命名的汽车，型号为"T型"。这种汽车的诞生标志着一个新的工业时代的到来，在这个时代，工人们首次把大批量生产的部件用于在流水线上组装汽车。到 20 世纪 20 年代，全世界一半以上的注册汽车都是福特牌。福特汽车公司创造了一个巨大的永久性汽车市场，带动了全球汽车产业的发展，这也是汽车技术史上的第二个里程碑。

1934 年 3 月 24 日，一款名叫 7A 的前轮驱动汽车问世，采用前轮驱动、无底盘的车身结构、通过扭杆实现单轮减振以及液压制动，并开始批量生产，这是汽车技术史上的第三个里程碑。直到今天，这种前轮驱动汽车依然是轿车设计的潮流。采用前轮驱动的"甲壳虫"型汽车于 1939 年 8 月正式投产，并打破了福特 T 型汽车的产量纪录，累计生产 2 150 万辆，取得了极大的成功。

厢式车，英文全称为"Multi-Purpose Vehicle"，简称为"MPV"，这种由法国雷诺汽车公司在 20 世纪 80 年代创造的 Espace 牌 MPV，以它新颖的车厢布局设计引起了车坛的轰动。MPV 车内可独立调节每个座椅，既可是乘车形式，又可组合成有小桌的小型会议室。从固定到可调的车厢座椅位置，从固定到可变的车内空间布置，标志着汽车使用概念上的变革。受 MPV 设计概念的启发，现代汽车上又出现了运动型多用途车，英文全称为"Sport & Utility Vehicle"，简称"SUV"，它具有轿车和轻型卡车的特点，在"MPV"与"SUV"的基础上，又出现了近年风靡全球的休闲车热潮。休闲车英文全称为"Recreation Vehicle"，简称"RV"，它在外形上突破了传统轿车三厢式的布局，车厢空间具有多用途、富于变化和适应性广的特点。MPV 的出现使汽车设计者突破了旧的框架，设计出从专用性到多样性的各种各样的汽车。

现代汽车已发展成为高新科技产品，汽车上大量应用了计算机技术、现代设计理论、现代测试手段、新材料、新工艺、新技术等，因此，汽车也可以说是科学技术发展水平的标志，特别是汽车上应用的微电子技术，大大改善和提高了汽车的性能。例如，电子控制的内燃机点火系统和供油系统、缸内直喷技术、电动节气门技术、柴油机共轨电控燃料喷射、可变涡轮增压技术、系统变速器的电子控制系统、电子驱动力调节系统（ETS）、防抱死制动系统（ABS）、智能悬架、速度感应式转向系统（SSS）、电子车厢温度调节系统、电控防撞安全系统、电子防盗系统、卫星导航系统（GPS），等等。目前，安全、环保、节能是现代汽车技术发展的方向。

1.2 新能源

1.2.1 为什么发展新能源

在当今的世界能源结构中，石油、天然气和煤炭等化石能源是人类所利用的主要能源。2007 年至 2017 年，全球一次能源消费总量从 115.62 亿 t 油当量增长到 134.75 亿 t 油当量，年均复合增长 1.5%。2018 年，从燃料来源构成看，全球一次能源消费总量中石油占 33.62%，天然气占 23.87%，煤炭占 27.21%，水电占 6.84%，核能占 4.41%，可再生能源占 4.05%。2018 年年末，全球石油已探明储量为 2 441.43 亿 t，储采比为 50 a；全球天然气已探明储量为 196.85 万亿 m^3，储采比为 50.9 a；世界煤炭储量估计为 1.055 万亿 t。

可以看出，在人类开发利用能源的漫长历史中，石油、天然气、煤炭等化石能源占主导地位的时期比较短暂，它们最终将被耗尽。因此，人类必须尽快寻找新的替代能源。

化石能源的大规模开发和利用是环境污染和生态破坏的主要原因之一。在开发和利用能源的同时，如何保护人类赖以生存的地球生态环境已经成为一个重大的全球性问题。全球气候变化是目前国际社会普遍关注的一个重大全球环境问题，它主要是发达国家工业化过程中燃烧大量化石燃料产生的 CO_2 等温室气体的排放造成的。因此，限制和减少化石燃料燃烧产生的温室气体的排放，已成为减缓全球气候变化的主要措施。

自工业革命以来，约 80% 温室气体造成的附加气候强迫是由人类活动引起的，其中 CO_2 的作用约占 60%，而化石燃料的燃烧是能源活动中 CO_2 的主要排放源。据估计，中国能源活动的 CO_2 排放量约为 5.8 亿 t 碳，占全球化石燃料 CO_2 排放量的 9.76%。观测数据显示，在过去 100 a 里，全球平均气温上升了 0.3 ~ 0.6 ℃，全球海平面平均上升了 10 ~ 25 cm。如果不采取温室气体减排措施，未来几十年全球平均气温将每十年上升 0.2 ℃，到 2100 年全球平均气温将上升 1 ~ 3.5 ℃。近年来，由于城市汽车的大量增加，燃烧汽油产生的汽车尾气已经成为城市环境的重要污染源。

新能源一般是指在新技术基础上加以开发利用的可再生能源，包括太阳能、生物质能、风能、地热能、波浪能、洋流能和潮汐能，以及海洋表面与深层之间的热循环等；此外，还有氢能、沼气、酒精、甲醇等新能源。这些新能源在使用时的污染物排放少，是一种与人类赖以生存的地球生态环境相协调的清洁能源。研究和实践表明，新能源资源丰富、分布广泛、可再生、不污染环境，是国际社会公认的化石能源的理想替代能源。根据国际权威机构的预测，到 2060 年，新能源在世界能源构成中将占到 50% 以上，从而成为人类社会未来能源的基石，世界能源舞台的主角。

目前，各种发电方式的碳排放率：常规燃煤电为 304，煤气化联合循环发电为 270，燃气联合循环发电为 118，带烧天然气备用机组的太阳能热发电为 47，地热发电为 2.5，光伏发电和风力发电则为 0。可见，新能源是保护生态环境的清洁能源。采用新能源并逐步减少化石能源的使用，是保护生态环境、进行可持续发展的重大举措。

汽车是现代工业文明的标志之一，是推动一个国家经济发展的重要引擎，也反映了一个国家的综合国力水平。20 世纪末，随着全球石油资源的枯竭、日益严重的空气污染和突出的温室效应，人类社会和经济的可持续发展不容忽视。近年来，随着科学技术的进步，以节能、环保和安全为终极目标的电动汽车、混合动力电动汽车和燃料电池电动汽车的研发和应用已成为世界汽车工业发展的焦点。美国、德国和日本等国都积极展开了新能源汽车产业发展的实践。世界各国政府和汽车公司普遍认识到节能减排是未来汽车技术发展的主要方向，发展新能源汽车产业将是解决这一问题的最佳途径。从汽车工业的发展来看，新能源汽车的快速发展是不可逆转的趋势。与此同时，作为一个崛起的大国，中国的汽车生产和销售近年来迅速增长，对石油的需求也迅速增加。中国是一个能源相对稀缺的国家，这导致中国对外国石油的依赖很大，而工业化的加速加剧了污染状况。因此，新能源汽车产业对中国经济发展意义重大。从国家战略的角度来看，发展新能源汽车产业可以减少中国对石油资源的依赖，保障中国的国家安全，保护中国的环境，保持经济的可持续发展，实现经济的快速增长和产业转型。

1.2.2 新能源汽车

新能源汽车是指采用非常规的车用燃料作为动力来源（或使用常规的车用燃料、采用新型车载动力装置），综合动力控制和驱动方面的先进技术，形成的技术原理先进、具有新结构的汽车。非常规的车用燃料指除汽油、柴油、天然气、液化石油气、乙醇汽油、甲醇、二甲醚之外的燃料。

新能源汽车主要分为四大类型：混合动力电动汽车、纯电动汽车（包括太阳能汽车）、燃料电池汽车、其他新能源汽车（如配备超级电容器、飞轮等高效储能器的汽车）。

新能源汽车的发展，给具有悠久历史的汽车产业注入了新的活力。从近年的产销数据看，全球范围内新能源汽车的发展十分迅猛。这一方面既是得益于各国政策上的支持，另一方面也是因为其符合时代进步的趋势，并带动了上下游产业链的发展，给各国带来了巨大的社会效益和经济效益。统计数据表明，2019 年，全球新能源汽车的销量同比增加14.5%，超过了 220 万辆。得益于此，2019 年全球锂动力电池的总装机量同比增加16.6%，达到了 115.5 GW·h。

中国作为最大的新能源汽车产销国，在 2019 年销售了 120.6 万辆新能源汽车，其中包含 23.2 万辆混合动力电动汽车和 97.2 万辆纯电动汽车。

1. 纯电动汽车

纯电动汽车主要由电力驱动，其中大多数由电动机直接驱动，有些在内燃机舱内安装了电动机，还有些则直接使用车轮作为四个电动机的转子，这种方式的困难在于储能技术。纯电动汽车不会排放污染大气的有害气体，即使将其排放等效为发电厂的排放，除了硫和颗粒外，其他污染物也会显著减少。大多数发电厂都建在远离人口密集的城市的地方，对人类的危害较小，而且发电厂是固定的、集中的，清除各种有害排放物很容易。再加上电可以从煤、核能、水力、风力、光、热等各种一次能源中获得，人们对石油资源枯竭的担心就减轻了。纯电动汽车还可以在用电量低的时候充分利用剩余电量，使发电设备日夜都能得到充分利用，大大提高了其经济效益。相关研究表明，同样的原油被送到发电厂发电，然后充入电池，再由电池驱动汽车的能量利用效率高于精制汽油再由汽油机驱动汽车，有利于节能和减少 CO_2 排放。正是这些优势使得纯电动汽车的研究和应用成为汽车行业的热点。

2. 混合动力电动汽车

混合动力电动汽车的驱动系统由两个或两个以上可同时运行的单个驱动系统组成，其驱动力根据实际行驶状态由单个驱动系统单独提供或两个驱动系统共同提供。按照组成部分、布置和控制策略的不同，可将混合动力电动汽车分为多种形式。混合动力电动汽车的节能和低排放特性引起了汽车行业的极大关注，成为汽车研发的热点。混合动力装置综合了内燃机持续工作时间长、动力性能好和电动机无污染、噪声低的优点，可使汽车提高10% 以上的热效率，尾气排放降低 30% 以上。

混合动力电动汽车采用能够满足汽车巡航需要的较小的内燃机，因为内燃机总是在最佳工况下工作，油耗非常低；燃烧充分，排放气体较干净；起步无怠速（怠速停机）。混合动力电动汽车不需要外部充电系统，解决了一次充电的行驶里程和基础设施等问题，并依靠电动机或其他辅助设备为加速和爬坡提供额外的动力，其结果是提高了总体效率，同时不牺牲性能。此外，混合电动动力汽车还可回收制动能量。在传统汽车中，当驾驶员踩下刹车时，动能会以热量的形式散失掉。而混合动力电动汽车可以回收其中的大部分能量，并暂时储存起来以备加速时使用。当驾驶员想要获得最大加速度时，内燃机和电动机并行工作，以提供与强大的起动性能。在加速要求不是太高的情况下，混合电动动力汽车可以仅通过电动机或者仅通过内燃机或者两者的组合来运行，以实现最大效率。例如，在高速公路上巡航时使用内燃机来驱动汽车；在低速行驶时，由电动机单独驱动汽车。

3. 燃料电池汽车

燃料电池汽车是一种用车载燃料电池装置产生的电力作为动力的汽车。车载燃料电池装置中使用的燃料是高纯度氢或通过重整含氢燃料获得的高含氢重整气体。与普通电动汽车相比，燃料电池汽车的动力来自车载燃料电池装置，而不是来自电网充电的电池。因此，燃料电池是燃料电池汽车的关键。燃料电池是一种不燃烧燃料，通过电化学反应将燃料的化学能直接转化为电能的高效发电装置。发电的基本原理是：电池的阳极（燃料极）输入氢气（燃料），氢分子（H_2）在阳极催化剂作用下被离解成为氢离子（H^+）和电子（e^-），H^+ 穿过燃料电池的电解质层向阴极（氧化极）方向运动，e^- 因通不过电解质层而由一个外部电路流向阴极；在电池阴极输入氧气，氧分子（O_2）在阴极催化剂作用下离解成为氧原子（O），与通过外部电路流向阴极的 e^- 和燃料穿过电解质的 H^+ 结合生成稳定结构的水（H_2O），完成电化学反应放出热量。这种电化学反应与氢气在氧气中的剧烈燃烧反应完全不同，只要阳极持续输入氢气，阴极持续输入氧气，电化学反应就会持续进行，e^- 就会不断通过外部电路流动形成电流，从而连续不断地向汽车提供电力。与传统的旋转机械导体切割磁感线的发电原理完全不同，这种电化学反应属于静态发电模式，无须物体运动即可获得电能。因此，燃料电池具有高效、低噪声和无污染物排放的优点。

4. 燃气汽车

燃气汽车是指用压缩天然气（Compressed Natural Gas，CNG）、液化石油气（Liquefied Petroleum Gas，LPG）和液化天然气（Liquefied Natural Gas，LNG）作为燃料的汽车。燃气

汽车与传统汽车相比，CO_2 排放量减少 90% 以上，碳氢化合物排放量减少 70% 以上，氮氧化合物排放量减少 35% 以上，是目前较为实用的低排放汽车。燃气汽车的优势在于技术相对成熟、排放低、使用成本低，其缺点是使用的能源是不可再生的，并且受到资源限制。

5. 生物燃料汽车

生物燃料是指由生物资源生产的生物柴油和燃料乙醇，可以替代由石油制成的柴油和汽油，是可再生能源开发利用的重要方向。目前的生物燃料汽车主要指生物柴油汽车和乙醇燃料汽车，其优势在于，主要使用可再生能源，易于在替代燃料充足的地区推广；其缺点是燃料来源受到资源和技术的限制。

1.2.3　汽车新能源化

1. 美国的新能源汽车政策

20 世纪 70 年代的两次石油危机使美国政府在 1980 年提出了实现能源独立和自给自足的目标。1975 年，美国政府第一次对汽车的燃料效率提出了要求，并增加了其他新能源的开发。因此，能源安全是发展新能源汽车的首要考虑，且贯穿于新能源汽车发展的整个过程；此外，减少汽车尾气排放和缓解环境压力对新能源汽车的发展起到了重要的推动作用。自 1975 年以来，美国政府制定了一系列能源政策法案、能源投资法案、能源效率法案、消费者保护法案和标准，以及汽车尾气排放标准。

美国新能源汽车的发展离不开政府和龙头汽车企业的资金支持。在克林顿政府时期，总共投资了 15 亿美元用于新能源汽车的研发；1999 年，通用、福特和戴姆勒-克莱斯勒公司共投资 9.8 亿美元进行项目开发；在布什政府时期，仅 2004—2008 年，就投资了 12 亿美元用于氢燃料电池汽车的研究。在 2007 年《能源促进和投资法案》中，美国将通过石油公司筹集的 290 亿美元支持新能源企业；2009 年，美国制定了电动汽车项目，政府投资 10 亿美元，通过折价补贴政策促进新能源汽车市场发展。截至 2019 年，美国已拥有超过 7 万个充电接口。

2. 日本的新能源汽车政策

日本对新能源汽车的认识早于世界第一次能源危机，于 1965 年就开启了电动汽车研发计划，并将其归入国家发展项目中。1967 年，日本成立第一个电动汽车协会，并于 1971 年制定《电动汽车开发计划》，确立了电动汽车产业发展地位，斥资加快新能源汽车发展。虽然日本很早就开发了新能源汽车，但由于早期技术、资金和新能源发展水平的限制，取得的成果并不明显。日本与美国财力雄厚的发展有所不同，日本更注重政策的效率，充分调动一切资源。

日本依靠宏观的能源和环境政策，在新能源汽车开发方面形成了完善、全面、高效的产业链政策体系，涵盖技术研发、补贴政策、税收政策、基础设施建设和市场营销等。日本在 2003 年投入 3.5 亿日元，用于开展燃料电池汽车市场推广，并在 2005 年根据燃料电池汽车普及情况，首次制定了世界氢气燃料电池汽车安全、环境等方面的标准，同年投入 2.15 亿日元用于推进燃料电池巴士的应用，并于 2006 年确定了其所需的技术标准。在新能源汽车技术跨国申请专利方面，混合动力电动汽车的专利 1990—2011 年累计 738 个，混合动力电动汽车跃居世界领先地位。日本国内的 HEV 和 PHEV 的保有量正在逐年增加。2015 年与 2014 年相比，不包括轻型汽车在内的 HEV 类乘用车的保有量增加了将近 86 万辆，总量达到了 550 万辆（约占当时日本国内乘用车总量 3 935 万辆的 14%）。2011 年以后，PHEV 类乘用车的保有量也随之增加，2015 年约为 5.7 万辆。同时，HEV 类轻型汽车的保有量从 2014 年起也急剧增加，2015 年的保有量约为 23.9 万辆。此外，不同油价对新能源汽车的销量影响不同，当油价分别为每桶 60 美元、150 美元、300 美元时，日本新能源汽车的市场份额分别占 12%、28%、45%。

此外，日本还在积极探索氢燃料电池、生物燃料电池、锂电池等，并以混合动力电动汽车的发展为契机，成功实现了传统汽车向零排放和低成本的新能源汽车的过渡转化。日本政府的补贴政策和税收政策具有覆盖面广、分类项目详细的特点，从而提高了政策执行的有效性，使接受、支持的企业、单位和个人得到很好的监督，并为其他相关企业和单位提供了很好的指导。例如，在日本引进低污染车辆的支持系统中，详细列出了补贴制度、各种模式、补贴目标、补贴率和涉及部门。

3. 德国的新能源汽车政策

与日本相比，德国在人口和可利用资源方面具有优势；其次，德国地理位置靠近南部的非洲和西部的亚洲，与处于亚洲角落的日本相比，德国拥有更广阔、更便利的市场。基于这些劣势，使得日本在能源问题、国际市场竞争上比德国更加急切。例如，日本早在 1965 年就有了电动汽车"官民一体"等充分利用国家资源的构想。德国在 2009 年出台了电动汽车发展纲领性文件——《国家电动汽车发展计划》，2010 年 5 月成立了电动汽车国家平台，并于 2011 年 5 月在该平台发布电动汽车未来发展的 3 个阶段：2011—2014 年为重点研发、示范的准备阶段，2015—2017 年为配套设施的市场推广阶段，2018—2020 年为电动汽车规模化阶段。此外，德国在新能源研究、成熟技术和新能源应用的高度普及方面取得了显著成绩。据 IEA 统计数据表明：德国现在已经经过高能耗的工业发展，进入低能耗后工业发展阶段，1980 年以后 CO_2 排放量逐年递减。德国的氢能和生物能源发展良好，因此新能源汽车重点发展清洁燃料汽车和燃料电池汽车，后来扩展到电动汽车；然而，日本国内资源稀缺，且 2011 年发生的核电站泄漏事件导致日本国内能源供应紧张，尤其是电力供应。如果日本继续发展纯电动汽车，显然没有优势，因此必须进行战略调整。另外，德国与美国和日本在政府投资方面明显不同。2016 年，德国联邦政府和德国汽车工业界就购置新能源汽车补贴政策达成共识：各方按照 1∶1 均摊 12 亿欧元补贴金额。德国政府在 2016 年 5 月首次提出新能源汽车补贴政策，有效地促进了当时新能源汽车的销售。而新的补贴政策在 2019 年 11 月被提出，并于 2020 年 2 月 17 日起开始正式实行。根据调整后的政策显示，当车辆价格低于 40 000 欧元时，补贴金额从 4 000 欧元增加至 6 000 欧元；当车辆价格为 40 000 ~ 65 000 欧元时，补贴 5 000 欧元。价格低于 40 000 欧元的插电混动新车补贴将提高 50% 至 4 000 欧元；价格为 40 000 ~ 65 000 欧元的插电混动新车最多能获得 3 750 欧元的补贴（此前公布为 4 000 欧元）。在二手车方面，使用时间不超过 12 个月、总里程不超过 15 000 km 且没有在其他欧盟国家领取过补贴的车辆，纯电动车型可以获得 5 000 欧元的补贴，插电混动车型可以获得 3 750 欧元的补贴。

4. 中国的新能源汽车政策

随着我国经济发展和国民收入的提高，特别是加入世界贸易组织（World Trade Organization，WTO）之后，我国汽车工业发展迅速。截至 2019 年，中国汽车产销量分别为 2 572.1 万辆和 2 576.9 万辆，居世界第一。并且，我国的汽车数量仍以不低的增长率逐年增加。虽然汽车提高了居民的生活水平，但它们也存在能源消耗、空气污染和危害安全等问题。据统计，我国的汽车对石油的需求量约占石油总需求量的 35%，原油对外依存度高达 50%。根据目前汽车普及的速度，在不久的将来，我国将面临石油生产和石油进口的沉重负担。同时，随着汽车保有量的迅速增加，汽车污染已经成为城市空气污染和生态环境恶化的主要原因之一。有鉴于此，在建设资源节约型、环境友好型社会的发展主题下，我国应借鉴发达国家汽车产业发展的经验，根据自身实际情况积极开发新能源汽车，以实现经济的健康发展。

新能源汽车是缓解我国能源危机、实现节能减排目标、改善大气环境和汽车产业转型升级的重要突破口，发展新能源汽车是实现汽车产业可持续发展的战略举措。自 2009 年"十城千辆"工程开展以来，为了推进新能源汽车产业化，中央政府相关部门在市场引入期加大了政策支持力度，为新能源汽车的发展创造了良好的政策环境。

我国的新能源汽车发展可分为以下 4 个阶段。

（1）新能源汽车的研发启动阶段

"八五"（1991—1995 年）期间，我国将电动汽车关键技术研究正式列入国家科技重大攻关项目，启动新能源汽车的研发工作。"九五"（1996—2000 年）期间，我国将电动汽车列入国家重大产业工程项目，开始建设电动汽车运行示范区，着手推广新能源汽车。

（2）新能源汽车产业的研发布局阶段

"十五"（2001—2005 年）期间，我国成立了电动汽车重大专项，将新能源汽车技术列入前沿技术，开始对新能源汽车产业进行研发布局。在这期间，还确立了新能源汽车"三纵三横"的研发格局，并将新能源汽车列入国家的"鼓励产业"目录。

（3）新能源汽车发展进入初步产业化阶段

"十一五"（2006—2010 年）期间，我国设立了节能与新能源汽车重大项目，推动节能与新能源汽车零部件和整车制造的产业化。在此期间，我国开始实施财政补贴等政策，将新能源汽车产业化作为产业调整和振兴的主要任务，并实现了新能源汽车技术成果转化；比亚迪双模电动汽车实现量产，并经国家批准列入第 179 批车辆生产企业及产品名单。

（4）新能源汽车大规模示范及推广阶段

"十二五"（2011—2015 年）期间，我国明确了新能源汽车发展的技术路线及目标，出台了一系列利好政策，涵盖了技术研发、销售和基础配套设施服务等方面，加大了对新能源汽车企业的扶持力度，展开了对新能源汽车的大规模市场推广的工作。

自 2009 年以来，我国相继出台了一系列政策，推动新能源汽车的示范和推广：从战略规划、产业振兴、大气污染保护、节能减排等宏观层面提出了新能源汽车发展的规划和目标，这些目标中有些与新能源汽车的发展直接相关，有些则间接相关；从产业发展、行业管理、科技创新、财税支持等方面作出了详细的政策规定；在交通领域的示范和推广以及配电网建设等方面支持新能源汽车的应用。至此，我国中央政策涵盖了工业、科技、交通、金融、税收和基础设施等许多方面，为新能源汽车的推广和应用创造了一个相对完整的政策体系。2019 年我国的新能源汽车政策如表 1-1 所示。

表 1-1 2019 年我国的新能源汽车政策

文 件	内容概括
《关于进一步完善新能源汽车推广应用财政补贴政策的通知》	对于新能源乘用车、客车和货车确立了技术标准和补贴标准，并对符合 2018 年技术指标要求但不符合 2019 年技术指标要求的设立过渡期，取消地方补贴，转为用于支持充电（加氢）基础设施短板建设和配套运营服务等方面
《关于支持新能源公交车推广应用的通知》	地方可继续对购置新能源公交车给予补贴支持从 2020 年开始，采取"以奖代补"方式重点支持新能源公交车运营
《绿色出行行动计划（2019—2022 年）》	推进绿色车辆规模化应用，加快充电基础设施建设
《推动重点消费品更新升级畅通资源循环利用实施方案（2019—2020 年）》	大幅降低新能源汽车成本；加快发展使用便利的新能源汽车；持续提升汽车节能环保性能；大力推动新能源汽车消费使用；加快更新城市公共领域用车；不断改善配套基础设施
《关于继续执行的车辆购置税优惠政策的公告》	自 2018 年 1 月 1 日至 2020 年 12 月 31 日，对购置新能源汽车免征车辆购置税，公告自 2019 年 7 月 1 日起施行
《关于修改〈乘用车企业平均燃料消耗量与新能源汽车积分并行管理办法〉的决定》	公布了 2021—2023 年新能源汽车积分比例要求，并修改了新能源汽车车型积分计算方法
《新能源汽车产业发展规划（2021—2035 年）》	2025 年新能源汽车新车销量占比达到 25% 左右，2025 年纯电动乘用车新车平均电耗降至 12.0 kW·h/100 km，插电式混合动力（含增程式）乘用车新车平均油耗降至 2.0 L/100 km

1.3 混合动力电动汽车的现状

1.3.1 混合动力电动汽车介绍

汽车与人们的日常生活和生产密不可分。然而众多内燃机汽车的尾气排放造成了空气质量的日益恶化和石油资源的渐趋匮乏，这使开发低排放、低油耗的新型汽车成为当今汽车工业界的紧迫任务。同时，人们越来越关注其他燃料的汽车和电动汽车的开发，其中电动汽车成了最主要的选择。

电动汽车包括纯电动汽车、混合动力电动汽车和燃料电池汽车三种。电动汽车的尾气排放无污染，并可利用煤炭、水力等其他非石油资源，是理想的零排放或低排放汽车。因此，使用电动汽车无疑是解决上述问题的最有效途径。然而，由于纯电动汽车的关键部件之一电池的能量密度、使用寿命和价格等问题，使纯电动汽车的性价比无法与传统内燃机汽车相媲美。尽管具有世界先进水平的纯电动汽车的性能与内燃机汽车相当，但高成本使其难以商业化。燃料电池汽车具有高效、低排放和低噪声的特点，采用可广泛获得和再生的甲醇燃料，已成为新世纪世界各大汽车集团激烈竞争的焦点，被誉为 21 世纪改变人类生活的十大高科技项目之一，但实现工业化仍需很长时间。在这种环境下，结合了内燃机汽车和纯电动汽车优点的混合动力电动汽车异军突起，并成为全球新能源汽车发展的热点。可以相信，在纯电动汽车的储能部件——电池没有取得根本性突破以前，使用混合动力电动汽车是解决污染和能源问题最实用的方法之一。

混合动力电动汽车结合了传统的内燃机、电机驱动装置和储能装置，它们之间良好的匹配和优化控制可以充分发挥内燃机汽车和纯电动汽车的优势，且避免了各自的缺点。混合动力电动汽车是目前最实用的低排放、低油耗汽车，它基本不改变驾驶方式，成本增加相对较少。同时，混合动力电动汽车产业化条件相对较低，不需要基础设施支持，因此，混合动力电动汽车已经成为新能源汽车产业的先锋。

1.3.2 国内外混合动力电动汽车发展现状

1. 国外混合动力电动汽车发展现状

在能源匮乏的环境下，开发新能源汽车，实现汽车动力系统的新能源化，推动传统汽车产业的战略转型，已经成为全球汽车产业面临的共同挑战。混合动力电动汽车结合了纯电动汽车和内燃机汽车的优点，更好地满足了低排放、低油耗和高性价比的综合要求，解决了汽车节能和环保问题，逐渐成为世界主要汽车制造商的研发热点，市场前景越来越广阔。

目前，丰田公司是混合动力电动汽车领域的佼佼者。1997 年 12 月，日本丰田汽车公司率先在日本市场上推出了世界上第一款批量生产的混合动力电动汽车"普锐斯（PRI-US）"，该汽车使用了丰田的 THS 混合动力系统，并于 2000 年 7 月开始出口到北美，同年 9 月开始出口到欧洲。普锐斯在达成高水平的燃油经济性和环保性的前提下，实现了出色的动力性和舒适性，其正式上市标志着以混合动力电动汽车为代表的新一轮汽车研发竞争开始。为保持领先地位，丰田公司加大了对混合动力电动汽车的研发投入。2005 年，丰田投资 1 000 万美元在美国肯塔基州工厂改造设备和训练员工，以生产混合动力电动汽车。2006 年，丰田在美国市场上推出了 4 款由现有车型改造成的混合动力电动汽车，这些混合动力电动汽车的外形、操控以及车内的设备和普通汽车完全一样。

此外，本田公司推出了使用 IMA 混合动力系统的"insight""CIVIC"等混合动力电动汽车；福特公司紧随其后，推出了"ESCAPE"混合动力电动汽车；戴克、通用、雪铁龙、日产等公司也纷纷加快了混合动力电动汽车的产业化开发。通用、戴克、宝马三家公司在混合动力电动汽车技术发展方面结成了联盟，携手发展双模混合动力技术，并在 2005

年的北美车展上引入了一款结合了 V8 柴油机和最新一代混合动力驱动系统的 S 级轿车。通用汽车公司在 2006 年北美国际汽车展上发布了两款全新混合动力电动汽车：土星 Vue-GreenLine 混合动力电动汽车和雪佛兰 Tahoe 双模式混合动力电动汽车。丰田自推出 THS 混合动力系统后，在混合动力技术上占据了一定的优势。2005 年，丰田在日本上市了搭载新一代 THS Ⅱ 混合动力系统的第二代普锐斯。2015 年年底，丰田正式发布了第四代混合动力系统 THS-Ⅳ，依然由普锐斯车型率先使用。

本田为了进一步与丰田的 THS 混合动力系统竞争，推出了 i-mmD 混合动力系统，并于 2019 年在日本推出了搭载第三代 i-mmD 混合动力系统的第十代雅阁混合动力版，本田的 i-mmD 混合动力系统经过多年发展已经趋于成熟。

欧洲方面的主要汽车制造商近年来也纷纷推进混合动力电动汽车的研发进度。大众、宝马、奔驰等在最近几年都积极推出自己的混合动力系统和新车型，以 P2 构型最为流行。2018 年上汽大众在我国推出了全新一代帕萨特的插电式混合动力版。宝马 5 系、奔驰 E 级、奥迪 Q7 等车型系列在近年来也争先恐后地推出了插电式混合动力版车型。

2. 我国混合动力电动汽车发展现状

我国已基本掌握混合动力电动汽车关键零部件技术，建立了完全自主知识产权的动力系统技术平台和产学研合作研发体系，具备相关技术指标和测试能力，开发了一批混合动力电动汽车，实现了小规模整车生产。目前，采用混合动力的客车已在许多城市小规模示范应用，并取得了一系列突破性成果，为混合动力电动汽车发展奠定了坚实基础。在混合动力电动汽车的关键——电池技术研发方面，我国自主研发的镍氢和锂离子动力电池系列产品，能量密度和功率密度接近国际水平，同时突破了安全技术瓶颈，在世界上率先成规模地应用于城市公交系统。同时，我国实现了混合动力电动汽车关键零部件产业化全面跟进，生产支撑能力明显增强，在系统集成、可靠性和节油性能方面取得了显著进步。目前，国内汽车企业已将混合动力电动汽车视为未来主流竞争产品，并从战略上予以高度重视。

我国在新能源汽车的自主研发过程中，坚持了以核心技术、系统集成和关键部件为重点的原则，确立了以纯电动汽车、混合动力电动汽车、燃料电池汽车为"三纵"，以电动机驱动系统、整车控制系统、动力蓄电池/燃料电池为"三横"的研发布局。我国混合动力电动汽车的自主创新取得了重大进展。

混合动力电动汽车的核心技术是电池技术、内燃机技术、电动控制技术、整车控制策略等，内燃机和电动机之间动力的转换和衔接分配也是重点。目前，我国已经建立了混合动力电动汽车动力系统技术平台和产学研合作研发体系，并取得了一系列突破性成果，为整车的开发奠定了基础。

在混合动力电动汽车的关键——电池技术研发方面，我国自主研制出容量为 6～100 A·h 的镍氢电池和锂离子动力电池，功率密度和能量密度接近国际水平；我国自主研制的燃料电池内燃机效率超过 50%，成为世界上少数几个掌握车用百千瓦级燃料电池内燃机研发、制造以及测试技术的国家。另外，我国全面跟进了混合动力电动汽车关键零部件的产业化。在企业方面，比克、比亚迪、万向等动力电池企业投入了数十亿资金以加快动力电池产业化建设，上海电驱动、湘潭电机、南车时代等电机企业加强了相互合作，旨在共同完善混合动力电动汽车产业链建设。

在系统集成、可靠性、节油性能等方面，我国的混合动力电动汽车有明显的改善。目前，一汽、东风、长安、比亚迪等国内汽车企业已将混合动力电动汽车作为未来主流产品，大多数企业的混合动力样车已经成型，并有部分车型已经实现批量上市。比亚迪汽车是我国著名的混合动力电动汽车生产厂商，2008年，比亚迪搭载第一代双模技术的F3DM上市，使该公司成为我国自主插混技术的启蒙者；2013年，第二代双模技术产品具备全时电四驱，百公里加速性能提升到5 s以内，油耗低于2 L，被称为"542"黑科技标杆；2018年，第三代双模技术产品经过全面系统优化，采用全新动力架构，将插混产品的全面性能带到了全新高度。经过多年的技术积累，比亚迪已掌握了新能源汽车领域的众多核心技术，并通过不断地创新和迭代，引领新能源汽车各项性能不断提升。在几十年的追赶中，我国汽车产业已逐渐缩小了与汽车发达国家的差距，并最终在新能源汽车的研发与产业化方面走在了世界的前列。

1.3.3　混合动力电动汽车的优缺点

1. 优点

在所有的节能环保汽车技术中，混合动力电动汽车被认为是目前最可行、最易实现的节能技术。混合动力电动汽车也是世界上唯一能够实现大规模生产的节能环保汽车，这是其最大的优势。混合动力电动汽车的优点体现在以下几个方面。

1）排放性能良好。传统内燃机汽车在怠速、起动时造成的污染最厉害，因为此时内燃机负荷大、汽油燃烧不充分；而在怠速状态的混合动力电动汽车的内燃机并不工作，因此不会有排放。混合动力电动汽车在起动时只有电动机工作，也克服了过多排放的问题，使得内燃机能保持良好的工作状态，提高了燃油效率，在很大程度上减少了尾气排放。

2）动力性能佳。混合动力电动汽车可根据不同车况来选择内燃机、发电机和蓄电池之间的任意组合，从而形成最适合车况的动力输出。当混合动力电动汽车达到一定速度时，车内的内燃机、电动机同时工作，这个时候排量为1.5 L的混合动力电动汽车发挥出的动力相当于2.0 L排量的传统内燃机汽车，尤其是在爬坡、转弯、加速时，更是体现出良好的动力性能。

3）耗油量低。根据丰田公司的测试，普锐斯在城市路况下行驶比同等排量的花冠轿车节油44.4%，在市郊行驶节油29.7%。该车平均油耗为4 L/100 km，比平均油耗在7 L/100 km左右的花冠每年节省大约2 556元（按每年行驶20 000 km、93号汽油价格为4.26元/L计）。尤其在大中城市，交通拥堵现象严重，起步停车频繁，混合动力汽车的能量转化优势将更为明显。

2. 缺点

1）由于混合动力电动汽车仍需要燃烧汽油，因此无法从根本上摆脱对石油的依赖和彻底解决环保问题。

2）和许多新技术一样，混合动力系统的生产成本比内燃机动力系统的成本更高。混合动力电动汽车需要配置传统内燃机汽车并不需要的昂贵配件，如庞大笨重的电池组、电动机以及精密的电子控制模板。因此，加载了混合动力系统的车型要比同级别传统内燃机车型贵 20% ~ 30%（如丰田混合动力电动汽车的价格比同级别传统内燃机汽车贵 4 500 美元左右），这就妨碍了混合动力电动汽车的普及。

3）在高速公路上表现不佳。因为混合动力电动汽车在燃油消耗上的优势主要依靠势能积蓄电力节能，换句话说，混合动力电动汽车在行驶中越是频繁制动减速或频繁地起步停车就会相对更为节能。如果处于长时间匀速行驶，其节能效果就会相应降低。原因是，混合动力电动汽车虽然在城市路况中具有优势，但在高速路上，仍需全凭内燃机驱动，并且加载了几百千克的电池与电动机，反而更加耗费汽油。

1.4 混合动力电动汽车的未来

1.4.1 里程焦虑

里程焦虑是指驾驶员在驾驶电动汽车时因担心突然没电而引起的精神痛苦或忧虑。目前，纯电动汽车一次充满电允许的行驶里程大多无法满足人们驾车旅行的要求。因此，纯电动汽车的使用必须首先解决充电问题，否则就有可能中途搁浅。虽然现在纯电动汽车的技术已达到驾驶者可在家里自行充电，但公共充电站网络的建设尚需要时间。以美国为例，目前数量有限的公共充电站几乎全部集中在加利福尼亚州，因此准备销售纯电动汽车的厂家首先主打该州市场，再逐渐向全美扩展。同时，充电时间长也是一个问题，习惯于几分钟在加油站完成加油过程的消费者恐怕没有耐心为汽车充电等几个小时。

此外，纯电动汽车行驶里程取决于很多因素，对天气、路面条件、驾驶习惯、乘坐人数的敏感度要比传统内燃机汽车大得多。因此，纯电动汽车一次充电后实际可行驶的里程数有很大的不确定性，而驾驶者并不习惯在开始旅程前就要做好诸如路况等各方面的调研。

随着电动汽车电池技术的发展，越来越多的厂家都在着重研发电池技术，用提高电池能量密度的方法来提高车辆续驶里程，但是现阶段消除里程焦虑的最优解就是提高电池的充电效率，使电动汽车充电像传统内燃机汽车加油一样方便。

而就充电效率来说，充电效率越高，越能缩短车辆的充电时长，好比传统内燃机汽车加油一样，加油的时间越短、速度越快，就越能够快速达到所需的续驶里程。目前传统内燃机汽车的续驶里程也不过为六七百公里，充电效率的提高，相当于间接地增加了车辆的续驶里程，若充电 3 min 左右能使续驶里程增加 300 km 甚至更高，即和燃油车加油时间差不多的话，那么基本上就不存在里程焦虑的问题了。

1.4.2　混合动力电动汽车的市场

燃料电池汽车、混合动力电动汽车以及纯电动汽车是现阶段新能源汽车中的典型。在国情影响下，各国在发展新能源汽车的过程中，也设置了不同的侧重点。从我国新能源汽车的现状来看，截至目前，上述三类新能源汽车都在持续研发中。由此可知，研发新能源汽车的相关措施符合了节能与环保的汽车产业宗旨，同时也紧密关系着宏观经济进步以及发展。

混合动力电动汽车可以视作传统内燃机汽车向纯电动汽车过渡的产品。在未来的技术演进中，纯电动汽车还会占有更多的汽车市场份额。但现阶段的纯电动汽车仍然很难占据大规模的汽车市场，这是因为欠缺成熟的新能源技术。但从此类技术的环保性能角度来看，未来在我国势必会受到大力的推广，使越来越多人的生活出行方式发生转变。因此，目前与纯电动汽车技术相关的人员，必须致力于缩短车辆充电耗时并延长续驶里程，使用户的交通出行更加方便。只有纯电动汽车的运行稳定性得以提升，才能使其被越来越多的人接受。而从技术根源角度来看，目前政府已经成立了专门的纯电动汽车研发保障机制，并且构建了相对专业化的技术指导平台，客观上为纯电动汽车的研发提供了充足的保障，也为后续纯电动汽车迈入市场平台奠定了基础。由此，纯电动汽车的市场不可估量，并且此类车型的大面积推广，更会在本质上推动整体新能源汽车的技术发展进程，使车辆节能效率与水准得以显著提升。

目前，混合动力电动汽车在节能性方面有着其他车型不可比拟的优势，能够为新能源汽车体系的构建与推广提供充足的动力。但从可持续发展的角度来看，纯电动汽车才是新能源汽车体系最终的发展趋势。从新能源实质角度来看，我国目前受技术约束，尚不具备混合动力电动汽车的改造条件，并且目前城市道路在距离上通常较长，车辆若要全程保持稳定的运行状态，便需要具备性能较强的内燃机驱动系统和充足的能源储备。混合动力电动汽车能源中通常会含有较少比例的燃油成分，在能源动力上势必比纯电动汽车有优势。从如今交通发展角度来看，消费者更能够接受混合动力电动汽车。

1.4.3　混合动力电动汽车的发展前景

与传统内燃机汽车相比，混合动力电动汽车能够提高燃料经济性和减少污染物排放，因而有很好的发展前景。混合动力电动汽车能够实现动力系统的最佳运行工况：长途行驶使用内燃机驱动，在城市和过渡阶段使用电动机驱动。同时，电力和热力系统的合理分配将大大降低汽车的油耗和污染物排放。从长远来看，混合动力电动汽车只是一种过渡车型，但它在 20~30 a 内很有发展前景。目前的混合动力电动汽车技术的研发已有很大进展，但还是有很大的提升空间，具体包括以下方面。

1）电池研发的目标是提高比功率、比能量和循环寿命。在混合动力电动汽车中要求的是比功率。现阶段，蓄电池是大部分情况下的选择，但燃料电池已经引起了人们的关注，将会是今后研究的重点。

2）控制系统和控制策略是影响整车控制技术的关键因素。汽车动力性、燃料经济性的好坏，很大程度取决于各技术的整合与协调控制。利用计算机仿真技术是对混合动力系统控制策略研究的关键环节，与传统汽车相比，混合动力电动汽车充分发挥了内燃机和电动机的最大优势，提高了燃料经济性，减少了污染物排放。与纯电动汽车相比，其蓄电池容量大大减小，过度依赖电池的问题也得到改善。混合动力电动汽车的价格比传统汽车高出两成左右，因此降低成本可提高混合动力电动汽车的竞争力。

总之，混合动力电动汽车在相当长一段时间内前景广阔，将逐渐成为汽车行业的主导产品。

1.5　混合动力电动汽车正确使用与维护的重要性

如图1-1所示，驱动电动机在低转速和高转速下的高效区间较窄。对于应用较为广泛的、效率较高的永磁同步电机来说，当转速较高进入弱磁控制之后，容易出现损耗增大、电流急剧增大、电机升温大、转子退磁等问题。这些问题也会对电动机控制器和电池产生影响，如大倍率放电时锂离子电池的状态、温升、阻值等可能会受到不利影响。这些特性决定了混合动力电动汽车的驱动系统的整体效率与使用方式有着密切联系。另外，一部分混合动力电动汽车已经具备纯电动行驶功能，但从延长续航和节能的角度考虑，需要注意使用方式。

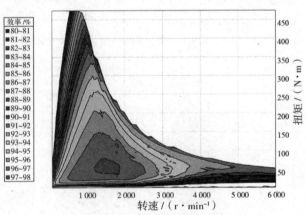

图1-1　驱动电动机效率图

一般而言，混合动力电动汽车的驾驶操作和传统内燃机汽车有很多相似之处，而且混合动力电动汽车内燃机的两大机构和八大系统，和传统内燃机汽车差别不大，很多维护方法可以通用。而其三电系统相对于内燃机而言则不需要太多的日常维护和保养，一方面三电系统在结构上通常更为简单，往复运动的零件数量更少；另一方面也是因为三电系统需要定期加注和更换的液体更少。同时，具备制动能量回收功能的混合动力电动汽车的制动系统的机械磨损和制动油的损耗也会相对较小。

由于混合动力电动汽车上的电池使用的电压平台的电压可能高达数百伏，且高压线以及其他重要元件的布置较为复杂，因此不建议自行对混合动力电动汽车的三电系统的高压线以及其他重要元件进行更换或任何形式的改装。在对混合动力电动汽车进行力所能及的日常维护时，也要做到以下几点。

1）禁止直接用手或其他任何工具触碰高电压电缆、高电压蓄电池或高电压蓄电池的电极。

2）禁止自行对高电压网络、高电压电缆和高电压蓄电池上的任何部件进行任何操作。

如违反安全准则自行对混合动力电动汽车进行维护，有可能引发危险。

由于混合动力电动汽车与传统内燃机汽车相比存在高压电系统，不恰当的使用方式将影响混合动力电动汽车性能的正常发挥，从而导致节油率低和续驶里程不足等问题。因此，对传统内燃机汽车的维护周期和维护方式已不能完全适用于混合动力电动汽车。混合动力电动汽车的用户要根据混合动力电动汽车的特点、使用条件等制订合适的维护周期和排除故障的方法，从而提升混合动力电动汽车维护工作的效率，减少维护成本的消耗。

思考题

1. 新能源汽车是什么，有哪几类？
2. 混合动力电动汽车有何优缺点？
3. 纯电动汽车有何优缺点？

第 2 章
混合动力电动汽车的总体认识

由于混合动力电动汽车与传统内燃机汽车有较大的不同，因此为了对混合动力电动汽车正确地进行使用与维护，势必要对混合动力电动汽车进行全面深入的了解，本章以 2017 款丰田雷凌混合动力电动汽车和帕萨特插电混合动力版为例，对混合动力电动汽车的外观、结构、原理进行讲解。

2.1 混合动力电动汽车的外观结构与基本组成

2.1.1 2017 款丰田雷凌混合动力电动汽车的外观结构

在外观方面，2017 款丰田雷凌混合动力电动汽车（以下简称雷凌）与丰田新卡罗拉同出一门，属于姊妹车型。虽然与新卡罗拉有着千丝万缕的联系，但雷凌却也有着不同的地方，源自欧版车型的外观明显更偏向于运动化，镀铬中网向两侧延伸，穿过车灯并与之融为一体，夸张的大嘴极富运动气质，很好地诠释了它名字的意义。

在内饰方面，雷凌整体内饰布局紧凑合理，垂直的中控台中间位置配有大尺寸显示屏，按键功能合理。

在配置方面，雷凌全系车型标配有主/副驾驶座安全气囊、前排侧气囊、ABS+制动力分配+刹车辅助系统、座椅高低调节、大灯高度可调等配置。值得一提的是，为了增加驾驶乐趣，其转向盘的设计还借鉴了 LEXUS 车型的设计风格，且部分车型还配备了换挡拨片、运动座椅。

在动力方面，雷凌双擎版搭载了 1.8 L 排量阿特金森循环内燃机。该内燃机最大功率为 90 kW，最大转矩为 145 N·m；传动系统采用 ECVT 无级变速器搭配 THS-II 混合动力系统。

在悬挂方面，雷凌采用麦弗逊式独立悬挂（前悬挂）和扭力梁式非独立悬挂（后悬挂）。

下面详细介绍雷凌外观和内饰的各部分结构。

1. 外部灯

雷凌的外部灯与传统内燃机汽车的外部灯区别不大，主要包括前照灯、转向灯、示廓灯、雾灯等，如图2-1所示。汽车外部灯及其功能如表2-1所示。

1—前照灯；2—雾灯；3—示廓灯；4—转向灯。

图2-1　雷凌外部灯光

表2-1　汽车外部灯及其功能

名　称	功　能
前照灯	主要用途是照明车前的道路和物体，确保行车安全。还可以利用远光、近光交替变换作为夜间超车信号。安装在汽车头部的两侧，每辆车装2只或4只
雾灯	装在前照灯附近或比前照灯稍微低的位置。它是在有雾、下雪、大雨或尘埃弥漫等能见度低的情况下，作为道路照明并为迎面来车提供信号的灯具。灯光多为黄色，这是因为黄色波较长，有良好的透雾性能
牌照灯	装在汽车尾部牌照上方，其用途是照亮车辆后牌照板。其要求是夜间在车后20 m处能看清牌照上的号码
转向灯	装在汽车的4个角，分为独立式、一灯两用式和组合式。转向灯的作用是在汽车转向时发出明暗交替的闪光信号，使前后车辆、行人等知其行驶方向
危急报警闪光灯	在紧急情况下能发出闪光报警信号的灯具，通常由转向灯兼任。紧急情况下，所有转向灯同时闪亮
制动灯	安装在汽车后部，表示行驶的汽车减速或停车，灯光为红色，功率为20～40 W，其开关与制动踏板相连
示廓灯	安装在前部和后部，标识汽车外廓
倒车灯	安装在汽车尾部，用于照亮车后道路，同时告知车辆和行人车辆正在倒车或准备倒车，它有灯光信号装置的功能，灯光为白色

2. 刮水器

（1）刮水器的作用

刮水器又称为雨刷、水拨、雨刮器或风窗玻璃雨刷，是用来刮除附着于车辆风窗玻璃上的雨点及灰尘的设备，并在雨天或雪天行驶时清除风窗玻璃上的雨水、雪或尘土，以保证驾驶人有良好的视线,从而确保行驶安全。刮水器普遍具有高速、低速及间歇工作挡位,而且除变速外,还有自动复位功能,图2-2为雷凌刮水器。

图2-2 雷凌刮水器

(2) 刮水器的组成

刮水器的组成如图2-3所示。

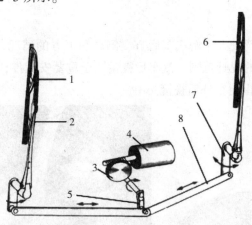

1—刮水片;2—刮水臂;3—蜗轮蜗杆减速机构;4—电动机;5—摇臂;6—铰接式刮水片架;7—摆杆;8—连杆。

图2-3 刮水器的组成

3. 风窗玻璃

(1) 前风窗玻璃

图2-4为雷凌前风窗玻璃,一般采用减速玻璃。所谓减速玻璃其实就是夹层玻璃,一些钢化前风窗玻璃因为光学性能差,过渡不平滑,驾驶人长时间开车易引起眼睛疲倦、头晕,而夹层玻璃的光学性能好,没有光畸变,从车内向外看视觉很清楚,再加上现在夹层玻璃引进新技术,使光线变得很柔和,从而能给人一种减速的感觉。

夹层玻璃是两层玻璃中间加一层 PVB 胶片制成的一种安全玻璃,现在一些汽车玻璃制造商利用最先进的玻璃和胶片制造的前风窗玻璃还有吸热的效果,从而在炎热的夏天,使车内增加了清凉的感觉。

汽车风窗玻璃在与车体接触的边缘处有弧度，可以使车外景物在透过弧度时发生变形，从而影响车内乘客的视觉，产生减速的效果。就像用放大镜看报纸时一样，中间的景物移动得慢，边缘的景物移动得快。并且，在风窗玻璃边缘都有渐淡的点状黑色装饰边，同样也起到一定的减速效果。

（2）后风窗玻璃

后风窗玻璃上横向间隔有黑色的电阻丝，当行车时若有霜覆盖到后风窗玻璃上，会挡住视线，此时电阻丝通电发热，起到除霜作用。图2-5为雷凌后风窗玻璃。

图2-4　雷凌前风窗玻璃

图2-5　雷凌后风窗玻璃

4. 车外后视镜

车外后视镜用于使驾驶人了解汽车后方、侧方和下方的情况，相当于"第二只眼睛"的作用，扩大了驾驶人的视野范围。汽车后视镜属于重要安全件，它的镜面、外形和操纵都颇有讲究。图2-6为雷凌车外后视镜。

图2-6　雷凌车外后视镜

后视镜有一个视界的问题，视界是指镜面所能够反映到的范围。业界有视界三要素的提法，即驾驶人眼睛与后视镜的距离、后视镜的尺寸大小和后视镜镜面的曲率半径。这三要素之间具有一定的关系：当驾驶人眼睛与后视镜的距离和后视镜的尺寸一定时，镜面的曲率半径越小，镜面反映的视界越大；当后视镜镜面的曲率半径一定时，镜面的尺寸越大，镜面反映的视界越大。但是，事物总有两面性，虽然镜面的曲率半径越小视野范围越大，但同时镜面反映的物体变形程度也越大，这有些像哈哈镜，往往会使驾驶人产生错觉。从行车安全的角度出发，行业标准规定，平面镜的失真率不得大于3%，凸面镜的失真率不得大于7%，且要求不能反映有歪曲变形的实物图像。

5. 车门

车门按其开启方式可以分为五种：逆开式、顺开式、水平移动式、上掀式和折叠式。雷凌采用比较传统的顺开式车门，如图2-7所示。

图2-7　雷凌顺开式车门

6. 保险杠

汽车保险杠是吸收和减缓外界冲击力、防护车身前后部的安全装置。许多年以前的汽车前后保险杠是用钢板冲压成槽钢，与车架纵梁铆接或焊接在一起的，与车身有一段较大的间隙，看上去十分不美观。随着汽车工业的发展和工程塑料在汽车工业的大量应用，汽车保险杠作为一种重要的安全装置也走向了革新的道路。今天的汽车前后保险杠除了保持原有的保护功能外，还要追求与车体造型的和谐与统一，以及本身的轻量化。目前大多汽车的前后保险杠都是塑料制成的，人们称为塑料保险杠，一般由外板、缓冲材料和横梁三部分组成。其中，外板和缓冲材料用塑料制成，横梁用冷轧薄板冲压而成U形槽；外板和缓冲材料附着在横梁上。

雷凌保险杠（防撞梁），位于汽车前方（见图2-8）和后方的大部分区域，被设计用于避免车辆外部损坏对车辆安全系统造成的影响，但不具有在高速撞击时减少撞击力的作用。

图2-8　保险杠位于车前

近年来，随着PP复合技术和塑料成型加工技术的进展，使用改性PP材料生产的塑料保险杠市场占有率已达70%。塑料保险杠具有很好的强度、刚性和装饰性，从安全上看，汽车发生碰撞事故时能起到一定的缓冲作用，保护前后车体；从外观上看，与车体浑然成一体，具有很好的装饰性，成为装饰汽车外形的重要部件。

目前，塑料保险杠用量正在逐渐增大，并将逐步取代其他各种类型的保险杠。

2.1.2 帕萨特插电混合动力版的外观结构与基本组成

帕萨特插电混合动力版（Passat GTE）在外观结构上与普通燃油版的帕萨特最明显的差别在于，其汽车前端车标附近设有一个隐藏式充电口，可以通过此充电口向高压蓄电池充电。图 2-9 为帕萨特插电混合动力版的外观，图 2-10 为帕萨特插电混合动力版的隐藏式充电口。

图 2-9　帕萨特插电混合动力版外观

图 2-10　帕萨特插电混合动力版的隐藏式充电口

这款车型由上汽大众引进国内市场，它与普通燃油版的外形参数分别如图 2-11 和图 2-12 所示。帕萨特插电混合动力版的侧视图和后视图分别如图 2-13 和图 2-14 所示。

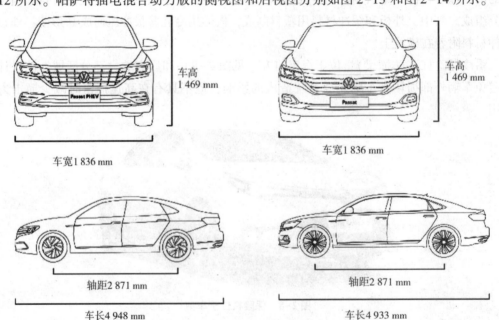

图 2-11　帕萨特插电混合动力版的外形参数　　图 2-12　帕萨特普通燃油版的外形参数

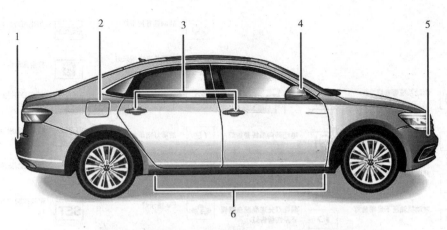

1—后泊车雷达系统传感器；2—油箱盖板；3—车门把手；4—车外后视镜；

5—前泊车雷达系统传感器；6—汽车千斤顶的支承点。

图2-13 帕萨特插电混合动力版的侧视图

1—反光装置；2—后部牌照支架；3—尾灯；4—高位制动信号灯；5—后窗玻璃；

6—行李箱盖开启按钮；7—尾灯；8—反光装置；9—后泊车雷达。

图2-14 帕萨特插电混合动力版的后视图

2.2 驾驶室的认识

2.2.1 仪表盘

1. 指示灯

丰田车系仪表盘指示灯如图2-15所示。一般来说，汽车上的指示灯主要有以下12种。

图 2-15　丰田车系仪表盘指示灯

1）机油指示灯：用来显示内燃机内机油的压力状况，起动内燃机时，车辆自检，指示灯点亮后自动熄灭；若指示灯常亮，则表示油压低于标准值。

2）驻车指示灯：用来显示车辆驻车的状态，平时为熄灭状态，当驻车拉杆被拉起后，该指示灯自动点亮。

3）燃油指示灯：用于提示燃油不足，该灯亮起时，表示燃油即将耗尽，一般从该灯亮起到燃油耗尽之前，车辆还能行驶 50 km 左右。

4）前后雾灯指示灯：用来显示前后雾灯的工作状况，前后雾灯接通时，两灯点亮。

5）转向指示灯：转向灯亮时，相应的转向灯按一定频率闪烁；按下双闪警示灯按键时，两灯同时亮起；转向灯熄灭后，指示灯自动熄灭。

6）远光指示灯：显示前照灯是否处于远光状态，通常的情况下该指示灯为熄灭状态，在远光灯接通和使用远光灯瞬间点亮功能时亮起。

7）安全带指示灯：显示安全带状态的指示灯，按照车型不同，采用灯亮起数秒的方式进行提示，或者直到系好安全带才熄灭，有的车还会有声音提示。

8）示廓指示灯：用来显示车辆示廓灯的工作状态，平时为熄灭状态，当示廓灯打开时，该指示灯随即点亮。

9）车门指示灯：用来显示各车门状况，任意车门未关上或者未关好时，该显示灯点亮，当车门关好后，该指示灯熄灭。

10）内燃机自检灯：用来指示内燃机的工作情况，当起动内燃机时，车辆自检，该指示灯点亮后熄灭，若该灯常亮，表示内燃机出现故障。

11）ABS 指示灯：用来显示 ABS 的工作状况，当起动内燃机时，车辆自检，该指示灯点亮数秒后熄灭，若该灯常亮或不亮，表示 ABS 出现故障。

12）O/D 挡指示灯：用来显示自动挡的超速挡的工作状态，若 O/D 挡指示灯闪亮，说明 O/D 挡已锁止。

2. 仪表盘

仪表盘（见图 2-16）上一般有以下 4 种仪表。

图 2-16 仪表盘

1）冷却液温度表：指示内燃机冷却水套中冷却液的温度。

2）内燃机（即发动机）转速表：指示内燃机转速，是内燃机工况信息重要的指示装置，便于驾驶人选择内燃机最佳的速度范围，把握好换挡的时机，以及充分利用经济车速。

3）车速-里程表：车速表根据装在变速器上的车速传感器检测不同的车轮转速，得到不同的脉冲信号，然后转换为指针输出，从而指示当前汽车行驶的速度；里程表是用来记录汽车行驶总里程。车速表和里程表通常安装在一个壳体中。

4）燃油表：指示油箱当前燃油余量，一般为指针显示和数字显示。

2.2.2 转向盘及其附件

1. 转向盘

转向盘是用来操纵汽车行驶方向的装置，通过控制转向轮，实现车辆的转向。转向盘一般通过花键与转向轴相连，并设置在驾驶人与车轮之间，引入操作灵活的齿轮系统，很好地隔绝了来自道路的剧烈振动。图 2-17 为汽车转向盘，其后方一般有 2 根控制杆，位于驾驶人左手边的是转向杆，位于驾驶人右手边的是刮水器控制杆。

图 2-17 汽车转向盘

2. 转向杆

图 2-18 为转向杆，它是驾驶人控制前照灯（远光和近光）、雾灯、转向灯、示廓灯等灯具的控制杆。

图 2-18　转向杆

3. 刮水器控制杆

图 2-19 为刮水器控制杆，它有 4 个挡位：OFF 为停止挡，AUTO 为自动挡，LO 为慢速挡，HI 为快速挡。刮水器控制杆还有一个功能：向转向盘方向扳动控制杆时，位于风窗玻璃下方的喷水口会对风窗玻璃进行喷水；当控制杆回复原位时，喷水停止。

图 2-18　刮水器控制杆

2.2.3　变速杆

变速杆通过改变不同比例的变速器齿轮的合分，使汽车加速、减速或停车。

1. 手动挡雷凌变速杆

手动挡雷凌一般有 5 个前进挡，1 个倒车挡，挡位越低，汽车速度越慢；挡位越高，汽车速度越快。手动挡雷凌变速杆如图 2-20 所示。

2. 自动挡雷凌变速杆

自动挡雷凌变速杆如图 2-21 所示，挡位说明如下。

1）P 驻车挡：起动内燃机时应在这个挡位。

2）R 倒车挡：倒车时使用这个挡位。

3）N 空挡：不传动动力。

4）D 驱动挡：通常行驶使用这个挡位。

5）2 挡：内燃机制动，必要时使用。

6）L 低速挡：较强的内燃机制动，必要时使用。

7）O/D 超速挡：换入超速挡后，就会以规定速度以上的速度自动行驶。

图 2-20　手动挡雷凌变速杆　　　　图 2-21　自动挡雷凌变速杆

2.2.4　踏板

手动挡雷凌有离合器踏板、制动踏板和加速踏板，如图 2-22 所示。自动挡雷凌只有制动踏板和加速踏板，如图 2-23 所示。

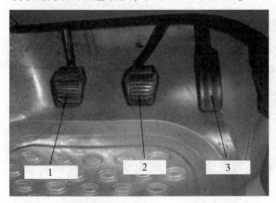
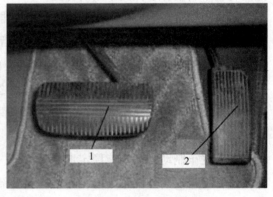

1—离合器踏板；2—制动踏板；3—加速踏板。　　　1—制动踏板；2—加速踏板。

图 2-22　手动挡雷凌踏板　　　　　　图 2-23　自动挡雷凌踏板

各踏板的作用如下。

1）制动踏板：驾驶人能通过踩下制动踏板来控制汽车的制动或减速。

2）加速踏板：驾驶人能通过踩下加速踏板来控制汽车加速。

3）离合器踏板：对于手动挡汽车，当进行换挡操作时，要先踩下离合器踏板再完成换挡动作。

2.2.5　驻车制动手柄

驾驶人通过拉动驻车制动手柄（见图2-24）可锁住传动轴或者后轮，以实现驻车制动的动作。驻车制动手柄通常是指机动车辆安装的手动刹车，简称手刹，在车辆停稳后用于稳定车辆，避免在斜坡路面停车时发生溜车事故。常见的手刹一般置于驾驶员右手下垂位置，便于使用。

图 2-24　驻车制动手柄

进行驻车制动时，向下踏住制动器踏板，向上全部拉出驻车制动手柄；松开驻车制动时，向下踏住制动器踏板，将驻车制动手柄向上稍微拉动，用拇指按下手柄端上的按钮，然后将驻车制动杆放低到原始的位置。

对自动挡汽车而言，一定要先施加驻车制动，再将排挡杆移动到"P"位置。在倾斜地面停车时，如果先换挡到"P"位置，然后才进行驻车制动，车身的重量将使得驾驶员在准备开动汽车时难于从"P"（驻车）挡换出来。

在准备开动汽车时，应在松开驻车制动之前先将变速杆从"P"（驻车）挡换出来。

不得在开动汽车时拉紧驻车制动手柄，否则会因过热，使后刹车作用下降，从而导致制动器寿命缩短或产生永久性损坏。

如果驻车制动手柄不能稳定地制动汽车，或不能完全松开，则应立即要求经销商或服务站进行检查。离开汽车之前，通常均应全部拉上驻车制动手柄，否则汽车会移动，引起伤害或损坏。驻车时，确保使手动挡汽车的变速杆处于空挡，使自动挡汽车的变速杆处于"P"位置或"N"位置，而且绝大多数自动挡汽车只有P挡时才能拔出汽车点火钥匙。如无特殊情况，严格禁止汽车变速杆在前进挡（D，S，L或带阿拉伯数字的挡位）或倒挡（R）位置时进行驻车行为。

2.2.6　安全装置

1. 安全气囊

电子安全气囊系统是一种被动安全性的保护系统，它与座椅安全带配合使用，可以为乘员提供有效的防撞保护。在发生碰撞时，汽车安全气囊可使头部受伤率减少25%，面部受伤率减少80%左右。

如图2-25所示，安全气囊分布在车内前方（正副驾驶位）、侧方（车内前排和后排）和车顶3个方向。

图2-25　安全气囊

在正驾驶位的气囊安装在转向盘的中间位置，副驾驶位的安全气囊安装在正前方的平台内部，在发生碰撞的瞬间，可以有效地保护驾驶人和副驾驶位乘员的头部和胸部。

侧面气囊系统用于在汽车遭侧面碰撞以及发生翻滚时保护乘员的安全，一般安装在车门上。车辆遭到侧面碰撞时会导致车门严重变形，以至于无法开启车门，车内乘员被困于车内，侧面安全气囊可以有效地保护车内驾乘人员遭受来自侧面撞击导致的腰部、腹部、胸部外侧以及胳膊的伤害，保证身体上肢的活动能力，提供逃生的可能。

2. 安全带

安全带是汽车发生碰撞过程中保护驾乘人员的基本防护装置，理想的安全带作用过程是：首先，及时收紧，在事故发生的第一时刻毫不犹豫地把人"按"在座椅上；其次，待冲击力峰值过去，或人已能受到气囊的保护时，适当放松，避免因拉力过大而使人肋骨受伤。

图2-26为预紧式安全带，其特点是当汽车发生碰撞事故的一瞬间，乘员尚未向前移动时它会首先拉紧织带，立即将乘员紧紧地绑在座椅上，然后锁止织带防止乘员身体前倾，从而有效保护乘员的安全。

图2-27为三点式安全带，将斜挂带的扣接点置于座后，这种安全带与一个放在腹部上的扣环相连，称为组合式肩-腰安全带。

图2-26 预紧式安全带　　　图2-27 三点式安全带

2.2.7 空调

空调系统是实现对车厢内空气进行制冷、加热、换气和空气净化的装置，它可以为乘车人员提供舒适的乘车环境，降低驾驶人的疲劳强度，提高行车安全。图2-28为汽车空调系统。

图2-28 汽车空调系统

2.2.8 内部照明装置

内部照明装置通常包括顶灯、仪表灯、工作灯、指示灯、车厢灯、车门灯等。图2-29是常见的汽车内部照明灯具及其位置，内部照明灯具及其作用如表2-2所示。

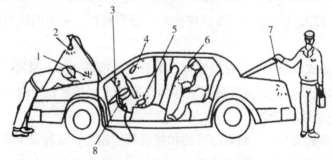

1—内燃机罩下灯；2—工作灯；3—仪表照明灯、报警指示灯；4—顶灯；5—门灯；

6—阅读灯；7—行李箱灯；8—开关照明灯。

图2-29 常见的汽车内部照明灯具及其位置

表2-2 内部照明灯具及其作用

照明灯类型	作用
顶灯	安装在驾驶室或车内顶部,供驾驶室内照明的灯具。顶灯灯光为白色,灯罩大多采用透明塑料制成,灯泡功率一般为5~8 W
踏步灯	用来照明车门踏步处,方便乘客上下车的灯具。灯光为白色,灯泡功率一般为5~8 W
行李箱灯	行李箱内的灯具。灯光为白色,灯泡功率为5~8 W
工具灯	修理汽车时使用的,在汽车上装设插座,配带有导线、插头的移动式灯具。灯光为白色,灯泡功率一般为8~20 W
仪表灯	仪表灯装于汽车仪表盘上,用于仪表照明,以便于驾驶员获取行车信息和进行正确操作,其数量根据仪表设计布置而定

2.2.9 其他附属装置

1. 汽车玻璃升降器

汽车玻璃升降器一般由以下几部分组成:操纵机构(摇臂或电动控制系统)、传动机构(齿轮、齿板或齿条,齿轮软轴啮合机构)、玻璃升降机构(升降臂、运动托架)、玻璃支承机构(玻璃托架)及止动弹簧、平衡弹簧。其中,平衡弹簧用于平衡玻璃的重力,以减轻操纵力;装在小齿轮与支承座间的止动弹簧用于定住玻璃(止动),保证其停留在要求位置。

电动式玻璃升降器工作原理:开启电动机,由电动机带动减速器输出动力,通过主动臂和从动臂或拉动钢丝绳移动玻璃安装托架,迫使门窗玻璃作上升或下降的直线运动。

传动路线:摇手柄→小齿轮→扇形齿轮→升降臂(主动臂或从动臂)→玻璃安装槽板→玻璃升降运动。

汽车玻璃升降器的功能:

1)调整汽车门窗开度的大小,故玻璃升降器又称为门窗调整器,或摇窗机构;

2)保证车门玻璃升降平稳,门窗能随时顺利开启和关闭;

3)当升降器不工作时,玻璃能停留在任意位置上。

2. 倒车雷达

倒车雷达是汽车驻车或者倒车时的安全辅助装置,能以声音或者更为直观的图像告知驾驶员周围障碍物的情况,解除了驾驶员驻车、倒车和起动车辆时前后左右探视所引起的困扰,并弥补了倒车时存在的视野死角和视线模糊等缺陷。工作中的倒车雷达的显示器如图2-30所示。

图 2-30　工作中的倒车雷达的显示器

倒车雷达主要由超声波传感器、控制器和显示器或蜂鸣器等组成，作用分别如下。

1）超声波传感器：主要功能是发出和接收超声波信号，然后将信号输入到主机，通过显示设备显示出来。

2）控制器：对信号进行处理，计算出车体与障碍物之间的距离及方位。

3）显示器或蜂鸣器：当传感器探知汽车距离障碍物的距离达到危险距离时，系统会通过显示器或蜂鸣器发出警报，提醒驾驶员。

倒车时，倒车雷达利用超声波原理，由装置在车尾保险杠上的探头发送超声波撞击障碍物后反射此声波，计算出车体与障碍物间的实际距离，然后提示给司机，使停车或倒车更容易、更安全。如图 2-30 所示，显示器上面有 3 条线，如果线表示的位置有障碍物，则线会消失；与障碍物越近，警报声越急促。

倒车雷达的主要功能：

1）准确地测出车尾与最近障碍物间的距离；

2）倒车至极限距离时，能发出急促的警告声提醒驾驶员注意制动；

3）能重复发出语音警告声，提醒行人注意。

3. 导航系统

汽车导航系统可分为：无引导功能导航系统、自主导航系统和 GPS 导航系统。

雷凌采用了比普通 GPS 导航方式更可信赖的 GPS 导航和自律导航混搭模式，通过卫星波定位 CGPS 导航，能够实现更准确的定位；确保驾驶员能立刻了解自己当前的所在地及行驶方向；引导汽车在繁忙交通状态和复杂道路网络中，选择最佳路径，使其在最短时间或路程内到达目的地；引导驾驶员安心舒适地驾驶。导航系统界面如图 2-31 所示。

图 2-31　导航系统界面

现代导航系统已经从最早的单一的"示向"系统，发展成为具有汽车导航、防盗、调度、工况检测和报警功能的综合系统，而且民用导航系统的精度已经达到米级。此外，现代导航系统还带有真人语音提示，设置完成后，导航系统会通过清晰的语音提示来指引方向，其导航功能还可与娱乐功能同时使用。

AVN 导航系统的 GPS 定位，会受天气及使用地点（高楼/隧道/地下道/树林）的影响，且大部分 GPS 均无法于室内及地下室定位，GPS 的信号也无法穿透高层建筑物及含金属成分的汽车隔热膜或类似产品。

2.3　混合动力电动汽车的基本组成

典型的混合动力电动汽车的主要构成如图 2-32 所示。

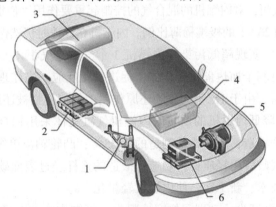

1—轻量化材料；2—动力蓄电池；3—油箱；4—高效率内燃机/燃料电池；5—电动机；6—电力电子元件。

图 2-32　典型的混合动力电动汽车的主要构成

2.3.1　原动机

1. 汽油机

原动机又称动力机，泛指利用能源产生原动力的一切机械，是机械设备中的重要驱动部分。

混合动力电动汽车的原动机是其主要的能量来源，通常是汽油机、柴油机或者燃料电池的一种。原动机的选择主要基于汽车的操纵灵活性、燃油经济性和废气排放的要求。

雷凌的原动机选择的是汽油机。

汽油机是将天然化石能源转化为机械做功以驱动汽车，主要优势在于特定功率（比功率）大、转速范围宽和机械效率高。

汽油机是当前混合动力电动汽车的主力内燃机，汽油机在技术上已相当成熟，在节能和环保方面也取得了很大的进展。混合动力电动汽车更侧重于选用小型化、低油耗、低排放的内燃机，并将其控制在最佳效率范围内稳定运转。在混合动力电动汽车上除采用最新的各种节能和环保措施外，还采取以下一些控制方法：

1）采用全新理论和结构的内燃机；

2）由电动机在短暂时间内，完成内燃机的起动加速，减小内燃机的起动时间和排放；

3）减小泵气阻力和各种运动副的摩擦阻力等；

4）采用"开-关"控制方式，完全避开内燃机的低效率的运转（如怠速）工况范围。

本田汽车公司的 Insight 混合动力电动汽车和 Insight 混合动力跑车以汽油机为主要动力，电动机/发电机为辅助动力，它们的动力配比为 9:1。该汽油机是当前世界上质量最小、效率最高的内燃机之一，其特点如下。

1）极端稀薄燃烧技术。内燃机的排气门用铝制造，进、排气门由同一个摇臂轴支撑，可以使进、排气门之间的夹角达到较小的 30°，使进气门接近垂直状态。紧凑排列的进、排气门，可以增强进气时气体的旋转涡流，涡流旋转速度比一般稀薄燃烧的内燃机高出 20%，并且进一步使燃烧室的结构更加紧凑，有利于稀薄燃烧气体充分结合。

每个气缸有 4 个气门，对内燃机的混合气的控制起重要作用。使混合气的空燃比由过去的 23:1 扩大到现在的 26:1 的极端稀薄比例。内燃机在低速时仍然保持稀薄燃烧状态。

2）高效催化转化，实现超低污染。内燃机 3 个气缸排气汇入同一铝气缸盖铸为一体的双催化转化器中，有利于加热催化转化器，促进催化反应。当在理论空燃比工况下燃烧时，经过催化和转化后，由于 HC 和 CO 的还原作用，使氮化物被还原为 N_2 再排入大气。

3）先进的结构，降低内燃机的质量。内燃机气缸缸体采用铝合金铸法制造，内铸薄壁铁衬套，油底壳用镁铸造，质量比铝制造的轻 35%；凸轮轴由单级无声链驱动，气门摇臂采用滚针轴承，进气歧管用轻质材料制造；锻造的连杆经过表面碳化处理，强度得到提高，采用新材料、新技术、新工艺，使内燃机轻量化。

4）采用有效的措施减少运动副间的摩擦阻力。气缸中心线与活塞中心线有微小的偏移，可以减小活塞在由下止点向上止点运动时，因连杆的"拍击"作用而产生的活塞与气缸壁的摩擦；活塞微观表面呈波浪状，有利于保持活塞表面的油膜和润滑；采用低刚度弹簧，双环设计可以获得最小的活塞环缩进量，一方面提高了气密性，另一方面还使活塞与气缸壁的摩擦力大大降低，与传统结构相比，可以使摩擦能量损耗减少 10%；此外，气门摇臂轴和气门摇臂采用滚动轴承，使运动结构件之间摩擦能量损失降低了 70% 左右；改进后的进气歧管，使泵气损失大大降低；降低内燃机各个部分的摩擦阻力，有效地提高了内燃机的效率。

2. 阿特金森循环内燃机

混合动力电动汽车可以使用热效率更高的原动机，与电动机相互配合，互补不足，以实现更好的燃油经济性。其中，阿特金森循环（Atkinson-Cycle）内燃机是最具有代表性的原动机之一，其经常应用在混合动力车型上。

阿特金森循环内燃机的热效率和传统的奥托循环内燃机相比具有明显优势。在当今各国逐步收紧排放政策的环境下，一些汽车制造商为了进一步提高燃油经济性，开始在其产品上使用阿特金森循环内燃机。詹姆士·阿特金森在1882年提出了阿特金森循环的概念，此后尽管这种循环存在过不同的具体设计方案，但都沿用了使膨胀比大于压缩比，从而使内燃机的热效率得到提高的基本思路。时至今日，这种技术已经在很多量产车型上发展出各种不同的实现方式。在混合动力电动汽车方面最早的应用是丰田的Prius车型（见图2-33），搭载阿特金森循环内燃机的Prius在美国市场多次被评为燃油经济性最好的车型。根据美国环保署的测试结果，即使是2001年的旧款Prius，其城市道路油耗也已经降低到了5.6 L/100 km。目前，本田、丰田都在其混合动力车型上大量使用阿特金森循环内燃机。

图2-33 早期丰田Prius车型

理想的奥托循环示功图如图2-34所示。

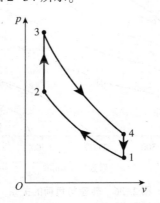

图2-34 理想的奥托循环示功图

从示功图看，理想的四冲程奥托循环由一系列绝热、等容过程组成。但实际上因为热损失、泵气损失等的存在，无法完全做到在理想过程下运行，故典型的四冲程奥托循环的实际示功图如图 2-35 所示。

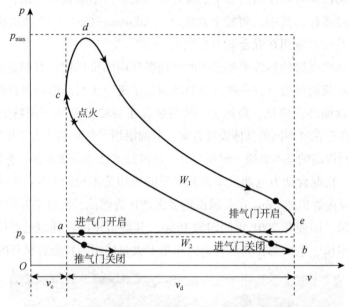

图 2-35 典型的四冲程奥托循环的实际示功图

根据此示功图和热力学知识可知，内燃机在一个循环中对外做有效功为 W_1 所代表的面积减去 W_2 所代表的面积。W_2 所代表的面积是循环中的泵气损失，其在负荷较小时会增大。根据相关研究，相同转速下，随着负荷下降，泵气损失增加，如图 2-36 所示，$1\ bar = 10^5\ Pa$。那么，如果可以减小泵气损失，内燃机的热效率就可以得到提高。

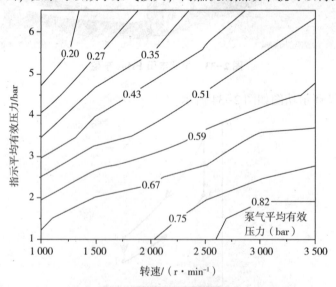

图 2-36 转速与负荷的关系

该研究还指出，相同转速下，负荷越小，则热效率越低从而油耗越高，故燃油经济性越差。

此外，较低的压缩比和膨胀比会导致内燃机的指示热效率较低，但内燃机若一味地增大压缩比又容易导致爆燃。而通过使膨胀比增大，或者调节膨胀比与压缩比之间的比例关系来提高指示热效率在现实中可以以多种方式实现。采用这种设计思路的内燃机一般都可称为阿特金森循环内燃机，其理想的示功图如图 2-37 所示。

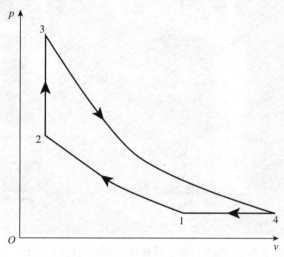

图 2-37　理想的阿特金森循环示功图

通过使图 2-34 所示的奥托循环示功图右下角的 3→4 和 4→1 部分延长，从而膨胀比大于压缩比，示功图上代表有效做功的面积增大，热效率得到提高。若设计合理，阿特金森循环还可以减少泵气损失，进一步提高内燃机的热效率。

在具体实施方案上，丰田的阿特金森循环一般是通过较大范围地调节进气门正时来实现的。当进气门晚关时，由于气缸内的一部分进气会被推出缸外，且节气门开度增大以弥补一些进气量并减少泵气损失，因此可以实现膨胀比大于压缩比，达到提高热效率的目的。图 2-38 为使用 VVT-IW 可变气门正时技术的阿特金森循环内燃机。

图 2-38　使用 VVT-IW 可变气门正时技术的阿特金森循环内燃机

本田的 EXlink 系列内燃机则是通过在曲轴上增加机构来对压缩比进行一定范围的调节，进而实现阿特金森循环的。图 2-39 和图 2-40 分别为该系列内燃机和传统内燃机在进气行程和做功行程时的结构简图对比，左侧为阿特金森循环内燃机，右侧为传统奥托循环内燃机。

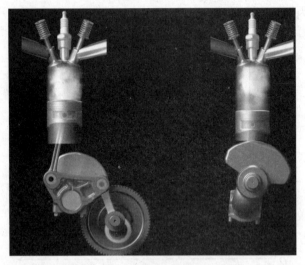

图 2-39　阿特金森循环内燃机（左）及传统奥托循环内燃机（右）的进气行程对比

图 2-40　做功行程对比

阿特金森循环和奥托循环如图 2-41 所示。相比起传统奥托循环内燃机，阿特金森循环内燃机可以直接根据工况缩短进气行程并增大做功行程，达到提高燃油经济性的目的。本田雅阁混合动力版本的 I-mmD 混合动力系统所搭载的 2.0 L 直列四缸内燃机就使用了阿特金森循环，并入选 2020 年度沃德十佳内燃机。

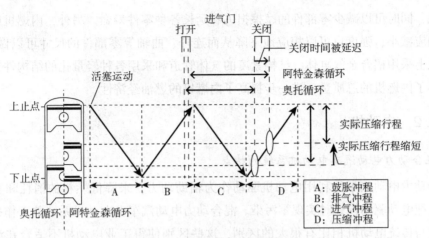

图2-41 阿特金森循环与奥托循环

3. 雷凌内燃机

内燃机的作用是为汽车的高速行驶提供动力，并且带动发电机为蓄电池充电。雷凌采用8ZR-FXE（直列4缸、1.8 L、16气门）阿特金森循环内燃机，它的最大输出功率为73 kW，最大输出转矩为142 N·m。

传统的汽油内燃机具有完全相同的压缩行程和膨胀行程，所以压缩比和膨胀比基本相同，如果希望增加膨胀比，也就需要增加压缩比，而增加压缩比会导致汽油内燃机发生爆燃，因此汽油内燃机的压缩比限制了汽油内燃机膨胀比的增长。如果采用增加膨胀比的方式，可以提高汽油内燃机的功率和降低排气污染。

雷凌双擎使用的内燃机采用了具有高膨胀比的阿特金森循环。在高效率、高膨胀比的阿特金森循环中，将进气门开启的时间延长到了压缩行程开始之后，使气缸中的一部分混合气在活塞开始上升时被压回到排气管中，也就是延迟了实际压缩行程的开始，其结果就是在没有提高实际压缩比的情况下提高了膨胀比，提升了内燃机的能量转换效率，这使得雷凌双擎的油耗降低到了4.2 L/100 km的水平。

这种高效率、高膨胀比的阿特金森循环内燃机对燃烧室的性质作了对应的优化，进一步提高了其热效率。同时，该内燃机还采用了可变正时系统，即可根据内燃机工况的变化自动调整进排气门的开闭时间，使进气门的开启时间与内燃机运行工况相协调，以保持内燃机在不同工况下的运转都能保持在高效率状态。除此之外，内燃机节气门的开度也可以调节，从而能够减少内燃机在部分负荷时进气管中的真空度，降低泵气损失，提高内燃机的经济性。该款内燃机还采用了铝合金铸造缸体，在保证结构强度的同时大大降低了质量，进一步提高了整车的燃油经济性。

丰田雷凌混合动力电动汽车通过优秀的控制系统，控制内燃机基本保持在4 000 r/min的转速下稳定地运转。该车内燃机转速比普通轿车内燃机低，因此，内燃机的曲轴直径可以做得较小，活塞的往复次数减少，活塞的运动速度降低，活塞环的弹性张力减小，气门开闭次数减少，气门弹簧的负荷等都相应降低，这些改变都能够有效地降低运动副之间的摩擦损耗，同时可以减少零部件的摩擦损失和延长各种零件寿命。另外，内燃机所受到的作用力相应减小，强度也可以相应地下降从而连杆、曲轴等零部件的尺寸可以做得更小。在内燃机上采用铝合金气缸体、结构紧凑的气体管道和采用各种轻量化的结构件等技术措施，减小了内燃机的总质量，进一步提高了内燃机的燃油经济性。

2.3.2 电动机

1. 混合动力电动汽车电动机系统的特点

混合动力电动汽车是利用电动机驱动作为辅助动力，来降低燃料的消耗和实现低污染，或在纯电动驱动模式时实现零污染。混合动力电动汽车上电动机系统的工作条件及其工作模式与传统电动机相比有很大的区别，这些区别使得工业电动机不适合在汽车上使用。相对于传统工业电动机而言，混合动力电动汽车上所使用的电动机系统一般有以下特点。

1）混合动力电动汽车上所使用的电动机往往要求频繁启停、频繁加减速以及工作模式的频繁切换（作为电动机使用时驱动汽车，作为发电机使用时实现能量回收及发电的功能），这对电动机的响应性能提出了更高的要求。

2）由于汽车内部空间紧张，往往要求电动机系统体积小、质量轻，以及具有较高的功率密度和工作效率。

3）相对于传统电动机而言，混合动力电动汽车上所使用的电动机系统的工作环境更为恶劣，干扰更大，从而要求它具有更高的可靠性、抗震性和抗干扰性。

4）传统电动机一般工作在额定工作点附近，而混合动力电动汽车电动机的工作范围相对较宽，且由于混合动力电动机工作模式的特殊性（电动机的工况经常处于动态变化中），额定功率这个参数没有特别大的意义，所以对其额定功率的要求并不严格。但在高效工作区间，这个参数则更为实际和重要。

5）在供电方式上，传统电动机由常规标准电源供电，而混合动力电动机所使用的电能来源于电池，且由功率转化器直接供给。另外，电动机的使用电压及形式并不确定，从减少功率损耗及降低电动机逆变器成本的角度而言，一般倾向于使用较高的电压。

由此可总结出混合动力电动汽车对它使用的电动机系统的特殊要求为：频繁切换性能好，比功率大，体积较小，抗震性、抗干扰性好，高效工作范围宽，容错能力强，噪声小，对电压波动的适应能力强，成本不高等。

2. 混合动力电动汽车对电动机性能的基本要求

混合动力电动汽车的驱动电动机的主要参数为：电动机类型、额定电压、机械特性、效率、尺寸参数、质量参数、可靠性和成本等。另外，为电动机所配置的电子控制系统和驱动系统，也会影响驱动电动机的性能。混合动力电动汽车对电动机性能的基本要求如下。

1）在允许的范围内，尽可能采用高电压，可以减小电动机的尺寸和导线等装备的尺寸，还可以降低逆变器的成本。

2）高转速，电动汽车所采用的感应电动机的转速可以达到 8 000 ~ 12 000 r/min，高转速电动机的体积较小，质量较轻，有利于降低混合动力电动汽车的质量。

3）电动机采用铝合金外壳，以降低电动机、各种控制装置和冷却系统等的质量。

4）电动机应具有较大的起动转矩和较大范围的调速性能，使混合动力电动汽车有良好性能和加速性能，以获得所需要的起动、加速、行驶、减速、制动等的功率与转矩。电动机应具有自动调速功能，以减轻驾驶员的操纵强度，提高驾驶的舒适性，并且应能够达到与内燃机汽车加速踏板同样的控制响应。

5）混合动力电动汽车应有最优化的能量利用，电动机应高效率、低损耗，并在车辆减速时将制动能量回收，再生制动回收的能量一般应达到总能量的 10% ~ 15%，这点在内燃机汽车上是不能实现的。

6）各种动力电池组和电动机的工作电压可以达到 300 V 以上，电气系统安全性和控制系统的安全性，都必须符合国家（或国际）有关车辆电气控制的安全性能的标准和规定，并应装备高压保护设备。

7）要求可靠性好，耐温和耐潮性能强，运行时噪声低，能够在较恶劣的环境下长时间工作，结构简单，适合大批量生产，使用维修方便，价格便宜等。

混合动力电动汽车电动机种类有：直流电动机、交流电动机、永磁电动机、开关磁阻电动机。

3. 带转换器的逆变器总成

带转换器的逆变器总成包括增压转换器和 DC-DC 转换器，其规格如表 2-3 所示，安装位置如图 2-42 所示。它负责升高或降低系统电压，并将直流电转化为交流电。驱动桥总成与带转换器的逆变器总成一起使用一套冷却系统，独立于内燃机散热。

图 2-42 逆变器安装位置

表 2-3 带转换器的逆变器总成规格

项　目		规　格
增压转换器	额定电压（逆变器侧）	DC 650 V
	额定电压（HV 蓄电池侧）	DC 201.6 V
DC-DC 转换器	额定输出电压	DC 13.5 ~ 15.0 V
	最大输出电流	100 A

2.3.3　能量储存系统

1. 混动动力汽车能量储存系统的要求

能量储存系统是混合动力电动汽车最为重要的子系统之一，包括能量储存包、电压电流温度测量模块、电池平衡电路和冷却系统。能量储存系统的作用是将化学能转化为电能，以及通过电化学氧化反应或还原反应提供或回收车辆中的电能，电能可能来自再生制动的能量回收或者通过插电式充电装置从电网获取。能量储存系统的基本要求包括安全性、可靠性、高效性和低成本，但在混合动力电动汽车实际应用中的具体要求往往随着混合动力电动汽车的结构、最大车速、加速时间和电动续驶里程要求以及所设计的工作模式的变化而变化。对于传统的混合动力电动汽车的驱动系统来说，能量储存系统的要求基本上根据内燃机和牵引电动机的驱动力分配，其功率容量是主要的参考因素。对于增程式混合动力电动汽车和电池驱动的纯电动汽车，能量储存系统的功率容量和能量容量都要加以考虑。当对能量存储系统进行标定时，接下来的标准在整个工作阶段都要进行详细说明：

1）电池组容量（A·h）；

2）峰值和持续充放电功率（kW）；

3）最高、最低工作电压（V）；

4）最大、最小工作电流（A）；

5）最高、最低工作温度（℃）；

6）低温起动功率（kW）；

7）最大自放电速率（W·h/d）；

8）电池荷电状态可调工作范围（%）；

9）美国先进电池联盟标准混合动力电动汽车最低往复能量效率（%）；

10）电池使用寿命（年）；

11）电池循环寿命（次）；

12）电池组质量（kg）；

13）电流、电压、温度测量的取样速率和精度；

14）电池荷电状态的估计精度。

2. 电池

混合动力电动汽车的电池有多种类型，丰田雷凌混合动力电动汽车中使用的是镍氢动力蓄电池（镍氢电池）。

镍氢电池通过合金吸收氢气作为活性的阴极材料。由于金属氰化物电极比铬电极的能量密度更高，因此镍氢电池比镍镉电池具有更高的容量和更长的寿命。而且，镍氢电池由于不含有铬元素而被视为环境友好型电池，因此更加适用于混合动力电动汽车和纯电动汽车。镍氢电池的基本参数要求如表2-4所示。

表2-4　混合动力电动汽车镍氢电池基本参数要求

参数	要求
比能量	40～80 W·h/kg
能量密度	90～160 W·h/L
比功率	00～1 600 W/kg
充放电效率	80%～95%
自放电效率	8%～15%/月
循环寿命	800～1 200 次
电池名义电压	约1.2 V

雷凌采用如图2-43所示的镍氢电池。6个1.2 V的单节电池串联组成1个电压为7.2 V的蓄电池单元，而28块蓄电池单元串联构成1个电压为201.6 V的蓄电池，再通过高压电缆连接带转换器的逆变器总成。

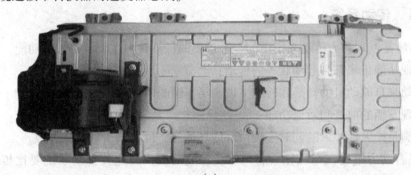

（a）

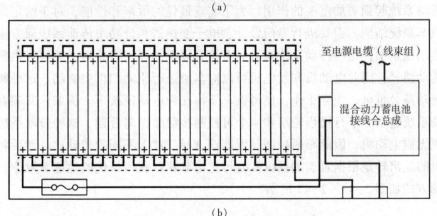

（b）

图2-43　丰田雷凌混合动力电动汽车蓄电池

（a）镍氢蓄电池实物；（b）镍氢蓄电池结构

每隔两个月应对存放的 HV（高压）蓄电池进行充电，流程如下：1）连接辅助蓄电池负极端子；2）将电源开关置于 ON 位置 3 min，不施加任何电气负载；3）将电源开关置于"READY"位置，内燃机起动并运转 30 min 后对 HV 蓄电池充电。

3. 辅助蓄电池

辅助蓄电池电压为 12 V，负责向全车低压电气设备供电，一般与 HV 蓄电池一起安装在行李舱，如图 2-44 所示。辅助蓄电池内安装有温度传感器，温度传感器发出的信号传递给混合动力电动汽车控制 ECU，从而减小充电电流以保护辅助蓄电池。

1—HV 蓄电池；2—辅助蓄电池。
图 2-44　HV 蓄电池和辅助蓄电池的位置

2.3.4　传动系统

传动系统是汽车动力传动系统中的一个重要的子系统，主要具有如下功能：

1）实现从静止状态到运动状态的传动；

2）传动来自原动机的转矩和转速，以满足车辆瞬时的牵引力要求；

3）实现车辆的前进和后退功能；

4）在满足操纵性要求的同时实现最好的燃油经济性和最少的废气排放。

由于混合动力电动汽车往往具有内燃机和电动机，因此其传动系统要比传统内燃机汽车的传动系统起到更加重要的作用。为了实现最佳的效率和性能，对于给定的混合动力电动汽车系统结构，需要进行专门设计。电子变速器和分功率传动系统通常应用于混合动力电动汽车中，这些传动系统通常具有两套以上的行星齿轮组，能够提供额外的机械功率传动路径，因此电动机和发电机可以对车辆进行驱动和再生制动。这种额外的机械功率传动路径也可以独立工作，使得汽车工作在纯电动模式下。例如，艾莉森双模式混合传动系统包括 3 个行星齿轮组和 4 个可控制接触摩擦离合器。这种传动系统还包括两个直流无刷电动机，因此车辆控制装置能够选择、放大不同的传动比，然后将电动机和内燃机的输出转矩根据真实的操纵需要传送给车轮以获得最优的性能和效率。传统系统的驱动方式如图 2-45 ~ 2-47 所示。

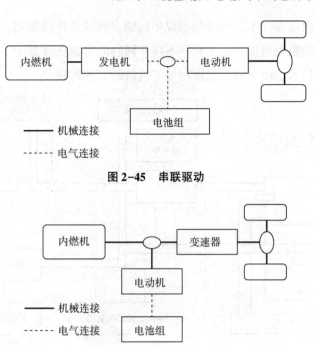

图 2-45 串联驱动

图 2-46 并联驱动

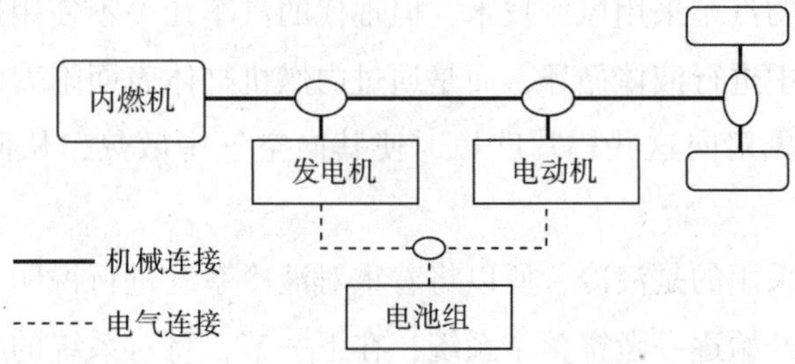

图 2-47 混联驱动

2.3.5 冷却系统

传统内燃机汽车冷却系统发展过程中有液冷和风冷两种方式。

液冷：液冷汽车的冷却系统通过内燃机中的管道和通路进行液体的循环。当液体流经高温内燃机时会吸收热量，从而降低内燃机的温度。液体流过内燃机后，转而流向热交换器（或散热器），液体中的热量通过热交换器散发到空气中。

内燃机冷却系统的工作原理如图 2-48 所示。内燃机在工作过程中，燃烧室燃烧的温度可高达 1 973 ~ 2 773 K（1 700 ~ 2 500 ℃），直接与高温气体接触的机件（如气缸壁、缸盖、气门、活塞等）如不采取适当的冷却措施，则过高的温度将使金属材料的强度显著下降，运动件将可能因热膨胀而破坏正常的配合间隙，润滑油也将因高温烧损变质或黏度下降，使内燃机零件之间不能保持正常的油膜而导致零件卡死或加剧磨损。因此，对内燃机必须加以适度冷却。冷却过度，不仅浪费了热量，而且还会引起一些不良后果：由于缸壁温度过低会使可燃混合气不能很好地形成和燃烧，燃油消耗量增加；润滑油在低温时黏度增高，零件运动的阻力增加，输出功率下降；同时润滑油在低温时不能形成良好的润滑油膜，使摩擦损失加大；由于温度低而增加了气缸的腐蚀磨损。

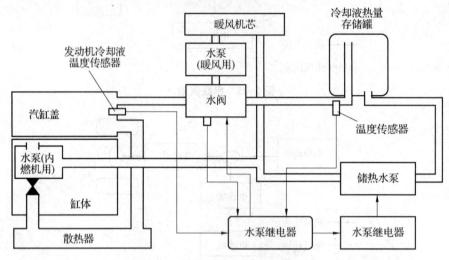

图 2-48　内燃机冷却系统的工作原理

风冷：某些早期的汽车采用风冷技术，但现代的汽车几乎不使用这种方法了。这种冷却方法不是在内燃机中进行液体循环，而是通过内燃机缸体表面附着的铝片对气缸进行散热。一个功率强大的风扇向这些铝片吹风，使其向空气中散热，从而达到冷却内燃机的目的。

因为大多数汽车采用的是液冷，所以将着重对液冷系统进行说明。汽车中的冷却系统中有大量管道。从泵开始逐一考察整个系统，在下一节，将对系统的各个部件进行详细说明。泵将液体输送至内燃机缸体后，液体便开始在气缸周围的内燃机通道里流动。接着，液体又通过内燃机的气缸盖返回。恒温器位于液体流出内燃机的位置。如果恒温器关闭，则液体将经过恒温器周围的管道直接流回到泵。如果恒温器打开，液体将首先流入散热器，然后再流回泵。加热系统也有一个单独的循环过程。该循环从气缸盖开始输送液体，使其流经加热器风箱，然后又流回泵。对于配备有自动变速器的汽车，通常会有一个独立的循环过程来冷却内置于散热器的变速器油液。变速器油液由变速器通过散热器内另一个热交换器抽吸得到。汽车可以在远低于 0 ℃ 到远高于 38 ℃ 的宽泛温度范围内工作。

因此，不管使用何种液体对内燃机进行降温，其必须具有非常低的凝固点、很高的沸点以及能吸收大量热量。水是吸收热量的最有效的液体之一，但水的凝固点太高，不适用于汽车内燃机。大多数汽车使用的液体是水和乙二烯乙二醇的混合液，也称为防冻液。通过将乙二烯乙二醇添加到水中，可以显著提高沸点、降低凝固点。

混合动力电动汽车冷却系统包括内燃机散热器总成、冷却风扇总成、油冷器总成和冷却水泵，油冷器总成中集成有动力合成箱散热器和电机控制器第一散热器，冷却风扇总成固定在内燃机散热器总成的一侧；内燃机散热器总成上设置有内燃机散热器总成出水管和内燃机散热器总成进水管；油冷器总成上的动力合成箱散热器上设置有动力合成箱散热器进油管和动力合成箱散热器出油管；油冷器总成上的电机控制器第一散热器上设置有电机控制器第一散热器进水管和电机控制器第一散热器出水管，电机控制器第一散热器进水管的另一端连接冷却水泵，冷却水泵上设置电机控制器出水管。

2.3.6 行驶系统

混合动力电动汽车的行驶系统和传统燃料汽车相似，主要包括车架、车桥、车轮和悬架等。混合动力电动汽车行驶系统需支承汽车的总质量；接收电动机经传动系统传来的转矩，并通过驱动轮和路面间的摩擦作用，产生路面对混合动力电动汽车的牵引力，以确保整车正常行驶；传递并支承路面作用于车轮上的各种反力及其所形成的力矩；此外，它应尽可能缓和不平路面对车身造成的冲击，确保汽车平稳行驶。

1. 车架

汽车车架俗称"大梁"，通过悬架装置坐落在车轮上，其上装有内燃机、变速器、传动轴、前后桥、车身等总成和部件。车架的功用是支承、连接汽车的各总成，使各总成保持相对正确的位置，并承受汽车内外的各种载荷。前述的雷凌双擎汽车使用的是承载式车身，车身作为内燃机和底盘各总成的安装基体，车身兼有车架的作用并承受全部载荷，如图2-49所示。

图2-49 承载式车身

2. 车桥

车桥（也称车轴）通过悬架与车架（或承载式车身）相连接，两端安装车轮。车架所受的垂直载荷通过车桥传到车轮；车轮上的滚动阻力、驱动力、制动力和侧向力及其弯矩、转矩又通过车桥传递给悬架和车架，故车桥的作用是传递车架与车轮之间的各向作用力及其所产生的弯矩和转矩。

按照车桥上车轮的运动方式和作用，可将车桥分为转向桥、驱动桥、转向驱动桥和支持桥四种类型。其中，转向桥和支持桥都属于从动桥。一般汽车的前桥多为转向桥，后桥或中、后两桥多为驱动桥；越野汽车和一些轿车的前桥既是转向桥又是驱动桥，故称为转向驱动桥；某些单桥驱动的三轴汽车（6×2汽车）的中桥或后桥为支持桥；挂车上的车桥都是支持桥；前述的雷凌双擎汽车为内燃机前置，前轮驱动的混合动力电动汽车，其后轮无动力输出，故该车前桥为转向驱动桥，后桥为支持桥。

3. 车轮

车轮与轮胎是汽车行驶系统中的主要部件，汽车通过车轮由轮胎直接与地面接触在道路上行驶。其主要功用是：1）支承汽车总质量；2）吸收和缓和汽车行驶时所受到的路面冲击和振动；3）保证轮胎与路面具有良好的摩擦性能，以提高汽车的动力性、制动性和通过性；4）产生平衡汽车转向行驶时离心力的侧向力，保证汽车正常转向行驶，同时通过轮胎产生的自动回正力矩，使汽车保持直线行驶。在一部分混合动力电动汽车和纯电动汽车上，车轮上还安装有电机及减速器。

4. 悬架

悬架主要由弹性元件、导向装置和减振器组成，其主要作用是把路面作用于车轮上的垂直反力（支承力）、纵向反力（驱动力和制动力）和侧向反力以及这些反力所形成的力矩传递到车架（或承载式车身）上，以保证汽车的正常行驶。

弹性元件使车架与车桥之间作弹性联系，用于承受和传递垂直载荷，缓和及抑制不平路面所引起的冲击；导向装置用来传递纵向力、侧向力及其力矩，并保证车轮相对于车架或车身有一定的运动规律；减振器用以加快振动的衰减，限制车身和车轮的振动。由此可见，上述3个组成部分分别起缓冲、导向和减振作用，三者联合起到共同传力的作用。为防止车身在不平路面行驶或转向时发生过大的横向倾斜，部分汽车还装有辅助弹性元件，如横向稳定器和平衡杆。

前述的雷凌双擎汽车上前桥使用的是麦弗逊式悬挂，后桥使用的是扭力梁式悬挂。

2.3.7 电控助力转向系统

混合动力电动汽车电控助力转向系统包括转向操纵机构、转向器和转向传动机构等部件，其作用是保持或者改变汽车的行驶方向。

电控助力转向系统由转向器、转向节、转向节臂、横拉杆、直拉杆等组成，如图2-50所示。混合动力电动汽车在转向行驶时，要确保各转向轮之间有协调的转角关系。驾驶员通过操纵转向系统，可使混合动力电动汽车保持在直线或转弯运动状态，或者在上述两种运动状态间互相转换。

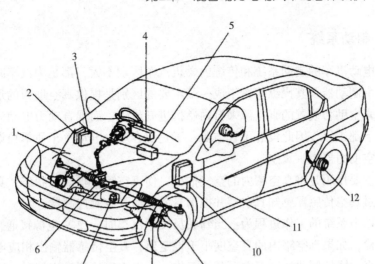

1—转矩传感器；2—自动控制单元；3—转向控制单元；4—组合仪表；5—中心显示器；
6—转向器；7—继电器；8—车轮速度传感器与转子（前轮）；9—车轮速度传感器；
10—混合动力控制单元；11—内燃机控制单元；12—车轮速度传感器与转子（后轮）。

图 2-50　电控助力转向系统部件

当汽车前轴负荷增加到一定程度时，完全靠驾驶员手动操纵的机械转向系统已经不能满足转向要求，此时必须借助动力来操纵转向系统。电控助力转向系统由于具有能使转向操纵更灵活、轻便，且在设计汽车时对转向器结构形式的选择灵活性大，能吸收路面对前轮产生的冲击等优点，因此在中型、重型载货汽车上得到广泛使用。但传统的动力转向系统所具有的固定放大倍率不能随汽车不同工况予以调整，其助力作用不协调。电控助力转向系统在低速行驶时可使转向轻便、灵活；在中高速区域转向时，能保证提供最优的动力放大倍率和稳定的转向手感，提高了高速行驶的操纵稳定性。由于内燃机前置、前轮驱动的轿车，其前轴负荷的增加会影响转向的轻便性，所以电控助力转向系统被逐步移植到轿车上，这样不仅能很好地解决转向轻便与转向灵活的矛盾，还能提高行驶安全性和舒适性。电控助力转向系统的工作原理如图 2-51 所示。现代家用轿车已经普遍使用电控助力转向系统。

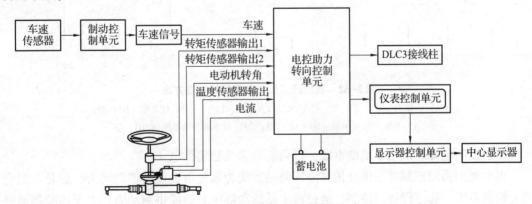

图 2-51　电控助力转向系统的工作原理

2.3.8 制动系统

混合动力电动汽车的制动系统和传统内燃机汽车区别不大，都是为汽车减速或停车而设置的，通常由制动器及其操纵装置组成，最主要的区别是提供真空助力的形式不同。传统内燃机汽车真空助力装置的真空源来自内燃机进气歧管，而混合动力电动汽车内燃机不是在任何工况下都工作，因此没有了真空源，于是混合动力电动汽车便单独设计了一个电动真空泵为真空助力器提供真空。

真空泵的主要作用是将真空罐内的空气抽出，使真空罐获得真空状态。真空罐用于储存真空，并通过真空传感器感知真空度并把信号发送给真空罐控制器。

电动真空助力系统的工作过程为：当驾驶员发动汽车时，12 V 电源接通，电子控制系统模块开始自检，如果真空罐内的真空度小于设定值，真空传感器输出相应电压至真空罐控制器，此时真空罐控制器控制真空泵开始工作。当真空度达到设定值后，真空传感器输出相应电压至真空罐控制器，此时，真空罐控制器控制真空泵停止工作。当真空罐内的真空度因制动消耗而小于设定值时，电动真空泵再次开始工作，如此循环。

无论是混合动力电动汽车还是传统内燃机汽车，相关法律法规及国家标准都规定必须使用双回路制动系统。其中，双回路液压制动系统利用相互独立的双腔制动主缸，通过两套独立管路分别控制两车桥或两车轮的车轮制动器，其特点是当其中一套管路发生故障而失效时，另一套管路仍能继续起制动作用，从而提高了汽车制动的可靠性和行车安全性。根据车型不同，双回路制动系统的布置也有所不同。双回路液压制动系统的布置方案如图2-52 所示。

正常制动期间，制动主缸分总成产生的液压并不直接驱动轮缸，而是用作液压信号。实际控制压力是通过调节制动执行器总成的液压获得的。

电子制动系统根据传感器和 ECU 提供的信息对带 EBD 的 ABS、制动辅助、TRC和 VSC 功能执行液压控制。

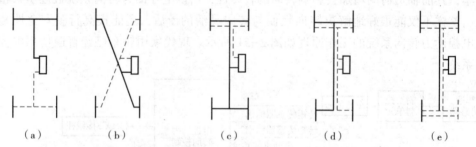

图 2-52 双回路液压制动系统的布置方案

(a) 一轴对一轴 (Ⅱ) 型；(b) 交叉 (X) 型；(c) 一轴半对半轴 (HI) 型；
(d) 半轴一轮对半轴一轮 (LL) 型；(e) 双半轴对双半轴 (HH) 型

制动控制电源总成用作辅助电源，以向制动系统稳定供电。

再生制动协同控制并不单独依靠液压制动系统为驾驶员提供所需制动力，而是与混合动力控制系统一起进行协同控制，通过再生制动和液压制动提供制动力，由于该控制通过将动能转换为电能来回收动能，因而将正常液压制动中动能的浪费降到最低。

再生制动由作为发电机（MG2）产生的对旋转的阻力实现。由发电产生的阻力与MG2转子的旋转方向相反，迫使其减速。产生的电流强度（蓄电池充电电流强度）越大，阻力就会越大。再生制动工作原理如图2-53所示。

图2-53 再生制动工作原理

2.3.9 车身

车身指的是车辆用来载人装货的部分，也指车辆整体。有的车辆的车身既是驾驶员的工作场所，又是容纳乘客和货物的场所。车身包括车窗、车门、驾驶舱、乘客舱、内燃机舱和行李舱等，其造型有厢型、鱼型、船型、流线型及楔型等几种，结构形式分单厢、两厢和三厢等类型。车身造型结构是车辆的形体语言，其设计好坏将直接影响到车辆的性能。

2.3.10 空调与暖风系统

1. 空调系统功用及构造

汽车空调系统具有制冷、加热、除湿、通风换气等作用，可提供舒适的乘车环境，降低驾驶员的疲劳强度，提高行车安全。

空调系统主要由空调压缩机、冷凝器、蒸发器、膨胀阀、贮液干燥器、管道、冷凝风扇、鼓风机和控制单元组成，其构造如图2-54所示。

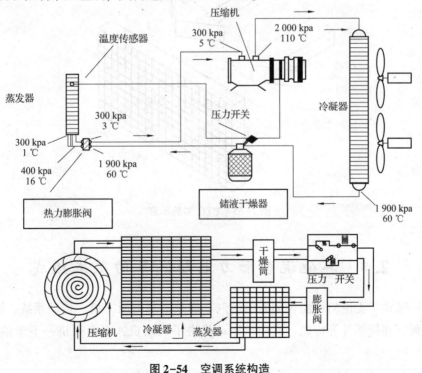

图2-54 空调系统构造

（1）制冷原理

空调系统制冷时，压缩机吸入从蒸发器上来的低温低压气态制冷剂，制冷剂经压缩后温度和压力升高，并被送入冷凝器。高温高压的气态制冷剂经冷凝器散热后，液化变成高温高压的液态制冷剂。冷凝器装在冷却系统散热器的前方，也是用冷却系统的电子风扇进行控制，空调控制器将蒸发箱的压力值作为标准通知 VCU 来控制风扇的转速。

随后，液体制冷剂进入储液干燥器进行存储和过滤。经过过滤后的高温高压液态制冷剂流经膨胀阀，由膨胀阀将其转变成低温低压气液混合物，流入蒸发器。

鼓风机将车内空气抽入蒸发器表面，车内空气经蒸发器散热片与低温低压的气雾态制冷剂进行热交换，制冷剂吸收车内空气的热量，蒸发成低温低压的全气态制冷剂，再经管道送到压缩机低压端，进行下一次循环。

经热交换释放出的冷空气由鼓风机进入车厢，降低车厢温度。

（2）采暖原理

空调暖风功能由 PTC 提供。打开空调控制面板上的暖风开关，PTC 开始工作，鼓风机的风经过 PTC 芯体加热后源源不断地送进车厢。

在起始阶段，PTC 的电阻比较固定，加热效果明显。随着温度的上升，PTC 的电阻变大，而电流变小，加热效果就变差，这样能有效保护 PTC 加热室的温度。但在汽车上对 PTC 的控制主要还是通过切断其工作回路的方式来进行，即由 PTC 控制器感知热交换室的温度和驾驶室内的温度，来决定 PTC 的工作状况。图 2-55 为 PTC 加热示意。

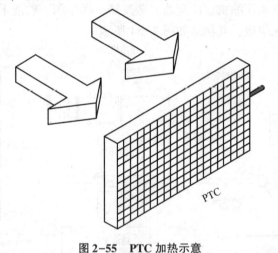

图 2-55　PTC 加热示意

2.4　其他混合动力电动汽车的基本组成

在上一节讲了无论何种混合动力电动汽车都是主要由原动机、传动系统、驱动系统、车载能量源、连接部件等构成。其中，原动机讲了汽油机，下面来讲一下柴油机和燃料电池。

2.4.1 柴油机

柴油机具有热效率高、可靠性好、排气污染少和较大功率范围内的适应性好等优点，因而在汽车上的应用广泛。与汽油机相比，柴油机所用燃料的理化特性决定了燃料供给、着火与燃烧方式的不同。柴油机采用压燃，即在压缩行程接近终了时，把柴油喷入气缸，使之与空气混合成可燃混合气，并利用空气压缩所形成的高温使其自行燃烧。

柴油机在汽车上的应用正逐年增多，在节能和环保技术上也已有很大的进展。现代柴油机也跟汽油机一样普遍使用电子燃油喷射技术，通过微机技术的应用精确地控制喷油时刻和喷油量，使得柴油机的热效率及燃油经济性得到提高，同时降低了污染物排放水平。近年来开发的多种小型化、低油耗、低排放和高性能的四冲程柴油机，已被各种混合动力电动汽车所采用，特别是在混合动力大客车上得到了普遍采用。现代柴油机采用的控制策略一般如下：采用多气门、废气涡轮增压、增压中冷、高超喷射或超高压喷射、电磁阀定时控制、扩散燃烧和稀薄燃烧等新技术；采用部分废气再循环来降低氮氧化物或采用新型催化剂来降低 NO_x 的排放；采用颗粒滤清器减少黑烟中的固体颗粒。柴油机四小催化转化器可以同时净化废气中的 HC、CO、NO_x 和炭颗粒中的 SOF，采用小型柴油机的燃油经济性优于汽油机。

现代柴油机在节能和环保方面，已经采取了各种先进的技术措施。根据混合动力电动汽车内燃机使用的特点，利用电动/发电机调节功率输出，保持柴油机在一定范围稳定地运转，可充分利用柴油机的特性，进一步降低燃料消耗并减少排气污染。

2.4.2 燃料电池

燃料电池是通过减少废气排放和能源消耗来改善全球气候环境的具有发展前景的方案。现在已经有很多种类的燃料电池相应问世，伴随着燃料电池系统制造成本、瞬态响应和低温性能等方面的改善，质子交换膜燃料电池（Proton Exchange Membrane Fuel Cell，PEMFC）和固体氧化物燃料电池（Solid Oxide Fuel Cell，SOFC）由于应用在混合动力电动汽车上也得到了一定程度的关注。

燃料电池是一种能够持续地将能源的化学能转化为电能的电化学装置，它的工作过程与电化学电池类似，主要区别在于：电化学电池将需要转化的化学能储存在电池内部，因此，一旦化学能被转化为电能，电池必须进行充电，否则就无法使用；而燃料电池所需要转化的化学能来自外部存储设备，因此只要燃料和氧气充足，获取电能的化学反应就能够持续进行。图 2-56 为德国 Proton Motor 生产的燃料电池，图 2-57 为使用氢燃料电池的丰田第二代 Mirai。

图 2 56 德国 Proton Motor 生产的燃料电池

图 2-57　使用氢燃料电池的丰田第二代 Mirai

图 2-58 是质子交换膜燃料电池的基本结构，包括阳极、阴极和电极之间的电解液，给阳极提供氢气，给阴极提供氧气（通常从空气中获取）。阳极位置的催化剂将氢气分解成电子和质子，电子经由外部线路/外负载前往阴极形成电流，而质子通过电解液到达阴极，一旦电子和质子都到达阴极，它们就会结合并与氧气发生反应形成反应产物——水。图 2-59 是 25 ℃时标准质子交换膜燃料电池电压-电流密度关系曲线。

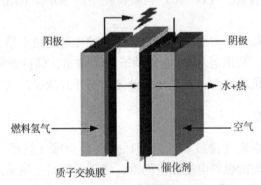

图 2-58　质子交换膜燃料电池的基本结构

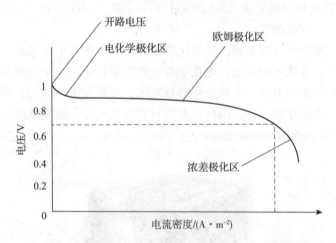

图 2-59　25 ℃时标准质子交换膜燃料电池电压-电流密度关系曲线

此外，对于基于燃料电池的原动机来说，其子系统需要与 DC/DC 变换器、DC/AC 逆变器和电动机进行集成。基于燃料电池的原动机由于包含很多子系统，因此具有复杂且详细的特征。从控制的角度分析，燃料电池系统的工作温度、压力和湿度都是影响其整体性能和效率的最为重要和关键的因素。采用基于燃料电池的原动机最大的优势在于它使所应用的汽车真正实现了零排放。

1. 技术原理

燃料电池的电极材料是惰性的，在电池反应过程中不被消耗，但它具有催化特性。

日常生活中常见的电池通常使用金属负极（或阳极），而燃料电池中负极材料或燃料通常是注入负极（或阳极）的气态或液态物质，由于这些"燃料"与普通内燃机使用的燃料基本类同，"燃料电池"的名称因此而流行。

与传统的内燃机相比，燃料电池因为使用氢和碳或化石燃料发电，从而具有更高的效率和较少的污染。燃料电池典型的应用实例是氢-氧燃料电池，并在20世纪已经实际应用于航天领域。但陆地上的应用却进展缓慢，不过最近空气自呼吸式系统技术取得突破，重新为燃料电池赋予了活力。氢-氧燃料电池体系可应用在市政电源、调节电网负载平衡、分散或现场发电以及电动车辆等方面。

燃料电池技术可以分成两类：

1）直接燃料电池，燃料（如氢气、甲醇和水合肼等）直接参与反应；

2）间接燃料电池，首先通过重整将天然气或其他化石燃料转换成富氢的气体，然后提供给燃料电池。

按照燃料、氧化剂、电解质的类型、工作温度和应用等的不同，燃料电池可采取多种构造形式。近年来，燃料电池呈现出用作移动电源的趋势，并且功率水平从低到高不等。

燃料电池是名副其实地把化学能转化为电能的能量转换机器。电池工作时，燃料和氧化剂由外部供给。原则上只要反应物不断输入，反应产物不断排除，燃料电池就能连续地发电。下面以氢-氧燃料电池为例来说明燃料电池的原理。

氢-氧燃料电池反应是电解水的逆过程，其反应原理如图2-60所示。电极反应为

负极：
$$H_2 + 2OH^- \longrightarrow 2H_2O + 2e^-$$

正极：
$$\frac{1}{2}O_2 + H_2O + 2e^- \longrightarrow 2OH^-$$

电池反应：
$$H_2 + \frac{1}{2}O_2 = H_2O$$

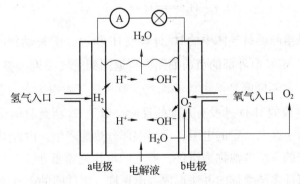

图2-60　氢-氧燃料电池反应原理

另外，只有燃料电池本体不能工作，还必须有一套相应的辅助系统，包括反应剂供给系统、排热系统、排水系统、电性能控制系统及安全装置等。燃料电池及其配套系统如图2-61所示。

燃料电池通常由形成离子导电体的电解质板、两侧配置的燃料极（阳极）和空气极（阴极）、两侧气体流路构成，气体流路的作用是通过燃料气体和空气（氧化剂气体）。

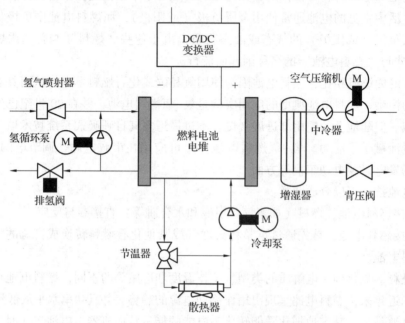

图 2-61　燃料电池及其配套系统

在实用的燃料电池中因工作的电解质不同，经过电解质与反应相关的离子种类也不同。磷酸燃料电池（Phosphoric Acid Fuel Cell，PAFC）PAFC 和 PEMFC 反应中与氢离子（H^+）相关，发生的反应为

燃料极：
$$H_2 \longrightarrow 2H^+ + 2e^- \tag{1}$$

空气极：
$$2H^+ + \frac{1}{2}O_2 + 2e^- \longrightarrow H_2O \tag{2}$$

电池反应：
$$H_2 + \frac{1}{2}O_2 \Longrightarrow H_2O \tag{3}$$

在燃料极中，供给的燃料气体中的 H_2 分解成 H^+ 和 e^-，H^+ 移动到电解质中与空气极侧供给的 O_2 发生反应。e^- 经由外部的负荷回路，再返回到空气极侧，参与空气极侧的反应。一系列的反应促成了 e^- 不间断地经由外部回路，就构成了发电。并且从反应式（3）可以看出，除 H_2 和 O_2 生成的 H_2O 外没有其他的反应，似乎 H_2 所具有的化学能全部转变成了电能。但实际上，由于存在一定的电阻，会引起部分热能产生，由此减少了转换成电能的比例。引起这些反应的一组电池称为组件，产生的电压通常低于 1 V。因此，为了获得大的输出功率需采用组件多层叠加的办法形成高电压堆。组件间的电气连接以及燃料气体和空气之间的分离，采用了称为隔板的、上下两面中备有气体流路的部件，PAFC 和 PEMFC

的隔板均由碳材料组成。大的输出功率由总的电压和电流的乘积决定，电流与电池中的反应面积成正比。

PAFC 的电解质为浓磷酸水溶液，而 PEMFC 的电解质为质子导电性聚合物系的膜。电极均采用碳的多孔体，为了促进反应，以 Pt 作为触媒。由于燃料气体中的 CO 将造成中毒，因此在 PAFC 和 PEMFC 应用中必须限制燃料气体中含有的 CO 量，特别是对于低温工作的 PEMFC 更应严格地加以限制，这就降低了电池性能。

PAFC 的基本组成和反应原理是：燃料气体或城市煤气添加水蒸气后送到改质器，把燃料转化成 H_2、CO 和水蒸气的混合物，CO 和水进一步在移位反应器中经催化剂作用转化成 H_2 和 CO_2。经过处理后的燃料气体进入燃料堆的负极（燃料极），同时将氧输送到燃料堆的正极（空气极）进行化学反应，借助催化剂的作用迅速产生电能和热能。

相对 PAFC 和 PEMFC 来说，熔融碳酸盐燃料电池（Molten Carbonate Fuel Cell，MCFC）和 SOFC 则不要催化剂，以 CO 为主要成分的煤气化气体可以直接作为燃料应用，而且还具有易于利用高质量排气构成联合循环发电等特点。

MCFC 主要由电极反应相关的电解质（通常为 Li 与 K 混合的碳酸盐）和上下与其相接的 2 块电极板（燃料极与空气极），以及两电极各自外侧流通燃料气体和氧化剂气体的气室、电极夹等构成，电极为镍系的多孔质体，气室的形成采用抗蚀金属。电解质在 $600\sim700℃$ 的工作温度下呈现熔融状态，形成离子导电体。

MCFC 的工作原理：空气极的 O_2（空气）和 CO_2 与电解质接触，生成 CO_3^{2-}（碳酸根离子），电解质将 CO_3^{2-} 移到燃料极侧，与作为燃料供给的 H^+ 相结合，放出 e^-，同时生成 H_2O 和 CO_2。发生的化学反应为

$$燃料极：\qquad H_2+CO_3^{2-}\longrightarrow H_2O+CO_2+2e^- \tag{4}$$

$$空气极：\qquad CO_2+\frac{1}{2}O_2+2e^-\longrightarrow CO_3^{2-} \tag{5}$$

$$电池反应：\qquad H_2+\frac{1}{2}O_2 =\!=\!= H_2O \tag{6}$$

与 PAFC 反应中的情况一样，e^- 从燃料极被放出，通过外部的回路返回到空气极，由其在外部回路中不间断的流动实现燃料电池发电。另外，MCFC 的最大特点是，必须要有有助于反应的 CO_3^{2-}，因此供给的氧化剂气体中必须含有碳酸气体。并且，在电池内部充填催化剂，将作为天然气主成分的 CH_4 在电池内部改质，从而直接生成 H_2 的方法也开发出来了。而在燃料是液化石油气的情况下，其主成分 CO 和 H_2O 反应生成 H_2，因此可以等价地将 CO 作为燃料来利用。隔板通常采用 Ni 和不锈钢来制作。

SOFC 主要以陶瓷材料构成，电解质通常采用 ZrO_2（氧化锆），它构成了 O^{2-} 的导电体 Y_2O_3（氧化钇）作为稳定化的 YSZ（稳定化氧化锆）而采用。电极中燃料极采用 Ni 与 YSZ 复合多孔体构成金属陶瓷，空气极采用 $LaMnO_3$（氧化镧锰），隔板采用 $LaCrO_3$（氧化镧铬）。为了避免因电池的形状不同，导致电解质之间存在热膨胀差从而造成裂纹产生等，开发了在较低温度下工作的 SOFC。电池形状除了有同其他燃料电池一样的平板型外，还有开发出了为避免应力集中的圆筒型。SOFC 中发生的化学反应为

燃料极：$$H_2 + O^{2-} \longrightarrow H_2O + 2e^- \qquad (7)$$

空气极：$$\frac{1}{2}O_2 + 2e^- \longrightarrow O^{2-} \qquad (8)$$

电池反应：$$H_2 + \frac{1}{2}O_2 \Longrightarrow H_2O \qquad (9)$$

燃料极：H_2 经电解质而移动，与 O^{2-} 反应生成 H_2O 和 e^-。空气极：O_2 和 e^- 生成 O^{2-}。电池反应同其他燃料电池一样，由 H_2 和 O_2 生成 H_2O。在 SOFC 中，因其属于高温工作型，因此，在无其他催化剂作用的情况下可直接在内部将天然气主成分 CH_4 改质成 H_2 加以利用，并且煤气的主要成分 CO 可以直接作为燃料利用。

2. 组成结构

燃料电池的主要构成组件为：电极、电解质隔膜与集电器等。

（1）电极

燃料电池的电极是燃料发生氧化反应与氧化剂发生还原反应的电化学反应场所，其性能的好坏关键在于催化剂的性能、电极的材料与电极的制程等。

电极主要分为阳极和阴极两部分，厚度一般为 200～500 mm，其结构与一般电池的平板电极的不同之处在于，燃料电池的电极为多孔结构。燃料电池所使用的燃料及氧化剂大多为气体（如氧气、氢气等），而气体在电解质中的溶解度并不高，为了提高燃料电池的实际工作电流密度和降低极化作用，故发展出多孔结构的电极，以增加参与反应的电极表面积，而这也是燃料电池当初能从理论研究阶段步入实用化阶段的关键原因之一。

目前高温燃料电池的电极主要是以催化剂材料制成，如 SOFC 中的 YSZ 和 MCFC 的氧化镍电极等；而低温燃料电池则主要是由气体扩散层支撑一薄层触媒材料构成，如 PAFC 和 PEMFC 的白金电极等。

（2）电解质隔膜

电解质隔膜的主要功能是分隔氧化剂与还原剂，并传导离子，故电解质隔膜越薄越好，但亦需顾及强度，就现阶段的技术而言，其一般厚度约为数十毫米至数百毫米。至于电解质隔膜的材质，目前主要朝两个方向发展，一个方向是先以石棉膜、碳化硅（SiC）膜、铝酸锂（$LiAlO_3$）膜等绝缘材料制成多孔隔膜，再浸入熔融锂-钾碳酸盐、氢氧化钾与磷酸等中，使其附着在隔膜孔内；另一个方向则是采用全氟磺酸树脂（如 PEMFC）及 YSZ（如 SOFC）。

（3）集电器

集电器又称作双极板，具有收集电流、分隔氧化剂与还原剂、疏导反应气体等作用，集电器的性能主要取决于材料特性、流场设计及其加工技术。

2.4.3 蓄电池

1. 基本介绍

蓄电池是将化学能直接转化成电能的一种装置，是可通过可逆的化学反应实现再充电的电池，通常是指铅酸蓄电池，属于二次电池。蓄电池的工作原理：充电时利用外部的电能使内部活性物质再生，把电能储存为化学能，需要放电时再次把化学能转换为电能输出，如生活中常用的手机电池等。

蓄电池用填满海绵状铅的铅基板栅（又称格子体）作负极，填满二氧化铅的铅基板栅作正极，并用密度为 1.26 ~ 1.33 g/mL 的稀硫酸作电解质。电池在放电时，金属铅是负极，发生氧化反应，生成硫酸铅；二氧化铅是正极，发生还原反应，生成硫酸铅。蓄电池在用直流电充电时，两极分别生成单质铅和二氧化铅；移去电源后，它又恢复到放电前的状态，组成化学电池。铅蓄电池能反复充电、放电，它的单体电池电压是 2 V，一个或多个单体电池构成的电池组（简称蓄电池），最常见的电压是 6 V，其他还有 2、4、8、24 V 蓄电池。例如，汽车上用的蓄电池（俗称电瓶）是 6 个铅蓄电池串联成 12 V 的电池组。典型的汽车蓄电池如图 2-62 所示。

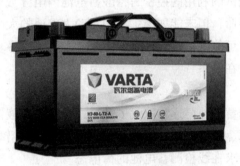

图 2-62 典型的汽车蓄电池

对于传统的干荷铅蓄电池（如汽车干荷电池、摩托车干荷电池等）在使用一段时间后要补充蒸馏水，使稀硫酸电解液的密度保持在 1.28 g/mL 左右；对于免维护蓄电池，其从开始使用直到寿命终止都不再需要添加蒸馏水。

2. 构成原理

（1）化学原理

铅酸蓄电池的化学反应方程式如下。

总反应：

$$Pb (s) + PbO_2 (s) + 2H_2SO_4 (aq) \rightleftharpoons 2PbSO_4 (s) + 2H_2O$$

放电时：

负极：$Pb (s) - 2e^- + SO_4^{2-} (aq) \longrightarrow PbSO_4 (s)$

正极：$PbO_2 (s) + 2e^- + SO_4^{2-} (aq) + 4H^+ (aq) \longrightarrow PbSO_4 (s) + 2H_2O$

充电时：

阴极：$PbSO_4 (s) + 2e^- \longrightarrow Pb (s) + SO_4^{2-} (aq)$

阳极：$PbSO_4 (s) + 2H_2O (l) - 2e^- \longrightarrow PbO_2 (s) + SO_4^{2-} (aq) + 4H^+ (aq)$

注意：充电时的阴极为放电时的负极。

（2）物理构成

构成铅酸蓄电池的主要成分如下：

1）阳极板（二氧化铅，PbO_2）；

2）阴极板（海绵状铅，Pb）；

3）电解液（稀硫酸）；

4）电池外壳、盖（PP、ABS 阻燃）；

5）隔离板（AGM）；

6）安全阀；

7）正负极柱。

3. 内阻与容量关系

蓄电池内阻与容量之间的关系有两种含义：电池内阻跟额定容量的关系，以及同一型号电池的内阻跟荷电状态（State Of Charge，SOC）的关系。

十多年前，人们曾经试图利用阀控密封铅酸蓄电池内阻（或电导）的变化去在线检测电池的容量和预测电池寿命，但未能如愿；人们对动力电池的大电流放电能力提出了越来越高的要求，这就要求尽可能降低电池内阻。因此，本书将进一步探索和阐明一些常用蓄电池内阻与容量之间的内在关系。

（1）阀控密封

当前，阀控密封铅酸蓄电池已逐步取代了开口式流动电解液铅酸蓄电池，广泛用于邮电通信电源、不间断电源、储能电源系统等；动力型阀控密封铅酸蓄电池也已广泛用于电动助力车。这些领域都要求在线检测蓄电池的荷电态。

（2）蓄电池的内阻跟荷电态的关系

蓄电池的 SOC 指的是电池可以放出的容量跟其额定容量的比值，这一数据对邮电通信电源系统和目前广泛使用的动力电池组十分重要。

雷凌使用的镍氢电池也是蓄电池的一种，镍氢电池可分为高压镍氢电池和低压镍氢电池，特点分别如下。

低压镍氢电池具有以下特点：1）电池电压为 1.2～1.3 V，与镍镉电池相当；2）能量密度高，是镍镉电池的 1.5 倍以上；3）可快速充放电，低温性能良好；4）可密封，耐过充/放电能力强；5）无树枝状晶体生成，可防止电池内短路；6）安全可靠，对环境无污染，无记忆效应等。

高压镍氢电池具有以下特点：1）可靠性强，具有较好的过放电、过充电保护性能，可耐较高的充放电率并且无树枝状晶体形成，具有良好的比特性，比容量为 60 A·h/kg（是镍镉电池的 5 倍）；2）循环寿命长，可达数千次之多；3）与镍镉电池相比，全密封，维护少；4）低温性能优良，在-10 ℃时，容量没有明显改变。

2.4.4　其他电池类型

1. 铅酸电池

铅酸电池是出现最早的可充电电池，其结构如图 2-63 所示。起动型铅酸电池和深循环铅酸电池作为两种典型铅酸电池，在汽车上得到了广泛应用。起动型铅酸电池采用很多薄板以获得最大的表面积从而能输出最大的电流,而深循环铅酸电池采用很多厚板来获得更长的工作寿命。起动型铅酸电池通常用于起动内燃机然后保持在浮充电状态,如果它作为混合动力电动汽车的电池进行反复充放电,最终会引起危险。对于混合动力电动汽车来说,为其专门设计的深循环铅酸电池组需要具有快速的充放电能力并满足表2-5所示的基本技术要求。铅酸电池的主要优点在于:1)与其他种类电池相比,具有较低的成本;2)电池开环电压较高;3)电池组部件的再循环利用方便;4)由于电解液参与化学反应可以通过测量其相对密度来得到电池荷电状态,因而精确度较高。主要不足在于:1)相对较低的循环寿命,通常只有500~800个周期;2)比能量低,通常只有30~40 W·h/kg;3)较高的自放电速率;4)较低的充放电效率。

1—盖;2—溢气阀;3—汇流导体;4—单格;5—壳体;6—间隔;7—负极板;8—含电解液的多孔物质;9—正极板。

图2-63 铅酸电池结构

表2-5 混合动力电动汽车铅酸电池基本技术要求

参数	技术要求
比能量	30~40 W·h/kg
能量密度	60~90 W·h/L
比功率	250~600 W/kg
充放电效率	75%~90%
自放电效率	5%~15%/月
循环寿命	500~800 次
电池名义电压	约2.1 V

2. 镍镉电池

镍镉电池具有卓越的瞬时充放电能力,广泛应用于需要进行高功率充放电的环境中。混合动力电动汽车中镍镉电池的基本技术要求如表2-6所示。与其他电池相比,镍镉电池在混合动力电动汽车的应用中具有如下优点:1)充电速率高,受控条件下,镍镉电池能够进行1 h之内的快速反复充电;2)放电速率高,由于具有较低的内部电阻以及平缓的放电属性，镍镉电池尤其适用于混合动力电动汽车等需要快速放电和高脉冲电流的场合；3）循环寿命长，标准的镍镉电池至少能够进行 1 000 次的充放电循环；4）任何荷电状态下都具有较长的贮藏寿命，镍镉电池在任何荷电状态下都能够进行能量存储，甚至在完全放电后也能够保持自身寿命不受影响。

镍镉电池缺点如下：1）电池容量相对于其他种类电池偏小；2）存在记忆效应，有时可能因为电量衰减和电压减弱，电池的工作性能会出现退化；3）电池含有的铬元素可能会对环境产生影响。

表 2-6　混合动力电动汽车镍镉电池基本技术要求

参数	技术要求
比能量	40 ~ 60 W · h/kg
能量密度	80 ~ 140 W · h/L
比功率	300 ~ 800 W/kg
充放电效率	75% ~ 93%
自放电效率	5% ~ 15%/月
循环寿命	800 ~ 1 200 次
电池名义电压	约 1.2 V

3. 锂离子电池

对于新能源汽车的动力电池而言，镍镉电池等已无法满足其发展需要，大规模使用锂离子电池已成定局。锂离子电池具有高效率、高比能量、高能量密度、低自放电速率和长寿命的特点，同时由于其材料可以循环使用，因而属于环境友好型电池，其结构如图 2-64 所示。据统计，2019 年全球锂离子动力电池装机量已达 116.6 GW · h，其中中国占 62.28 GW · h。国内的宁德时代、比亚迪等企业在锂离子动力电池方面发展迅猛。对于混合动力电动汽车来说，锂离子电池的基本技术要求如表 2-7 所示。

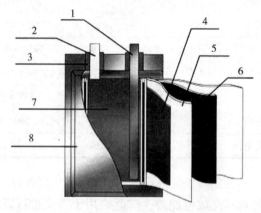

1—负极耳；2—正极耳；3—绝缘片；4—正极材料；5—隔离膜；6—负极材料；7—电解液；8—铝塑包装膜。

图 2-64　锂离子电池结构

表2-7 混合动力电动汽车锂离子电池基本技术要求

参数	技术要求
比能量	130~200 W·h/kg
能量密度	180~320 W·h/L
比功率	1 200~4 000 W/kg
充放电效率	85%~96%
自放电效率	<5%/月
循环寿命	1 500~2 000 个周期
电池名义电压	约3.75 V

锂离子电池更加适用于混合动力电动汽车的原因如下。

1) 开环电压高。锂离子电池具有4 V以上的高开环电压,能够大幅减少电池包中电池数量。

2) 能量密度高。锂离子电池通常具有高于200 W·h/L的能量密度,从而使得电池包更加紧凑。

3) 无记忆效应。相对于镍镉电池等电池而言,锂离子更适用于作为混合动力电动汽车的动力电池。

4) 比能量高。锂离子电池具有超过250 W·h/kg的比能量,可以有效地减轻汽车的质量。

5) 宽泛的工作温度范围。许多锂离子电池在不缩短其使用寿命的情况下能够在-30~50 ℃的温度下正常工作。

6) 具备提供高功率的能力。锂离子电池在正常的工作条件下具有较快的充电速率,因此一个小的能量包也能够满足功率峰值的要求和吸收大部分再生能量。

7) 平缓的开环电压和内部电阻特性。锂离子电池具备随着荷电状态变化而平缓变化的开环电压和内部电阻特性,使得其能够更加容易地控制混合动力电动汽车的功率流。

目前,混合动力电动汽车中锂离子电池的主要缺点是在过充电时和过热情况下的安全性较低。基于锂离子电池的特性,如果电池过度充电,其正极活性材料可能会出现脱锂现象而达到不稳定平衡点,引起热分解甚至着火;锂离子电池的过热也可能引起锂离子与电解液发生放热反应。为了避免产生过充和过热现象,锂离子电池系统必须采取如下措施:

1) 电池包中必须包括能够提供过度充/放电保护的专门电路,同时还需要电池平衡电路;

2) 锂离子电池系统中还应包括过高温和过电压保护装置。

目前,以锂离子电池所使用的正极材料进行分类,用作新能源汽车动力电池的锂离子电池主要有三元锂(Nickel Manganese Cobalt Oxide,NCM)电池,磷酸铁锂(LiFePO$_4$)电池和钴酸锂(LiCoO$_2$)电池。正极材料的差异导致了这三种电池在性能、成本和安全方面具有不同的表现,但这三种电池在新能源汽车动力电池方面均有应用,其中,三元锂电池和磷酸铁锂电池占有绝大部分市场。2019年,国内新能源汽车中使用三元锂电池的占比达到

65.7%，装机量为 40.92 GW·h；磷酸铁锂电池占到 32.5%，装机量为 20.26 GW·h。

（1）三元锂电池

三元锂电池的各项指标较为均衡，其比能量较高，性价比较高，能够满足新能源汽车在续驶里程方面的要求，故有成为主流动力电池之一的趋势。使用三元锂电池的有 VW eGolf（2015）、Renault Zoe（2017）等车型。

（2）磷酸铁锂电池

随着混合动力电动汽车技术的发展，人们对于电池安全性能、寿命和成本方面的要求越来越高。与其他锂离子电池相比，磷酸铁锂电池具有如下优势：

1）由于铁和磷酸的可循环性因而更环保；

2）热稳定性强，安全性能更好；

3）由于铁和磷酸含量丰富且价格便宜因而成本较低；

4）由于磷酸材料的使用而具有更长的循环寿命和使用寿命。

磷酸铁锂电池的主要缺点在于其比能量较低，不利于提高新能源汽车的续驶里程。对于混合动力电动汽车或者纯电动汽车来说，磷酸铁锂电池的基本技术要求如表 2-8 所示。

表 2-8 混合动力电动汽车磷酸铁锂电池基本技术要求

参数	技术要求
比能量	70 ~ 180 W·h/kg
能量密度	150 ~ 250 W·h/L
比功率	1 000 ~ 3 800 W/kg
充放电效率	82% ~ 94%
自放电效率	2% ~ 5%/月
循环寿命	约 2 000 次
电池名义电压	约 3.3 V

2020 年 3 月，比亚迪发布了使用"刀片电池"技术的磷酸铁锂电池，并将其搭载于"汉"型新能源轿车。据称，这种电池不仅提高了磷酸铁锂电池包的空间利用率，在针刺实验中的表现也十分稳定，具有很高的安全性。

4. 超级电容

超级电容，也称超级电容器，是一种双层电化学电容器。与电池不同，超级电容通过物理性地吸收分离的正电荷和负电荷来直接存储电能。传统的电容通过两块存在电势差的金属板上的电荷来存储电能，为了增加电容，很多材料，我们称之为电解质，被添加到这两块平板之间。与传统电容器不同，超级电容在结构上采用双电荷层结构，从而形成较大的表面积来存储大量的电荷。对于混合动力电动汽车来说，超级电容具有如下优点。

1）比功率密度非常高。与电池不同，超级电容的充/放电速率可以很快，同时电流对电极温度的影响有限，而且超级电容的比功率不难达到 2 500 W/kg。

2）循环寿命非常长。与电池相比，超级电容能够进行几百万次的充放电循环，这使得它能够吸收混合动力电动汽车中所有的可用再生能量。

3）环保。在整个生命周期中不具有不可循环的部分。

4）效率更高。超级电容由于内阻极小，因而在工作过程中几乎不会发热，效率能达到97%以上，远高于普通电池。

混合动力电动汽车中的超级电容的缺点主要有以下两个方面。

1）超级电容的能量实质上要低于普通电池，通常只有同等体积电池的1/10。

2）超级电容的泄漏电阻较大，具有更高的自放电速率。

思考题

1. 混合动力电动汽车的基本组成主要有哪些？

2. 电池的基本类型有几种？分别是？

3. 原动机有哪3种？

第3章

混合动力电动汽车的
结构与工作原理

3.1　混合动力电动汽车的布局与构型

3.1.1　混合动力电动汽车的构型

若混合动力电动汽车电机的位置不同，则电机的作用、电机与内燃机之间的耦合方式也不同。现在普遍认同根据电机的位置，可以将一部分混合动力电动汽车分为 P0 构型、P1 构型、P2 构型、P2.5 构型、P3 构型、P4 构型。本书根据主流的具体划分方法对这些构型的特点进行简要分析。

1. P0 构型的特点

采用 P0 构型的汽车的电机在曲轴前端通过带传动等方式和曲轴连接（这种电机通常简称为 BSG，Belt Starter Generator)，实现起动电动机和发电机的功能，既可以作为起动电动机，又可以作为发电机，经过整流器等元器件向车载蓄电池充电。实际上，P0 混合动力电动汽车和传统汽车差别并不大，故在传统汽车的基础上使用 P0 构型的难度较小。BSG 的主要功能就是增强自动启停，如在路口等待交通信号灯信号时，可以关闭内燃机避免怠速状态消耗燃油；当需要恢复行驶时，电机迅速将转速提高以起动内燃机。另外，当车辆滑行和制动时，内燃机可以关闭，利用剩余的动能拖动电机发电以向蓄电池充电，将部分动能转化为电能进行存储。而驱动能力较强的电机和较大的蓄电池容量可以在内燃机停机时较长时间地带动空调压缩机和其他附件运转。这种构型一般只适用于微混和弱混的混合动力电动汽车，不具备单独用电机直接驱动车辆的能力。

典型的使用 P0 构型的案例：奔驰在 M264 系列汽油内燃机上搭载了大功率 48 V BSG 取代传统内燃机和发电机，其 BSG 甚至还可以在低转速下为内燃机提供辅助动力。

2. P1 构型的特点

P1 构型通常也不具备单独直接驱动车辆的能力，采用这种构型的汽车的电机位于曲轴后端，离合器之前，且与曲轴直接连接（这种电机简称为 ISG，Integrated Starter Generator）。这种构型的混合动力电动汽车和传统汽车之间的差别也较小，但其电机与曲轴之间可以为刚性连接，故与 P0 构型相比传动效率更高，可用于中混系统，除了自动启停、能量回收之外，还可以实现动力辅助。其案例有：本田早期使用 IMA 混动系统的车型、使用 48 V 混合动力系统的奔驰 M256 内燃机，后者将一台峰值功率为 16 kW 的同步电机集成在曲轴上，并使用电动压缩机和电动水泵等，实现了无皮带化设计。使用 ISG 的奔驰 M256 直列六缸内燃机如图 3-1 所示。

1—电机定子；2—电机转子。

图 3-1　使用 ISG 的奔驰 M256 直列六缸内燃机

3. P2 构型的特点

采用 P2 构型的汽车的电机位于内燃机和变速箱之间，其布置相对于 P0 构型和 P1 构型更加灵活，既可以集成在变速箱输入轴上，也可以使用皮带等方式和变速箱输入轴连接，或者以其他更灵活的方式与内燃机和变速箱耦合。由于内燃机可以通过离合器断开其动力传递，因此，电机可以提供辅助动力，也可以单独地驱动车辆，同时相比起 P0 构型和 P1 构型可以更加直接、高效地进行能量回收。当然，P2 构型复杂程度更高，与传统汽车的兼容性也更差，并且还必须考虑复杂工况下电机和内燃机的耦合问题。例如，在内燃机转速为 0 且电机又在高速转动，而又需要从纯电行驶状态切换成混合动力模式时，如何实现内燃机的平稳起动就成了一个问题。舍弗勒的 P2 构型高压混动方案因与传统汽车动力总成的兼容性较好，集成度高，故较为流行，典型案例为奥迪的 A3 Sportback e-tron。近年来出现的一些将电机集成在变速箱中的混动系统，一般将其归类为 P2.5，本书不作介绍。

4. P3 构型的特点

采用 P3 构型的电机位于变速箱之后，这意味着电机单独驱动车辆或进行能量回收时，可以减少一部分机械传动损耗，但这种构型的电机难以用于起动内燃机。

5. P4 构型的特点

采用 P4 构型的汽车的电机和内燃机驱动不同的轴，其典型代表有 Volvo V60 的插电式混合动力版，使用内燃机驱动前轴，使用电机驱动后轴，在符合一定条件时二者可以同时驱动，也可以单独驱动，即根据工况在前驱、后驱、全驱之间进行切换。该车型位于后轴附近的高压动力电池的电压平台可达 400 V。同时，其在前舱还有一台高压 ISG，用于弥补后轴电机无法起动内燃机的缺点。采用 P4 构型的 Volvo V60 车型如图 3-2 所示。

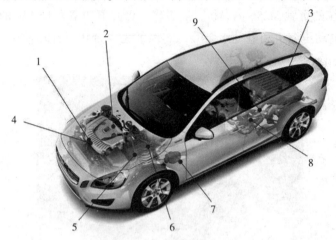

1—高压电机和发电机可用于起动内燃机；2—2.4 L 柴油机最大功率为 158 kW，最大转矩为 440 N·m；

3—高压锂离子电池总能量为 11.2kW·h，电压平台为 400 V；4—电动空调压缩机；5—变速箱；6—12 V 电池；

7—充电口；8—电动机：峰值功率为 50 kW，最大转矩为 200 N·m，支持能量回收；9—油箱。

图 3-2　采用 P4 构型的 Volvo V60 车型

6. 电动无效变速器（E-CVT）

本田在近年推出的混合动力系统 i-mmD 的混动构型与上述几种构型有较大差异，该构型在阿特金森循环 i-VTEC 内燃机的基础上增加了 E-CVT 以及配套的动力电池总成等。i-mmD 的 E-CVT 内部实际并无传统的带轮、液力变矩器等结构，只保留了主减速器和差速器总成。下面以 2016 款雅阁混动（以下简称雅阁混动）为例对 i-mmD 的特点作简要分析，其主要构成如图 3-3 所示。

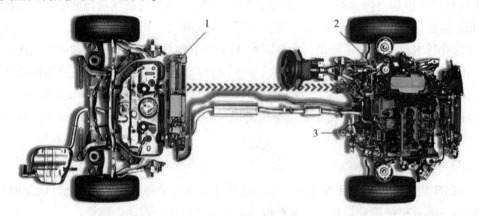

1—锂离子电池；2—双电机电动 CVT；3—DOHC i-VTEC 内燃机。

图 3-3　2016 款雅阁混动的主要构成

这套混合动力系统可以有以下 3 种工作模式。

（1）纯电动驱动模式

当锂离子电池电量满足一定条件时，在车辆起步、倒车等工况使用电机驱动前轴，并使内燃机停机，即尽量避免内燃机工作在低效区间，其能量传递路线如图 3-4 所示。

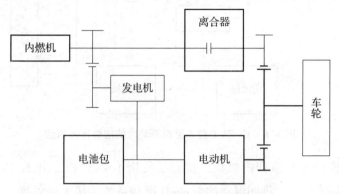

图 3-4　E-CVT 纯电动驱动时的能量传递路线

（2）混合动力行驶模式

当锂离子电池的电量低于阈值，或者需要进行急加速时，内燃机会自动起动。由发电机在行驶过程中拖动内燃机并进行点火，使内燃机参与前轴动力输出。当工况合适时，内燃机的一部分多余能量也可以通过发电机供应给电动机或锂离子电池。E-CVT 混合动力行驶时的能量传递路线如图 3-5 所示。

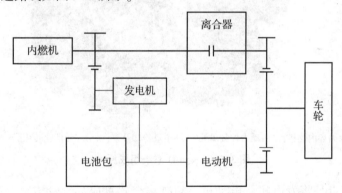

图 3-5　E-CVT 混合动力行驶时的能量传递路线

（3）纯内燃机驱动模式

高速巡航工况有利于雅阁混动的 2.0 L 阿特金森循环 DOHC i-VTEC 内燃机高效率地工作，此时的排放性能和燃油经济性较高，不适用于高速巡航工况的电动机、发电机停止工作，其能量传递路线如图 3-6 所示。

i-mmD 可以在滑行、制动时进行能量回收。能量回收时，由车轮拖动电机，电机在电控系统控制下向锂离子电池充电。当锂离子电池因长时间停放或其他原因造成电量过低时，可以在行驶前执行空载充电操作，即在空载时起动内燃机，利用内燃机动能带动电机向锂离子电池充电。下面继续以雅阁混动为例对 i-mmD 的结构进行介绍。

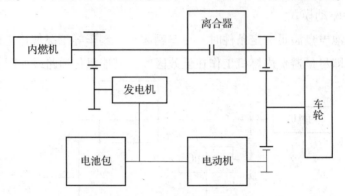

图 3-6　E-CVT 纯内燃机驱动时的能量传递路线

雅阁混动搭载 LFA11 系列内燃机，特点是使用了 i-VTEC、电控 EGR、电动冷却液泵、阿特金森循环等技术。雅阁混动的 i-mmD 混动系统结构十分紧凑，其 E-CVT、动力控制单元均安装在内燃机附近，如图 3-7 所示。

1—阿特金森循环内燃机；2—动力控制单元；3—电动冷却液泵；4—三元催化转化器；5—E-CVT。

图 3-7　i-mmD 系统组成原件

E-CVT 的特点是将发电机、电动机、超越离合器总成、齿轮传动机构、主减速器和差速器总成等集成在一起，其结构如图 3-8 所示。

其中，超越离合器可以改变动力传递路线，使内燃机动力和电机动力可以灵活地根据工况进行耦合，使整车的排放特性得到改善，燃油经济性、动力性得到提升。超越离合器一般使用湿式多片离合器。

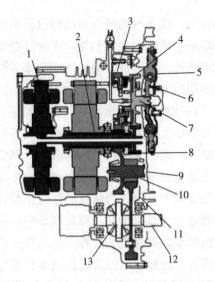

1—发电机轴；2—驱动电动机轴；3—超越驱动齿轮；4—超越离合器总成；5—飞轮；6—扭转减振器；7—输入轴；
8—驻车齿轮；9—副轴；10—主减速器驱动齿轮；11—主减速器从动齿轮；12—半轴；13—差速器总成。

图 3-8　E-CVT 结构

发电机和电动机作为该混动系统的核心部件，有着高效率的要求，同时应该避免占用过多空间，故均使用永磁同步电机。其中，电机的最大功率为 135 kW，最大转矩为 315 N·m，完全足以在低速时单独驱动车辆，并在需要时为内燃机提供额外的动力辅助。另外，锂离子电池的电压平台也较高，在 250 V 以上，但总电量不高，因此难以维持长时间的纯电行驶。

3.1.2　典型的混合动力系统结构

1. 串联式混合动力系统

串联式混合动力系统利用内燃机动力发电，从而带动电动机驱动车轮，其基本结构由电动机、发电机、内燃机、动力蓄电池、变压器等组成。除了由内燃机进行准稳衡性运转来带动发电机，直接向电动机供应电力外，还可以一边给动力蓄电池充电一边行驶。由于内燃机的动力是以串联方式供应到电动机，所以称为串联式混合动力系统。

内燃机和发电机构成辅助动力单元，内燃机输出的驱动力，首先通过发电机转化为电能，转化后的电能经电路整流处理后一部分用来给动力蓄电池充电，另一部分经由电动机和传动装置驱动车轮。在这种结构形式中，内燃机的唯一功能就是用来发电，而驱动车轮的转矩全部来自电动机。动力蓄电池实际上起平衡发电机输出功率和电动机输入功率的作用。

当发电机的发电功率大于电动机所需的功率时（如汽车减速滑行、低速行驶或短时停车等工况），控制器控制发电机向动力蓄电池充电；当发电机发出的功率低于电动机所需的功率时（如汽车起步、加速、高速行驶、爬坡等工况），动力蓄电池则向电动机提供额外的电能。采用串联式混合动力系统可使内燃机不受汽车行驶工况的影响，始终在其最佳的工作区稳定运行，因此可降低汽车的油耗和排放。串联式混合动力系统的结构简单，控制容易，但是由于内燃机的输出需全部转化为电能再变为驱动汽车的机械能，而机电能量转换和蓄电池的充放电效率较低，因此其能量利用效率较低。

串联式混合动力系统的优点：由于内燃机与驱动轮没有直接机械连接，因此内燃机工作状态不受车辆行驶工况的影响，能运行在其转矩–转速特性图上的任何工作点，而且能始终在最佳的工作区域内稳定运行，具有良好的经济性和排放性能。同时，内燃机从驱动轮上的机械解耦，使高速内燃机能够得到应用。此外，内燃机与电动机之间无机械连接，整车的结构布置自由度较大，各种驱动系统元件可以放在最适合的位置。最后，由于电动机的功率大，制动能量回收的潜能大，因此可以提高能量利用效率。

串联式混合动力系统的缺点：由于发电机将内燃机的机械能转变为电能，电动机又将电能转变为机械能，再加上电池在充电和放电过程中也会发生能量消失，因此内燃机输出能量利用率比较低。串联式混合动力系统的内燃机能保持在最佳工作区域内稳定运行，这一特点的优越性主要表现在低速、加速等工况，而在汽车中、高速行驶时，由于其电传动效率较低，因此抵消了内燃机效率高的优点。此外，电动机是唯一驱动汽车行驶的动力装置，因此电动机的功率要足够大。最后，电池要满足汽车行驶中峰值功率的需要，这就需要较大的电池容量。因此，电动机和动力蓄电池的体积和质量都较大，使得整车质量较大。串联式混合动力系统示意如图3-9所示。

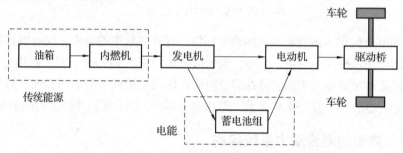

图3-9 串联式混合动力系统示意

使用串联式混合动力系统的代表车型有BMW i3 REX，其2019款的车型通过位于后轴附近的双缸汽油内燃机、驱动电动机、发电机和容量为120 A·h的蓄电池组之间的配合，使其EPA续驶里程达到了320 km，即使是纯电动模式下也能达到203 km。在蓄电池组电量低于某一水平时，BMW i3 REX将自动退出纯电动模式，使用双缸汽油内燃机来为驱动电动机和蓄电池组提供能源。

串联式混合动力系统在铁道车辆上运用比较普遍，铁路上称其为电传动内燃机车，比较著名的有中国东风系列内燃机车，美国EMD SD系列内燃机车。该类型机车使用柴油机带动发电机发出交流电，经整流后传送至驱动电动机带动车辆。大型电传动内燃机车的蓄电池不提供动力用电，部分小型电传动内燃机车则可以完全通过蓄电池驱动而不起动内燃机，类似混合动力电动汽车的纯电动模式。

2. 并联式混合动力系统

并联式混合动力系统的驱动结构与其他类型汽车的驱动结构有着明显的区别，并联式混合动力电动汽车是由内燃机及电动机两种驱动系统构成。而且，这两种不同的驱动系统可以进行机械能叠加，不但可以使用内燃机或者电动机进行独立驱动，还能够进行两种系统混合驱动运转。不管是采用哪一个单独的驱动系统，驱动所产生的功率都能够轻松满足汽车的行驶需求，在能量的利用效果上相当出色。因此，在汽车动力系统设计的过程中，可以采用功率小一点的内燃机与电动机，这样不但能够达到多选择的驱动方式，还可以确保汽车的驱动系统的内部结构、尺寸以及质量会更加合理化

通过对并联式混合动力电动汽车内部结构的分析，可以清楚地了解到该系统有两条驱动线路，并且这两条驱动线路中的内燃机与电动机，全部是将耦合装置以及变速箱、汽车轮毂位置的驱动轴进行啮合而成的结构。所以，并联式混合动力系统能够使两种不同结构的动力驱动系统，并且将电动机与内燃机作为汽车行驶的动力源。如果汽车在正常行驶的过程中，其中某个部分的驱动线路出现了问题或者故障，那么另外一条驱动线路依然能够进行正常的运作，这样就起到了"双重保险"的作用。通过这种汽车驱动线路设计方式，可以让汽车在行驶的过程中采用纯燃油的动力模式运作，也可以使用环保型的电力能源来给汽车提供动力。

并联式混合动力电动汽车的驱动系统在通常情况下可分为以下几个方式。

1）动力源合成式。这种方式是在汽车的前轮位置，安装一个功率较低的内燃式内燃机给汽车提供动力。同时，必须在汽车后轮的位置上再安装一个电动机，为汽车的起步与行驶提供更加稳定的驱动力，特别是对于汽车在进行加速、变速，或者遇见坡陡路况的时候有着相当良好的效果。除此之外，通过两种动力驱动系统，还能够在出现突发事件或者车况不佳的时候提供另一种选择。

2）双轴转矩合成式。这种方式所产生的驱动力，必须要以内燃机为中心进行运转，然后把内燃机所产生的能量用于给汽车中的大功率蓄电池进行充电。当蓄电池充满电之后又会将电能提供给电动机运转。

3）单轴转矩合成式。单轴式与双轴式的工作原理在本质上没有多大的区别，就是内燃机在运转的时候带动电动机然后对蓄电池进行充电。

4）转速合成式。电动机与内燃机都是通过离合器与驱动结合器来实现驱动。在这种运作模式中，内燃机本身的传动构件可以使用内燃机，而电动机可以将驱动结合器和传动系统进行相互连接。所以，不管是进行维护或者改装都是相当便捷的，而且可行性相当高。

与串联式混合动力系统的结构相比，并联式混合动力系统的内燃机可以通过机械传动机构直接驱动汽车，其能量的利用率相对较高，因此燃油经济性比串联式混合动力系统更高。并联式混合动力系统需要变速装置和动力合成装置，传动机构较为复杂，其系统示意如图 3-10 所示。

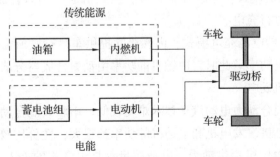

图 3-10　并联式混合动力系统示意

使用并联式混合动力系统的代表车型有 Volvo V60 的插电式混合动力版，其 2018 款车型使用一台前置的 2.4 L 五缸涡轮增压柴油机来驱动前轴；同时在后轴附近安装有一台最大功率为 51 kW，最大转矩输出达到 200 N·m 的，由电量为 12 kW·h 的锂离子电池箱供电的电机来驱动后轴。动力输出来源在内燃机和电动机之间的切换可以由控制系统根据工况自动决定，同时驾驶员也可手动选择以下 3 种驾驶模式。

1）纯电动模式，此时车辆将尽可能只使用电能作为直接能量来源，此模式下的续驶里程较短，只有 50 km 左右。

2）混动模式，这也是车辆驱动系统的默认工作状态。两种不同的动力输出来源将分别驱动前轴和后轴，整车控制系统将使二者之间的动力分配达到最佳状态，使二氧化碳排放量降低至 49 g/km。

3）动力模式，这种模式下动力性将居于首位，充分发挥电动机加速响应好的优点。该模式下能使百公里加速时间降低至 6 s 左右。

3. 混联式混合动力系统

混联式混合动力系统主要由内燃机、蓄电池组、功率转换器、电动机、发电机、动力合成器和变速器等组成。内燃机的输出功率分为两部分，一部分通过动力合成器输送到传动装置驱动车辆；另一部分输送到发电机进行发电。内燃机产生的电能分配给蓄电池组或电动机，电动机从发电机或蓄电池组得到电能，产生驱动功率，通过动力合成器输送到传动装置驱动车辆。

混联式混合动力电动汽车工作模式如下。

1）纯内燃机驱动模式，仅有内燃机向车辆提供驱动功率，蓄电池组既不从传动系统中获取能量也不提供电能。此时，电动机、发电机处于关闭状态。

2）纯电动驱动模式，车辆由蓄电池组通过功率转换器向电动机供电，电动机通过动力合成器提供驱动功率。此时，内燃机、发电机处于关闭状态。

3）混合驱动模式，车辆的驱动功率由蓄电池和内燃机共同提供，并通过动力合成器合成后，向机械传动装置提供动力。

4）再生制动模式，电机运行在发电机状态，通过消耗车辆本身的动能产生电功率，向蓄电池组充电，内燃机处于关闭状态。

5）蓄电池停车充电模式，车辆停止行驶，内燃机通过动力合成器带动发电机发电，向蓄电池组提供电能进行充电。

6）内燃机驱动、蓄电池充电模式，内燃机除提供车辆行驶所需要的驱动功率外，同时向蓄电池组提供充电功率。此时，内燃机的功率由动力合成器分成两路，一路驱动车辆行驶，一路带动发电机发电。

串联式和并联式混合动力电动汽车技术难度较低。串联式混合动力电动汽车完全依靠电动机提供动力，内燃机、发电机和电动机的功率都很大，性价比较低；并联式混合动力电动汽车主要依赖于内燃机提供动力，电池质量仅是串联式的 1/3，能量传递损失较小，但是排放污染较大，内燃机的燃烧效率不高。随着 1997 年丰田普锐斯混联式混合动力电动汽车的出现，世界各大汽车公司逐渐将混联式混合动力电动汽车列为开发重点。混联式混合动力系统相对比较完善，能较好地将燃油汽车与电动汽车的优点，以及燃油汽车和电动汽车的技术力量有机地统一起来；电池的体积、质量、成本较低，内燃机总在最高效率下工作，具有很好的燃料经济性、加速性和平稳性；充分发挥了串联式和并联式混合动力电动汽车的优点，并有效地弥补了串联式和并联式混合动力电动汽车的缺点。混联式混合动力系统示意如图 3-11 所示。

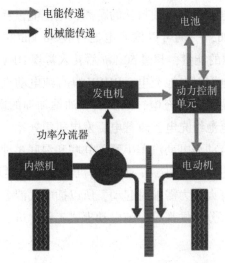

图 3-11　混联式混合动力系统示意

　　使用混联式混合动力系统的代表车型有 BYD F3DM，其使用一台 1.0 L 三缸汽油内燃机和两台永磁同步电机（其中一台起到发电机的作用，均位于内燃机舱）作为动力来源。在电池电量降低到 20% 之前，将由电机提供所有的动力输出。在电量进一步下降之后进入混动模式，内燃机起动，并在参与提供动力的同时，也向电池充电使其电量维持在 30% 附近。BYD F3DM 内燃机舱盖下两台电机各自的动力控制单元如图 3-12 所示。

图 3-12　BYD F3DM 内燃机舱盖下两台电机各自的动力控制单元

3.1.3　插电式混合动力

常规 HEV 由于存在价格较高、仍然使用较多的汽油或柴油、纯电动续驶能力较差等问题，因此前景并不乐观。在这种情况下，为了进一步减少排放，提高燃油经济性，出现了一个新的研究方向，即插电式混合动力电动汽车（Plug-in Hybrid Electric Vehicle，PHEV）。PHEV 是指具有大容量动力电池并且可以利用电网对动力电池进行充电的混合动力电动汽车，它单独依靠电池就能行驶较长的距离，电池能量耗尽时仍可以像常规混合动力电动汽车一样工作。例如，一辆可以依靠电池行驶 50 km 的 PHEV 在运行时，开始的 50 km 完全可以只利用电池的能量，超过 50 km 后转入常规 HEV 的工作模式，到了旅程终点，则再插入外接电源从电网对电池充电。PHEV 具有纯电动汽车的全部优点，还可以利用外部公用电网对车载电池组进行充电，减少去加油站加油的次数，降低车辆使用成本，并可以在晚间用电低谷对电池组充电，改善电厂发电机组效率，节省能源。插电式混合动力电动汽车也有像常规混合动力电动汽车串联、并联和混联 3 种总体布局。

对于插电式混合动力电动汽车来说，其内燃机大部分时候均处于待机状态不进行工作，仅当电池能量不足或有大动力需求时起动，所以插电式混合动力电动汽车更像是自带发电机的纯电动汽车，大部分时候都是以纯电动模式工作，进一步降低排放，提高了环保性能。

3.2　混合动力电动汽车的电池管理

3.2.1　电池管理系统

1. 混合动力电动汽车的电池管理系统简介

混合动力电动汽车是指在同一辆汽车中同时采用了电动机和内燃机作为其动力装置，通过先进的控制系统使两种动力装置有机协调配合，实现最佳能量分配，达到低能耗、低污染和高度自动化的一种新型汽车。目前，从国内外电动汽车的发展趋势来看，混合动力电动汽车将会成为一段时间内清洁燃料汽车商业化的主流。动力电池是混合动力电动汽车的关键部件，对整车动力性、燃油经济性等都有重大影响。然而由于技术条件限制，还没有理想的动力电池出现。混合动力电动汽车用动力电池的寿命、充放电效率、内阻等都受到电池充放电深度、充放电电流的大小以及具体的车辆行驶工况等因素影响。因此，建立一个合理、符合电池实际使用环境的电池管理系统，对混合动力电动汽车的发展至关重要。先进的电池管理系统综合了监测、保护技术，具有对电池组进行静止、充电、放电、管理、自动维护等基本功能，满足实用、可靠、操作简单等要求。一般说来，电池管理系统的基本功能应该有：安全保护功能；电池模块状态监测统计、输出数据功能；电池温度控制。

根据混合动力电动汽车所采用的电池的类型和动力电池组的组合方法，电池管理系统主要包括热（温度）管理子系统、电池组管理子系统、线路管理子系统，如图 3-13 所示。

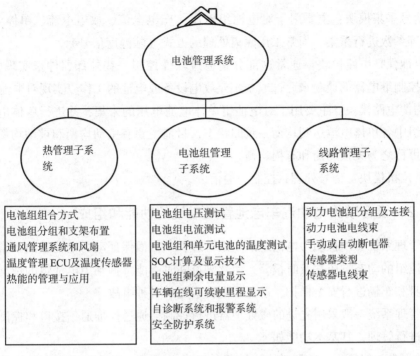

图 3-13 电池管理系统

电池管理系统是电池与用户之间的纽带，主要管理对象是二次电池。二次电池存在存储能量少、寿命短、串并联使用问题、使用安全性、电池电量估算困难等缺点，且电池的性能很复杂，不同类型的电池特性亦相差很大。电池管理系统主要就是为了提高电池的利用率，防止电池出现过充电和过放电，延长电池的使用寿命，监控电池的状态。

2. 电池管理系统的主要功能

1）电池工作状态监控：主要指在电池的工作过程中，对电池的电压、温度、工作电流、电量等一系列相关参数进行实时监测或计算，并根据这些参数判断目前电池的状态，以进行相应的操作，防止电池的过充或过放。

2）电池充放电管理：在电池的充电或放电的过程中，根据环境状态，电池状态等相关参数对电池的充电或放电进行管理，设置电池的最佳充电或放电曲线（如充电电流，充电上限电压值，放电下限电压值等）

3）单体电池间均衡：即为单体电池均衡充电，使电池组中各个单体电池都达到均衡一致的状态。其中，均衡器是电池管理系统的核心部件，但目前我国在这方面的技术还不成熟。

注：目前很多电动汽车上都会专门区分电池管理系统和电池均衡系统，很容易让人产生它们是两个各自独立的部件的误解，但它们实际上是一种从属关系。且当前国内汽车上在充放电管理和均衡器这两个部分的功能上比较弱，电池管理系统实际上仅仅进行电量的

计算和实现过欠压（组与单体）保护及通信的功能。

3. 电池管理系统主要部分

1）信号采集模块：主要用于对电池组电压、充电电流、放电电流、单体电池电压、电池温度等参数进行采集，通常采用隔离处理的方式（除温度信号）。

2）电池保护电路模块：通常这部分是通过软件控制一些外部器件来实现的。例如，通过信号控制继电器的通断来允许或禁止充放电设备或电池的工作以实现对电池保护。

3）均衡电路模块：主要用于对电池组单体电池电压的采集，并进行单体电池间的均衡充电使组中各单体电池达到均衡一致的状态，目前主要有主动均衡和被动均衡两种均衡方式，也可称之为无损均衡和有损均衡。

4）下位机模块：信号处理，控制，通信。

3.2.2 混合动力电动汽车电池管理系统的功能和组成

电池管理系统要承担动力电池组的全面管理，一方面保证动力电池组的正常运作，显示动力电池组的动态响应并及时报警，使驾驶员随时都能掌握动力电池组的情况；另一方面要对人身和车辆进行安全保护，避免因电池引起的各种事故。

电池管理系统一般采用先进的微处理器进行控制，通过标准通信接口和控制模块对动力电池组进行管理，其基本功能如下。

1）动力电池组管理。监测动力电池组的双向总电压、电流和动力电池组的温升，并通过液晶显示或其他显示装置，动态显示总电压、电流及温升的变化，避免动力电池组过充电或过放电，使动力电池组不受到人为的损坏。

2）单体电池管理。监测单体电池的电状态，对单体电池动态电压和温度的变化进行实时测量，以便及时发现单体电池存在的问题，并采取有效的预防措施。

3）荷电状态的估计和故障诊断。电池管理系统应具有对荷电状态的估计和故障诊断的功能，能够有效地反映和显示荷电状态。目前，对荷电状态的估计误差一般在 10% 左右，配备故障诊断专家系统，可以早期预报动力电池组的故障和隐患。

电池管理系统的基本组成如图 3-14 所示。

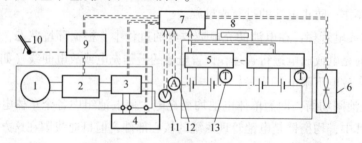

1—电动机；2—逆变器；3—继电器箱；4—充电器；5—动力电池组（由多个电池组组成）；
6—冷却风扇；7—电池管理系统；8—荷电状态显示器；9—车辆中央控制器；
10—驾驶员控制信号输入；11—电压表；12—电流表；13—温度表。

图 3-14 电池管理系统的基本组成

带有温度测量装置的电池管理系统的基本组成如图3-15所示，该系统利用损坏的电池在充电过程中电池的温度高于正常电池温度的原理，用温度传感器来测定和监控每一个电池在充电过程中的温度是否在允许的范围内，如果发现某个电池的温度处于不正常状态，荷电状态显示也不正常时，立即向电池管理系统反馈某个电池在线的响应信息，并由故障诊断系统预报动力电池组的故障。

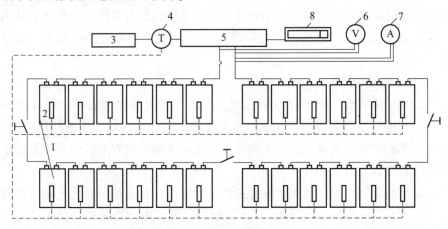

1—电池组；2—温度传感器；3—故障诊断器；4—温度表；5—电池管理系统；
6—电压表；7—电流表；8—荷电状态显示。

图3-15 带有温度测量装置的电池管理系统的基本组成

3.3 电机系统（电动机）

3.3.1 电动机的分类

电动机是把电能转换成机械能的一种设备，它是利用通电线圈（也就是定子绕组）产生旋转磁场并作用于转子（如鼠笼式闭合铝框）形成磁电动力转矩。电动机按使用电源不同分为直流电动机和交流电动机。

1. 直流电动机

直流电动机的优点是具有优良的电磁转矩控制特性，调速比较方便，控制装置简单、价廉；缺点是效率较低、质量大、体积大、价格贵。目前，车用驱动电动机已经较少使用直流电动机了。

（1）直流电动机的基本类型

直流电动机的基本类型包括他励直流电动机和串励直流电动机。

1）他励直流电动机。可分别控制励磁电流和电枢电流，来实现对他励直流电动机的控制。他励直流电动机具有线性特性和稳定输出特性，可以扩大其调速范围，能够实现在减速和制动时的再生制动，回收一部分能量。

2）串励直流电动机。串励直流电动机的励磁电流和电枢电流相等，能获得每单位电流的最高转矩，起动转矩大，有较好的起动特性以及较宽的恒功率调速范围，有利于提高混合动力电动汽车的动力性能。

（2）直流电动机的控制系统

直流电动机在电源电路上，可以采用较少的控制元件，最常采用的有 IGBT 斩波器。IGBT 斩波器是在安装直流电源与直流电动机之间的一个周期性的通断开关装置，它根据直流电动机输出转矩的需要，脉冲输出和变换直流电动机所需电压，与直流电动机输出的功率相匹配，来驱动和控制直流电动机运转。IGBT 斩波器目前已经商品化，有不同规格可供用户选用。

（3）直流电动机的特点

直流电动机的磁场和电枢可以分别控制，因此控制起来比较容易，而且控制性能较好。直流电动机的容量范围很广，可以根据所需的转矩和最高转速来选用所需的容量，市场上有各种不同结构的直流电动机可供选用，直流电动机的制造技术和控制技术都较成熟，驱动系统价格较便宜。

直流电动机有电刷、换向器等容易磨损的接触零件，在高速旋转时电刷与换向器之间会产生火花，严重时还会形成"环火"，从而限制了直流电动机转速的提高。直流电动机相对于其他电动机，结构较复杂，体积较庞大，也较笨重，对使用环境要求高，可靠性较差，价格高，要经常维护和修理。

2. 交流电动机

（1）三相异步感应电动机的结构

三相异步感应电动机有笼型异步感应电动机和绕线式异步感应电动机两种。其中，笼型异步感应电动机是应用最广泛的电动机。

三相异步感应电动机的定子和转子由层叠、压紧的硅钢片组成，之间没有相互接触的部件，两端采用铝盖封装，结构简单，运行可靠，经久耐用，价格低廉。典型的三相异步感应电动机如图 3-16 所示。

1—冷却风扇；2—转子；3—定子；4—转轴。

图 3-16 典型的三相异步感应电动机

（2）三相异步感应电动机的基本性能

三相异步感应电动机的功率容量覆盖面很宽，最高转速可以达 10 000 ~ 12 000 r/min，采用空气冷却或液体冷却方式，冷却自由度高，对环境的适应性好，并且能够实现再生制动。与同样功率的直流电动机相比，三相异步感应电动机效率较高，质量约小 50%。目前，三相异步感应电动机已经能够大批量地生产，有各种不同型号规格的系列产品供用户选用，且价格便宜，维修简单方便，应用十分广泛。

（3）三相异步感应电动机的控制系统

由于在混合动力电动汽车上，一般采用发电机或动力电池组作为电源，且三相异步感应电动机不能直接使用直流电源，另外，三相异步感应电动机具有非线性输出特性，因此在采用三相异步感应电动机时，需要应用逆变器中的功率半导体交换器件，将直流电变换为频率和幅值都可以调节的交流电。在混合动力电动汽车上，通常功率电路有交-直-交逆变器系统、交-交变频器系统、直-交逆变器系统。在有些装有交流发电机的混合动力电动汽车上，根据动力系统结构模型的要求，可采用前两种逆变器或变频器系统。图 3-17 为交流电动机调速系统功率电路的基本形式。

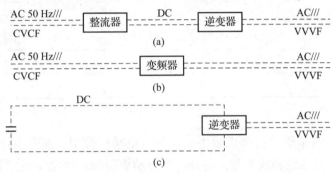

图 3-17　交流电动机调速系统功率电路的基本形式
（a）交-直-交逆变器；（b）交-交变频器；（c）直-交逆变器

3.3.2　混合动力电动汽车驱动电动机

混合动力电动汽车用驱动电动机的种类很多，用途广泛，功率的覆盖面非常大，如图 3-18 所示。现代混合动力电动汽车所采用的各种电动机的基本性能比较如表 3-1 所示。

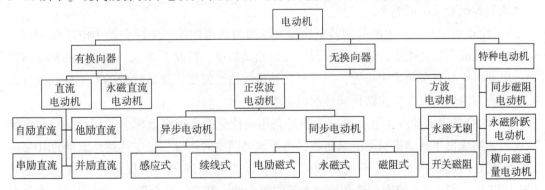

图 3-18　现代混合动力电动汽车所采用的各种电动机

表 3-1 现代混合动力电动汽车所采用的各种电动机的基本性能比较

项　目	直流电动机	感应电动机	永磁电动机	开关磁阻电动机
功率密度	低	中	高	较高
过载能力/%	200	300 ~ 500	300	300 ~ 500
峰值能力/%	85 ~ 89	94 ~ 95	95 ~ 97	90
负荷效率/%	80 ~ 87	90 ~ 92	85 ~ 97	78 ~ 86
功率因数/%	~	82 ~ 85	90 ~ 93	60 ~ 65
恒功率区	~	1 : 5	1 : 2.25	1 : 3
转速范围/（r·min⁻¹）	4 000 ~ 6 000	12 000 ~ 20 000	4 000 ~ 10 000	>15 000
可靠性	一般	好	优良	好
结构的坚固性	差	好	一般	优良
电动机外形尺寸	大	中	小	小
电动机质量	大	中	小	小
控制操作性能	最好	好	好	好
控制成本	低	高	高	一般

1. 性能要求

混合动力电动汽车驱动电动机的主要参数有电动机类型、额定电压、机械特性、效率、尺寸、质量、可靠性和成本等。另外，为电动机所配置的电子控制系统和驱动系统，也会影响驱动电动机的性能。混合动力电动汽车驱动电动机的性能要求如下。

1）在允许的范围内，尽可能采用高电压，可以减小电动机和导线等装备的尺寸，特别是可以降低逆变器的成本。

2）电动机的转速应达到 8 000 ~ 12 000 r/min，且体积和质量应较小，以降低混合动力电动汽车的整车装备质量。

3）电动机应采用铝合金外壳，以降低电动机的质量，各种控制装置的质量和冷却系统的质量等也要求尽可能小。

4）电动机应具有较大的起动转矩和较大范围的调速性能，使混合动力电动汽车有良好的起动性能和加速性能，能轻松获得所需的起动加速、行驶、减速、制动等的功率与转矩；电动机应具有自动调速功能，以减轻驾驶员的操纵强度，提高驾驶的舒适性，并且要能够达到与内燃机汽车加速踏板同样的控制响应。

5）混合动力电动汽车电动机应使能量利用最优化，实现高效率、低损耗，并在车辆减速时，实现再生制动将制动能量回收，再生制动回收的能量一般应达到总能量的 10% ~ 15%，这在内燃机汽车上是不能实现的。各种动力电池组和电动机的工作电压应达到 300 V 以上，其电气系统安全性和控制系统的安全性，都必须符合国家（或国际）有关车辆电气控制安全性能的标准和规定，应装备有高压保护设备。

除此之外，还要求混合动力电动汽车电动机可靠性好，耐温和耐潮性强，运行时噪声小，能够在较恶劣的环境下长时间工作，结构简单，适合大批量生产，使用维修方便，价格便宜等。

2. 特点

混合动力电动汽车是利用电动机驱动作为辅助动力，来降低燃料的消耗和实现"低污染"，或在纯电动驱动模式时实现"零污染"。混合动力电动汽车上电动机系统的工作条件及其工作模式与传统工业电动机相比有很大的区别，这些区别使得传统工业电动机不适合在汽车上使用。相对于传统工业电动机而言，混合动力电动汽车上所使用的电动机系统一般有以下特点。

1）混合动力电动汽车上所使用的电动机往往要求频繁启停，频繁加减速以及频繁切换工作模式（作为电动机使用驱动汽车以及作为发电机使用，实现能量回收及发电的功能），这对电动机的响应性能提出了更高的要求。

2）由于汽车内部空间紧张，往往要求电动机系统体积小、质量轻，以及具有较高的功率密度和工作效率。

3）相对于传统工业电动机而言，混合动力电动汽车上所使用的电动机系统的工作环境更为恶劣，干扰更大，从而要求它具有更高的可靠性、抗震性和抗干扰性。

4）传统电动机一般工作在额定工作点附近，而混合动力电动汽车电动机的工作范围相对较宽，且由于混合动力电动汽车电动机工作模式的特殊性（电动机的工况经常处于动态变化中），额定功率这个参数对于混合动力电动汽车所使用的电动机而言，没有特别大的意义，所以对其额定功率的要求并不严格。而在高效工作区间，这个参数则更为实际和重要。

5）在供电方式上，传统电动机由常规标准电源供电，而混合动力电动汽车电动机所使用的电能来源于电池，且由功率转化器直接供给。另外电动机的使用电压及形式并不确定，从减少功率损耗及降低电动机逆变器成本的角度而言，一般倾向于使用较高的电压。

由此可知，混合动力电动汽车对它使用的电动机系统有着下面的特殊要求：频繁切换性能好，比功率大、体积较小，抗震性、抗干扰性好，高效工作范围宽，容错能力强，噪声小，以及对电压波动的适应能力强和成本不高等。

3.3.3　永磁同步电动机

永磁同步电动机是由永磁体励磁产生同步旋转磁场的同步电动机，永磁体作为转子产生旋转磁场，三相定子绕组在旋转磁场作用下通过电枢反应，感应三相对称电流，此时转子动能转化为电能，永磁同步电动机作发电机用；当定子侧通入三相对称电流时，由于三相定子在空间位置上相差120°，所以三相定子电流在空间中产生旋转磁场，转子在旋转磁场中受到电磁力作用运动，此时电能转化为动能，永磁同步电动机作电动机用。所以，目前雷凌混合动力电动汽车比较适合采用这种电动机，可使其动力更好地达到设计要求。EMRAX 228 永磁同步电动机如图 3-19 所示。

图 3-19　EMRAX 228 永磁同步电动机

1. 永磁电动机的磁性转子、磁极数量及永磁材料

根据在永磁电动机上布置的不同，可将磁性转子分为内部永磁型、表面永磁型和混合式（镶嵌式）永磁型三种结构形式。将永久磁铁的磁极按 N 极和 S 极顺序排列，便组成永磁电动机的磁性转子。

内部永磁型磁性转子的磁路结构可分为径向型磁路结构、切向型磁路结构和混合型磁路结构。图 3-20 为永久磁铁的磁路结构形式，其中 1～5 为径向型内部永磁型磁性转子的结构，特点是磁漏小，而且不需要隔离环，但它的每个磁极的有效面积约为切向型内部永磁型磁性转子的 1/2，为了提高径向型内部永磁型磁性转子的有效面积，多采用图 3-20 中 5 的结构形式。

1～5—径向型内部永磁型磁性转子结构；6～8—切向型内部永磁型磁性转子结构；
9—混合型内部永磁型磁性转子结构；10～12—表面永磁型磁性转子结构。

图 3-20　永久磁铁的磁路结构形式

目前，表面永磁型磁性转子的应用正在逐渐增多。表面永磁型磁性转子永磁电动机的横截面如图 3-21 所示。

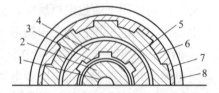

1—电动机轴；2—转子；3—转子磁体固定环；4—敏铁-硼永磁体；
5—钛铁-硼永磁体卡环；6—定子绕组；7—定子铁芯；8—电动机冷却水套。

图 3-21　表面永磁型磁性转子永磁电动机的横截面

图 3-22 为一种混合式永磁型磁性转子，这种磁性转子可以用嵌入永久磁铁中的励磁绕组来对磁通量进行控制，从而改变永磁电动机的机械特性。一般情况下，感应电动机的磁极数量增多后，同样转速下的工作频率随之增加，定子的铜耗和铁耗也相应增加，这会导致功率因数急剧下降；磁阻电动机的磁极数量增多后，会使电动机输出的最大转矩与最小转矩差距变得很大，对磁阻电动机的性能影响较大；独立励磁电动机的磁极数量增多后，将无法达到额定的转矩；永磁电动机的磁极数量增加后，不仅对电动机的性能没有明显的影响，还可以有效地减小永磁电动机的尺寸和质量。

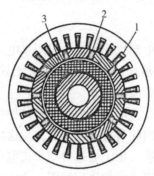

1—定子绕组；2—励磁绕组；3—永久磁体。

图 3-22　混合式永磁型磁性转子

永磁电动机的气隙直径和有效长度取决于电动机的额定转矩、气隙磁通密度、定子绕组的线电流密度等参数。气隙磁通密度主要受磁性材料磁性的限制，因此需要采用磁能密度高的磁性材料。另外，在气隙磁通密度相同的条件下，增加磁极的数量，可以减小电动机磁极的横截面面积，从而使电动机转子铁芯的直径减小。图 3-23 为四极永磁转子铁芯与十六极永磁转子铁芯的尺寸比较，由于后者的横截面面积要小于前者，因此可以减小电动机的质量，增加磁通密度，改进磁路结构，减弱电枢反应和提高电动机的转速。增加磁极数量是提高永磁电动机性能和效率的主要途径。

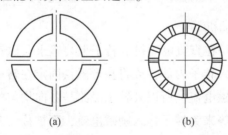

(a)　　　　　　　　　(b)

图 3-23　四极永磁转子铁芯与十六极永磁铁子铁芯的尺寸比较

(a) 四极永磁转子铁芯；(b) 十六极永磁铁子铁芯

永磁材料的种类很多，如 KS-磁钢铁氧体、锰铝碳、铝镍钴和稀土合金等。其中，KS-磁钢铁氧体价格低廉，而且去磁特性接近一条直线，但磁能积很低，且会使永磁电动机的体积增大，结构很笨重。现在主要采用稀土钐-钴的合金永磁材料来制造永磁电动机的磁极，它的气隙磁通密度远远超过其他永磁材料制成的磁极，它的剩磁和矫顽力相当高。钕-铁-硼稀土合金的磁能积最高，有最高的剩磁和矫顽力，且加工性能好，资源广泛，应用发展最快，是目前最理想的永磁材料，价格也比较低。磁极的磁性材料不同，永磁电动机的磁通密度也不同，磁通密度越大，永磁电动机的体积和质量越小。

由于钕-铁-硼稀土合金永磁材料在高温时磁性会发生不可逆的急速衰退，甚至完全失去磁性，因此用钕-铁-硼稀土合金永磁材料制成的永磁电动机的工作温度必须控制在150 ℃以下，一般要在电动机上采取强制冷却。钕-铁-硼稀土合金永磁材料要比钐-钴稀土合金具有更好的力学性能，价格也更加便宜。稀土合金永磁材料在制造中都必须进行适当加固，否则不能承受高速运转时的作用力。

2. 永磁电动机的种类

永磁电动机有永磁无刷直流电动机和永磁磁阻同步电动机两种类型，两种永磁电动机同步特性的区别表现在它们的电波曲线形状上：永磁无刷直流电动机具有矩形脉冲波电流，永磁磁阻同步电动机具有正弦波电流。

永磁电动机的电波曲线形状是由电动机的类型及其控制系统来决定的，由于它们是从不同类型的电动机发展而来的，因此具有不同的名称。这两种永磁电动机在结构和工作原理上大致相同，转子都是永久磁铁，定子通过对称交流电来产生转矩，定子电枢多采用整距集中绕组。两种永磁电动机的同步特性比较如图3-24所示。

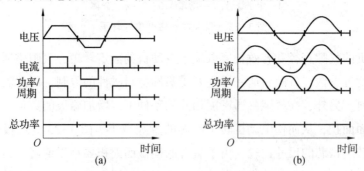

图3-24　两种永磁电动机的同步特性比较
(a) 永磁无刷直流电动机；(b) 永磁磁阻同步电动机

(1) 永磁无刷直流电动机

永磁无刷直流电动机是在直流电动机的转子上装置永久磁铁，转子采用径向永久磁铁制成的磁极，将磁铁插入转子内部，或将瓦形磁铁固定在转子表面，转子上不再用电刷和换向器为转子输入励磁电流，所以其转子磁路是各向均匀的。也正因转子上不再用励磁绕组、集电环和电刷等来为转子输入励磁电流，而被称为永磁无刷直流电动机。

永磁无刷直流电动机在工作时，直接将矩形脉冲波（方波）电流输入永磁无刷直流电动机的定子中，控制永磁无刷直流电动机运转，具有较大的转矩。永磁无刷直流电动机的优点是效率高（比交流电动机高6%）、高速操作性能好、无电刷、结构简单牢固、免维护或少维护、尺寸小、质量小、输出转矩与转动惯量比值大于类似的三相感应电动机；缺点是如果输出的矩形脉冲波波形不好，会产生较大的脉动转矩和冲击力，影响电动机的低速性能，电流损耗大，工作噪声大。

永磁无刷直流电动机的控制系统较为复杂，且有多种控制策略，采用方波电流（实际上方波为顶宽不小于120°的矩形波）的永磁无刷直流电动机的控制比较容易，驱动效率也最高。方波电动机可以比正弦波电动机产生大15%左右的电功率，由于磁饱和等因素的影响，三相合成产生的恒定电磁转矩是一种脉动电磁转矩。永磁无刷直流电动机实际上是一种隐极式同步电动机，在正常运行时电枢电流磁动势与永磁磁极的磁动势在空间位置相差90°；在高速运行时可通过弱磁调速的技术来升速。

永磁无刷直流电动机的基本控制系统由直流电源、电容器绝缘栅双极晶体管（Insulated Gate Bipolar Transistor，IGBT）、永磁无刷直流电动机、电动机转轴位置传感器（Position sensitive detector，PSD）、逻辑控制单元（Logic Control Unit，LCU）、120°导通型脉宽调制信号（Pulse Width Modulation，PWM）发生器和其他一些电子器件共同组成。

PS 检测转轴位置信号，经过处理后将信号输送到 LCU。码盘检测电动机的转速，经过速度反馈单元、速度调节器，对电动机的运行状态进行判别，并将信号输送到 LCU。LCU 经过计算后，将控制信号传送到 PWM 发生器。电流检测器按照闭环控制方式，将反馈电流进行综合，经过电流调节器调控，也将电流信号输入 PWM 发生器。

PS 根据转角 θ 和速度调节器，对电动机的运行状态进行判别，发出转子位置的信号，以及电流检测器对电流的调控信号，共同输入 PWM 发生器后，产生脉宽调制的信号（导通相位及相电流大小），通过自动换流来改变向定子绕组的供电频率和电流的大小，控制逆变器的功率开关元件的导通规律。永磁无刷直流电动机控制策略如图 3-25 所示，逆变器的功率开关由上半桥开关元件 $S_1 \sim S_3$ 和下半桥开关元件 $S_4 \sim S_6$ 组成，在同一时刻只有处于不同桥臂上的一个开关件被导通，电动机的电磁转矩与开关元件导通电流成正比。

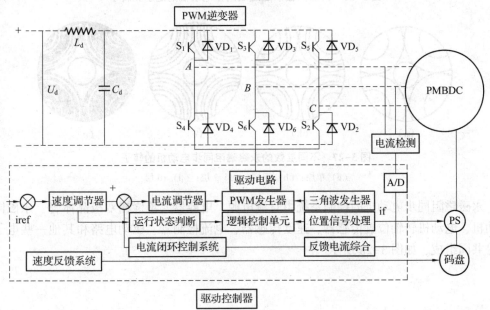

图 3-25 永磁无刷直流电动机控制策略

（2）永磁磁阻同步电动机

永磁磁阻同步电动机是用永久磁铁取代他励同步电动机的转子励磁绕组，其定子和转子与普通同步电动机的定子和转子一样，如图 3-26 所示。转子采用径向永久磁铁制成的多层永磁磁极，形成可同步旋转的磁极。永磁磁阻同步电动机具有高效率（达 97%）和高比功率（远远超过 1 kW/kg）的优点，其输出转矩与转动惯量比都大于类似的三相感应电动机，在高速转动时有良好的可靠性，平稳工作时电流损耗小。此外，永磁磁阻同步电动机具有功率密度高、调速范围器宽、效率高、性能更加可靠、结构更加简单、体积小的优点，与相同功率的其他类型的电动机相比，更加适合作为混合动力电动汽车的驱动电动机。

在同步电动机的轴上装置转子位置传感器和速度传感器，它们产生的信号是驱动控制器的输入信号。

永磁磁阻同步电动机为了增加电动机的转矩，需要增加 q 轴磁阻与 d 轴磁阻之差来获得更大的磁阻转矩，因此采用多层的转子结构（见图 3-27），有单层、双层、3 层和 10 层等，用于优化转子结构。转子的层数增加，$L_q L_d$ 也增大，但增加层数超过 3 层，$L_q \sim L_d$ 变化不大，一般取 2 ~ 3 层。

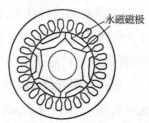

永磁磁极

图 3-26　两层六极永磁磁阻同步电动机的定子和转子

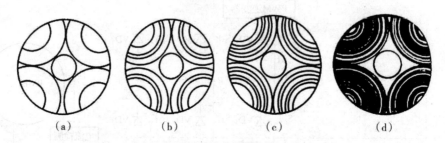

(a)　　　　　(b)　　　　　(c)　　　　　(d)

图 3-27　不同层数的永磁磁阻同步电动机的转子

(a) 单层；(b) 双层；(c) 3 层；(d) 10 层

永磁磁阻同步电动机的控制系统由直流电源、电容器、绝缘栅双极晶体管、永磁同步电动机、电动机转轴位置传感器、速度传感器、电流检测器、驱动电路和其他一些电子器件等共同组成，如图 3-28 所示。

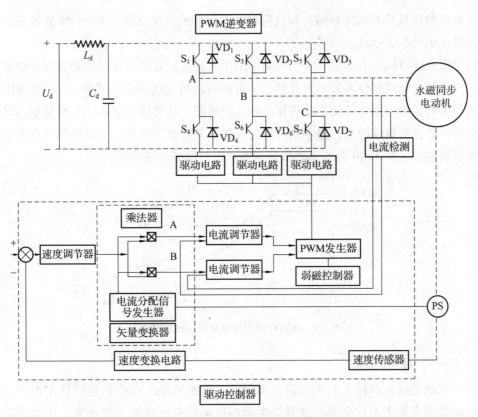

图 3-28　永磁磁阻同步电动机的控制系统

　　微处理器控制模块中包括乘法器、矢量变换器、弱磁控制器、转子位置检测系统、速度调节系统、电流控制系统、PWM 发生器等主要电子器件。PWM 逆变器的作用是将直流电经过脉宽调制变为频率、电压可变的交流电,电压波形有正弦波和方波。

　　转子位置检测器根据检测转子磁极的位置信号和矢量变换器发出的控制信号,共同通过电流分配信号发生器来对转子位置信号进行调节,产生电流分配信号,将信号分别输入A、B 乘法器。

　　速度传感器、速度变换电路和速度调节器对电动机的运行状态进行判别和处理,将电动机的运行状态信号分别输入 A、B 乘法器。

　　驱动控制器采用不同的控制方法,直流分配信号发生器对系统提供的信号和速度调节器对系统提供的信号输入乘法器逻辑控制单元。乘法器逻辑控制单元经过计算后产生控制信号,与电流传感器输入的电流信号一起,共同保持转子磁链与定子电流之间的确定关系,并将电流频率和相位变换信号,分别输入各自独立的电流调节器中;然后传输到PWM 发生器中,控制逆变器换流 IGBT 开关元件的导通与关断,完成脉宽调制,为永磁同步电动机提供正弦波形的三相交流电,同时控制定子绕组的供电频率、电压和电流的大小,使永磁同步电动机产生恒定的转矩和对永磁同步电动机进行调速控制。

　　系统的给定量是转子转速的大小,因此可以根据不同的给定速度运行,调速范围宽,调速精度也较高。

　　根据电动机转子位置传感器测得的转子的正方向转角 θ 的位置信号,使分别属于上桥臂和下桥臂的两只开关元件导通,而且只有在下桥臂的开关元件受控于 PWM 状态时,电动机才处于电动状态运转。

由于永磁磁阻同步电动机在牵引控制中采用矢量控制方法,在额定转速以下恒转矩运转时,就使定子电流相位领先一个 β 角,一方面可以增加电动机的转矩,另一方面由于 β 角领先产生的弱磁作用,可使电动机额定转速点增高,从而增大电动机在恒转矩运转时的调速范围。如 β 角继续增加,电动机将运行在恒功率状态。此外,永磁磁阻同步电动机还能实现反馈制动。图 3-29 为永磁磁阻同步电动机的机械特性曲线。

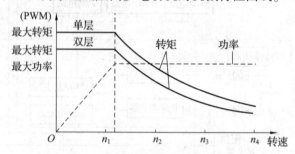

图 3-29 永磁磁阻同步电动机机械特性曲线

3. 永磁电动机的特点

由于永磁电动机的转子上无绕组、无铜耗、磁通量小、在低负荷时铁损很小,因此永磁电动机具有较大的比功率,比其他类型的电动机有更高的工作频率、更大的输出转矩。此外,由于其转子电磁时间常数较小,电动机的动态特性好,因此极限转速和制动性能等都优于其他类型的电动机。永磁电动机定子绕组是主要的发热源,其冷却系统比较简单。

由于永磁电动机的磁场产生恒定的磁通量,电动机的转矩与电流成正比,因此基本上拥有最大的转矩。随着电动机转速的增加,电动机的功率也增加,同时电压也随之增加。在混合动力电动汽车上,一般要求电动机的输出功率保持恒定,即电动机的输出功率不随转速增加而变化,这就要求电动机在转速增加时,电压保持恒定。对一般电动机可以用调节励磁电流来控制,但永磁电动机磁场的磁通量调节起来比较困难,因此需要采用磁场控制技术来实现,这使永磁电动机的控制系统变得更复杂,而且增加了成本。

永磁电动机受到永磁材料制造工艺的影响和限制,其功率范围较小,最大功率仅数十千瓦。永磁材料在受到振动、高温和过载电流作用时,导磁性能可能会下降或发生退磁现象,从而降低永磁电动机的性能,严重时还会损坏永磁电动机,因此在使用中必须严格控制其不发生过载。永磁电动机在恒功率模式下的操纵较复杂,且它和三相感应电动机一样需要一套复杂的控制系统,因此系统造价很高。最新研制和开发的混合励磁永磁磁阻同步电动机的控制性能得到了较大的改进。

美国和日本在永磁磁阻同步电动机方面居世界领先地位,正在开发的新型永磁磁阻同步电动机有带辅助磁极的永磁磁阻同步电动机、爪形结构的永磁磁阻同步电动机和混合励磁型永磁磁阻同步电动机等。

此外，还有一种开关磁阻电动机，由于丰田雷凌使用的是永磁同步电动机，所以本书不再介绍。读者可以自行查阅资料。

3.4 混合动力电动汽车整车控制系统

3.4.1 混合动力电动汽车的控制系统

混合动力电动汽车普遍地应用了以计算机为核心的现代计算机技术和自动控制技术，以及各种智能控制系统，包括自适应控制技术、模糊控制技术、专家控制系统、神经网络控制系统等，其目的是使混合动力电动汽车更加安全、节能、环保、舒适。

1. 功能

混合动力电动汽车的控制系统具有以下功能。

1）使混合动力电动汽车的动力性能达到或接近传统内燃机汽车的水平，逐步实现混合动力电动汽车的实用化。

2）最大限度地发挥电动机驱动的辅助作用，使混合动力电动汽车的燃油消耗量尽量降低，以实现内燃机的节能化。目前，混合动力电动汽车燃油消耗量已降低到 3 L/100 km 左右的水平。

3）在环保方面，达到"超低污染"的环保标准。

4）在混合动力电动汽车上实现多能源动力控制，混合动力电动汽车关键的控制技术，是对内燃机驱动系统和电动机驱动系统实现双重控制。内燃机驱动系统与电动机的驱动系统应进行最有效的组合和实现最佳匹配，使它们都能具有高效率，能够回收再生制动能量，延长混合动力电动汽车的续驶里程，改进混合动力电动汽车的节能性。

5）在操纵装置和操纵方法上继承或沿用内燃机汽车主要的操纵装置和操纵方法，适应驾驶员的操作习惯，使操作简单化和规范化。在整车控制系统中，采用全自动、机电一体化控制系统，达到安全、可靠、节能、环保和灵活的目的。

2. 基本组成

混合动力电动汽车控制系统的基本组成如下。

1）控制系统，由操纵装置、中央控制器和各种控制模块组成。

2）内燃机和内燃机驱动系统的控制系统。

3）电动机和电动机驱动系统的控制系统。

4）信号反馈及检测装置，包括各电量检测装置（电压表、电流表等）、显示装置和自诊断系统等。

3. 控制策略

混合动力电动汽车控制策略设计的主要目标是开发近似优化且实际可行的动力管理策略，包括确定转矩分配方案和换挡方案，使油耗最低，同时满足驾驶员的动力要求，保持电池的充电状态，满足一定的驾驶性要求。

（1）正常行驶模式

分别用"内燃机工作最小功率"曲线和"电动机助力最小功率"曲线将内燃机效率 MAP 图划分成 3 个区域：纯电动区域；内燃机驱动区域；电动机辅助功率区域。功率分配规则：如果需求的驱动功率小于内燃机工作的最小功率，则由电动机提供全部的驱动功率；如果需求的驱动功率超过内燃机工作的最小功率，则由内燃机取代电动机驱动车辆前进；如果需求的驱动功率大于电动机助力最小功率，则由电动机提供额外的驱动功率。在正常行驶模式下，内燃机总是工作在"内燃机工作最小功率"和"电动机助力最小功率"之间效率最高的区域。

（2）充电模式

对电池能量的管理采用充电维持策略，即始终保持电池的 SOC 值位于最高效率区的上下限值之间（设定为 55% ~ 60%）。当 SOC 值小于 55% 时，应切换至充电模式；当且仅当 SOC 值大于 60% 时，充电过程完成，并计算电池的充电功率，该功率同时也作为电动机的目标功率。内燃机的目标功率为需求的驱动功率与充电功率之和。充电模式中存在一个特例：当内燃机的目标功率小于内燃机工作最小功率时，为避免内燃机在效率极低的区域内工作，仍然依靠电动机提供驱动力。

（3）制动能量回收模式

驾驶员踩下制动踏板，表明了驾驶员对负驱动功率的需求，应开启制动能量回馈模式，吸收混合动力电动汽车制动时的能量。当制动能量超过可回馈的制动能量时，液压制动系统将提供剩余的制动能量。

3.4.2　丰田雷凌 HV ECU 控制

HV ECU 根据加速踏板位置传感器发出的信号获取加速踏板上所施加力的大小，接收 MG1 和 MG2 中速度传感器（转角传感器）发出的车速信号，并根据挡位传感器的信号检测挡位，从而确定车辆的行驶状态，并对 MG1、MG2 和内燃机的动力进行最优控制。此外，HV ECU 对动力的转矩和输出进行最优控制以实现低油耗和更清洁的排放等目标。HV ECU 控制原理如图 3-30 所示，HV ECU 结构框图如图 3-31 所示。

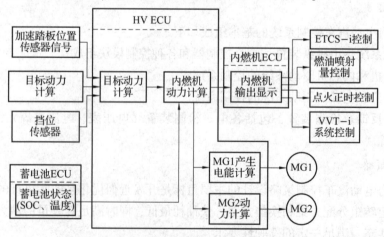

图 3-30　HV ECU 控制原理

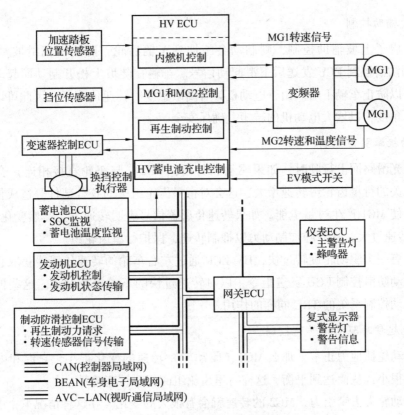

图 3-31　HV ECU 结构框图

1. 系统监视

蓄电池 ECU 始终监视 HV 蓄电池的 SOC 值，并将 SOC 值发送到 HV ECU。SOC 值过小时，HV ECU 提高内燃机的功率输出以驱动 MG1 为 HV 蓄电池充电。当蓄电池电量低而内燃机停止时，MG1 工作并将起动内燃机；然后，内燃机驱动 MG1 为 HV 蓄电池充电。

如果 SOC 值较低或 HV 蓄电池、MG1 或 MG2 的温度高于规定值，则 HV ECU 限制对驱动轮的动力的大小，直到温度恢复正常。内置于 MG2 中的温度传感器直接检测 MG2 的温度，由 HV ECU 计算得到 MG1 的温度。

2. 关闭控制

一般来说，车辆处于"N"挡时，MG1 和 MG2 被关闭。这是因为 MG2 通过机械机构与前轮相连，所以必须停止 MG1 和 MG2 来切断动力，行驶时，如果制动踏板被踩踏并且某个车轮锁止，则带 EBD 的 ABS 起动工作。而后，系统请求 MG2 输出低转矩为重新驱动车轮提供辅助动力，这时，即使车辆处于"N"挡，系统也会取消关闭功能使车轮转动，车轮重新旋转后，系统恢复关闭功能。

车辆以或"D"或"B"挡行驶，制动踏板被踩下时，再生制动开始工作。这时，驾驶员换挡到"N"挡时，在再生制动请求转矩减少的同时，制动液压增大以避免制动黏滞。在这以后，系统实施关闭功能；MG1、MG2 以比规定值更高的转速工作时，关闭功能取消。

3. 上坡辅助控制

如果开启了上坡辅助控制，则制动会施加到车辆后轮，防止车辆滑坡。这时，HV ECU 向制动防滑控制 ECU 发送后下滑起动信号。车辆在陡坡上松开制动而起动时，上坡辅助控制可以防止车辆下滑。由于电动机具有高敏感度的转速传感器，因此可以感应坡度和车辆下降角度，以增大电动机的转矩，确保安全。

4. 电动机牵引力控制

车辆在光滑路面上行驶时，如果驱动轮打滑，MG2（与车轮直接相连）会因旋转过快，引起相关的行星齿轮组转速增大，这会对行星齿轮组中的咬合部件等造成损害。某些时候，还会使 MG1 产生过量电能。如果转速传感器信号表明转速发生突然变化，HV ECU 确定 MG2 转速过大，从而施加制动力以抑制转速，保护行星齿轮组。

如果只有一个驱动轮旋转过快，HV ECU 通过左右车轮的转速传感器获取它们的速度差，并给制动防滑控制 ECU 发送指令，以对转速过快的车轮施加制动。这些控制方法可以起到与制动控制系统的 TRC 同样的作用。

5. 雪地起步时驱动轮转速控制

如果驱动轮抓地力正常，那么 MG2（驱动轮）转速的变化很小，它们和内燃机之间的速度差也很小，从而达到平衡，这样行里齿轮组的相对转速差最小。

如果驱动轮失去牵引力，MG2 的转速就会有很大的变化。在这种情况下，由于转速变化量较小的内燃机无法随 MG2 转动，相关的整个行星齿轮组的转速增大。

HV ECU 根据 MG2 提供的转速传感器信号监视转速突变，来计算驱动轮的打滑量。HV ECU 根据计算的打滑量通过抑制 MG2 的旋转来控制制动力。

6. 系统主继电器（SMR）的控制

SMR 是在接收到 HV ECU 发出的指令后可连接或断开高压电路电源的继电器，共有三个继电器，负极侧有 1 个，正极侧有 2 个，一起确保系统正常工作。系统主继电器电路如图 3-32 所示。

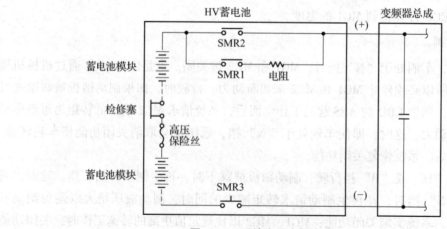

图 3-32　系统主继电器电路

1）电源打开。电路连接时，SMR1 和 SMR3 工作；之后，SMR2 工作而 SMR1 关闭。这种方式可以控制流过电阻器的电流，电路中的触点受到保护，避免受到强电流造成的损害。

2）电源关闭。电路断开时，SMR2 和 SMR3 相继关闭。然后，HV ECU 确认各个继电器是否已经关闭，从而判断 SMR2 是否卡住。

3.4.3 丰田雷凌蓄电池 ECU 控制

蓄电池 ECU 检测 HV 蓄电池的 SOC、温度、电压以及是否泄漏，并将这些信息发送到混合动力车辆控制 ECU 总成，如图 3-33 所示。

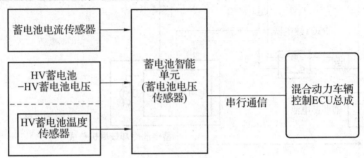

图 3-33　蓄电池的 ECU 控制

蓄电池 ECU 通过 HV 蓄电池内的温度传感器检测其温度，并通过控制冷却风扇来实现降温。

1. HV 电池状态监视控制

蓄电池 ECU 始终监视以下项目并将这些信息发送给 HV ECU。

1）通过 HV 蓄电池内的温度传感器检测其温度。

2）通过 HV 蓄电池内的泄漏检测电路检测其是否存在泄漏。

3）通过 HV 蓄电池内的电压检测电路检测其电压。

4）通过电流传感器检测电流。

HV 蓄电池控制器通过估计充电/放电电流来计算 SOC。

2. SOC 控制

车辆行驶时，HV 蓄电池在加速期间给 MG2 充电，减速时其由再生制动充电，而反复经历充电/放电过程。蓄电池 ECU 根据电流传感器检测到的充电/放电水平计算 SOC，并将数据发送到 HV ECU，HV ECU 根据接收到的数据控制充电/放电，将 SOC 始终控制在稳定水平。

3. 冷却风扇控制

若蓄电池 ECU 根据 HV 蓄电池内的温度传感器和进气温度传感器检测到蓄电池温度上升，则蓄电池 ECU 在负载循环控制下连续起动冷却风扇，将 HV 蓄电池的温度维持在规定范围内。

空调系统降低车内温度时，如果检测到 HV 蓄电池温度出现偏差，则蓄电池 ECU 关闭冷却风扇或将其固定在低挡转速。该控制的目的是使车内温度首先降下来，因为冷却系统进气口位于车内。冷却鼓风机总成控制示意如图3-34所示。

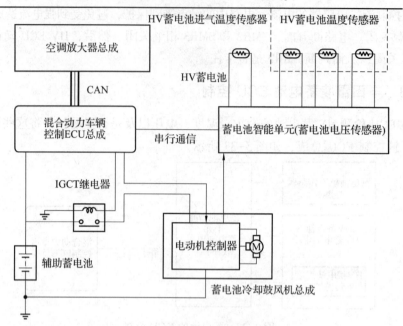

图3-34 冷却鼓风机总成控制示意

3.4.4 丰田雷凌内燃机 ECM 控制

如图3-35所示，内燃机 ECM 接收混合动力电动汽车控制 ECU 总成发送的目标内燃机转速和所需的内燃机动力信号，实现 ETCS-i 控制、燃油喷射量控制、点火正时控制、VVT-i 和 EGR 控制。在接收到混合动力电动汽车控制 ECU 总成发出的内燃机停止信号后，内燃机 ECM 将使内燃机停机，同时将内燃机的工作状态传输到混合动力车辆控制 ECU 总成。

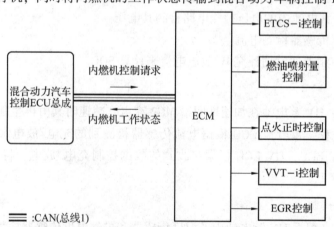

图3-35 内燃机 ECM 控制示意

3.4.5 丰田雷凌变频器控制

根据 HV ECU 提供的信号，变频器将 HV 蓄电池的直流电转换为交流电给 MG1、MG2

供电，或执行相反的过程。此外，变频器将 MG1 的交流电提供给 MG2。但是，电流从 MG1 提供给 MG2 时，电流在变频器内转换为直流。变频器控制示意如图 3-36 所示。

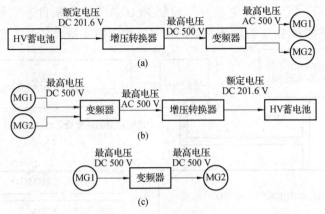

图 3-36　变频器控制示意

（a）增压转换功能；（b）降压转换功能；（c）电气供电功能

根据 MG1、MG2 发送的转子信息和从蓄电池 ECU 发送的 HV 蓄电池 SOC 等信息，HV ECU 将信号发送到变频器内部的功率晶体管来转换 MG1、MG2 定子线圈的 U、V 和 W 相。关闭 MG1、MG2 的电流时，HV ECU 发送信号到变频器。

3.4.6　丰田雷凌逆变器控制

如图 3-37 所示，逆变器内的 MG ECU 根据混合动力电动汽车控制 ECU 总成提供的信号，控制 IPM 切换 MG1 和 MG2 的三相交流。而混合动力电动汽车控制 ECU 总成在接收到来自 MG ECU 的过热、过电流或电压故障信号后关闭，以断开 IPM。

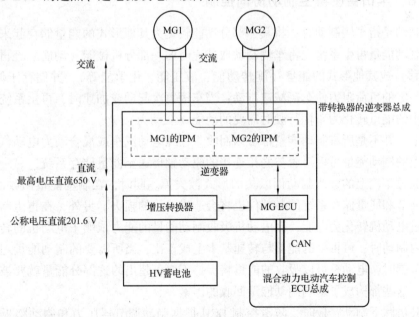

图 3-37　逆变器控制示意

3.4.7 丰田雷凌带转换器的逆变器总成冷却控制

如图 3-38 所示，混合动力电动汽车控制 ECU 总成接收来自逆变器总成的温度传感器、MG1 温度传感器和 MG2 温度传感器的信号，控制逆变器水泵总成工作。

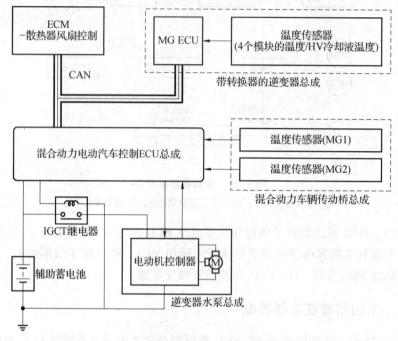

图 3-38　逆变器总成冷却控制示意

3.4.8 丰田雷凌再生制动协同控制

再生制动是指车辆制动时，将其一部分动能转化为其他形式的能量储存起来以备驱动时使用。制动能量再生系统先将车辆制动或减速时的一部分机械能（动能）经再生系统转换（或转移）成其他形式的能量（旋转动能、液压能、化学能等），并储存于储能器中，同时产生一定的负荷阻力使车辆减速制动；当车辆再次起动或加速时，再生系统又将储存在储能器中的能量转化为车辆行驶时需要的动能（驱动力）。

实际上，并不是所有制动能量都可以回收。在纯电动汽车或混合动力电动汽车上，只有驱动轮上的制动能量可以沿着与之相连接的驱动轴传送至能量储存系统，另一部分的制动能量将通过车轮上的摩擦制动而以热的形式散失掉。同时，在制动能量回收的过程中，能量传递环节和能量储存系统的各部件也将会造成能量的损失。另外，在再生制动时，制动能量通过电动机转化为电能，而电动机吸收制动能量的能力依赖于电动机的转速，在其转速范围内制动时，可再生的能量与转速基本上成正比；当所需要的制动能量超出能量回收系统的范围时，电动机可以吸收的能量将保持不变，超出的这部分能量就要被摩擦制动系统吸收。这些都构成了影响制动能量回收的因素。

当驾驶员踩下制动踏板时，防滑控制 ECU 根据制动调节器压力和制动踏板行程传感器计算所需的总制动力，根据总制动力计算所需的再生制动力，并将结果发送至混合动力电动汽车控制 ECU 总成。混合动力电动汽车控制 ECU 总成回复实际再生制动量，并使 MG2 产生负转矩，从而执行再生制动，如图 3-39 所示。

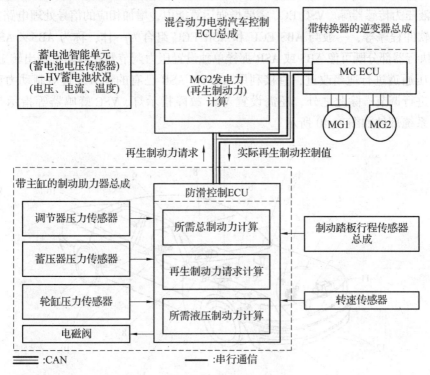

图 3-39 再生制动协同控制示意

制动防滑控制 ECU 控制制动执行器电磁阀产生轮缸压力，这个轮缸压力是总制动力减去实际再生制动控制力的数值。

对于带 VSC+系统的汽车，其在 VSC+系统控制下工作时：制动防滑控制 ECU 发送请求信号到 HV ECU 实施电动机牵引力控制，HV ECU 根据当前的车辆行驶状态控制内燃机、MG1 和 MG2 以抑制动力。

3.4.9 丰田雷凌碰撞控制

发生碰撞时，如果 HV ECU 街道安全气囊传感器总成发出安全气囊打开信号或变频器中的断路器发出执行信号，HV ECU 将关闭 SMR（系统主继电器）从而切断总电源以确保安全。

3.4.10 丰田雷凌车辆稳定控制

车辆稳定性控制系统（VSC）又称为车辆动态稳定性控制系统（DSC），是汽车装备的主动安全装置之一。由于车辆稳定性控制系统主要是在防抱死制动系统（ABS）和防滑转控制系统（ASR）的基础上，增设控制程序和个别传感器构成，因此其又被称为电子控制稳定性程序（ESP）。

车辆稳定性控制系统由传感器、电控单元（VSC ECU）和执行器 3 部分组成。因为 VSC 是 ABS 和 ASR 的完善与补充，所以 VSC 的大部分控制部件都可与 ABS 和 ASR 共用。为了防止车轮侧滑，VSC 在 ABS 和 ASR 的基础上，增设了用于检测汽车状态的横摆率传感器、转向盘转角（转向角）传感器、横向加速度传感器以及检测制动主缸（总泵）压力的制动液压力传感器等。VSC ECU 需要增强运算能力，增加相应的信号处理电路、驱动放大电路和软件程序等，一般与 ABS ECU 和 ASR ECU 组合为一体，称为 ABS／ASR／VSC ECU。其执行器部分既可像 ABS 或 ASR 那样单独设置压力调节器和内燃机输出转矩调节器，也可对液压通道进行适当改进，直接利用 ABS 和 ASR 已有的调节装置对制动力和内燃机输出转矩进行调节。除此之外，还需设置 VSC 故障指示灯、VSC 蜂鸣器等指示与报警装置。VSC 系统部件如图 3-40 所示。

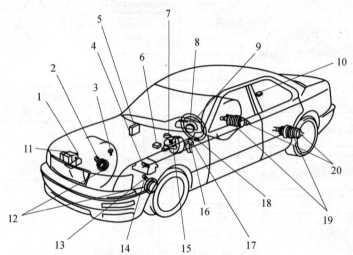

1—制动主缸压力传感器；2—右前轮速传感器；3—检查连接器；4—ABS 电动机继电器；

5—ABS/ASR/VSC ECU；6 横向加速度传感器；7—VSC OFF 开关；8—转向角传感器；

9—ABS 指示灯、VSC OFF 指示灯、VSC 故障指示灯、SLIP 指示灯；10—横摆率传感器；

11—制动液压调节器；12—前轮速传感器转子；13—左前轮速传感器；14—ABS 电磁阀继电器；

15—制动液液位报警灯开关；16—制动灯开关；17—VSC 蜂鸣器；18—故障诊断插座 DLC3；

19—后轮速传感器转子；20—后轮速传感器。

图 3-40　VSC 系统部件

1. 控制原理

汽车出现前轮侧滑就会失去路径跟踪能力（即循迹能力），出现后轮侧滑就会甩尾。车辆稳定性控制主要是指侧滑控制，控制内容包括两个方面：一是抑制前轮侧滑，保持汽车的路径跟踪能力；二是抑制后轮侧滑，防止车身出现甩尾现象，确保车辆稳定行驶。VSC 抑制车轮侧滑的原理是利用左右两侧车轮制动力之差产生的横摆力矩，从而使车身产生一个与侧滑相反的旋转运动，防止前轮侧滑失去路径跟踪能力，以及防止后轮侧滑甩尾失去行驶稳定性。

2. 前轮侧滑的控制

抑制前轮侧滑时，首先需要通过减小节气门开度，来降低内燃机输出转矩使汽车减速，同时额外增加一个制动力，使车身产生向内旋转的运动。因此，在抑制前轮向右侧滑时，必须先向左后轮施加一个制动力，如图 3-41（a）所示（图中箭头表示制动力），以使车身产生向内旋转（沿逆时针方向旋转）的运动，然后再对两前轮施加制动力，使车速降低到某一水平，以保证汽车的路径跟踪能力和稳定行驶。同理，抑制前轮向左侧滑时，必须先向右后轮施加一个制动力，如图3-41（b）所示，以便产生向内旋转（沿顺时针方向旋转）的运动，然后再对两前轮施加制动力，使车速降低到某一水平，以保证汽车的路径跟踪能力和稳定行驶。

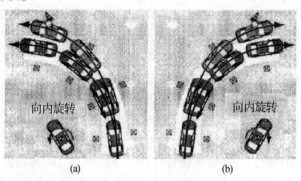

图3-41　前轮侧滑抑制原理
（a）右前轮侧滑的抵制；（b）左前轮侧滑的抵制

3. 后轮侧滑的控制

为了抵消后轮的侧滑，首先需要通过减小节气门开度，来降低内燃机输出转矩使汽车减速，同时额外增加一个向外的旋转运动，用以平衡侧滑引起的向内运动，防止车身出现甩尾调头现象。因此，在抑制后轮向右侧滑时，必须在右前轮上额外施加一个制动力，如图3-42（a）所示（图中箭头表示制动力），使车身产生向外旋转（沿顺时针方向旋转）的运动，防止发生甩尾或调头现象。同理，抑制后轮向左侧滑时，必须在左前轮上额外施加一个制动力，如图3-42（b）所示，使车身产生向外旋转（沿逆时针方向旋转）的运动，防止发生甩尾或调头现象，从而确保汽车稳定行驶。

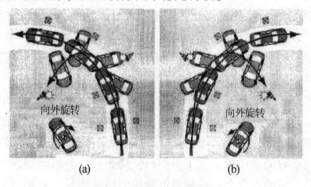

图3-42　后轮侧滑抑制原理
（a）右后轮侧滑的抑制；（b）左后轮侧滑的抑制

4. 车轮稳定性控制

在汽车行驶（特别是在湿滑的路面上转弯）过程中，前轮发生侧滑时就会产生较大的侧向（横向）加速度，后轮发生侧滑时就会产生较大的侧偏角，横向加速度传感器和横摆率传感器分别将这两种侧滑产生的信号输入ABS/ASR/VSC ECU后，ABS/ASR/VSC ECU

就会向内燃机输出转矩调节装置（即副节气门位置控制步进电机）发出控制指令，使内燃机的输出转矩减小以降低车速。同时，ABS／ASR／VSC ECU 还要根据制动液压力的高低向液压调节器的电磁阀发出不同占空比的控制脉冲，控制相应车轮的制动力，使车身产生一个与侧滑相反的旋转运动，从而防止前轮侧滑而失去路径跟踪能力或后轮侧滑甩尾而失去行驶稳定性，减少交通事故。

VSC 可帮助降低甩尾危险和在某些行驶状况下通过对单个或多个车轮进行制动来改善行驶稳定性；可识别动态行驶极限状态，如汽车转向过度、转向不足和驱动轮打滑；可通过有针对性的制动干预或降低内燃机转矩帮助稳定汽车；有限制性，即不能突破物理规律的限制。VSC 并非在驾驶员要面对的所有情况下都能提供帮助。例如，在路面特性发生突然变化时，VSC 并非每次都能提供支持。如果一条干燥的道路的某一段突然被水、泥泞或雪覆盖，VSC 不能以与在干燥道路上相同的方式提供支持。如果汽车"发漂"（在水膜上而非在路面上行驶），VSC 就不能帮助驾驶员对汽车进行转向，这是因为与路面的接触中断，且汽车因此不能再制动和转向。在快速转弯行驶时（特别是在多弯路段上），VSC 不总能如在较低车速时一样有效地处理困难的行驶状况。要始终使车速和驾驶风格与视野、天气、路面和交通状况相匹配。当因驾驶员粗心而离开道路时，VSC 不能突破物理规律的限制，改善可用的动力传递或使汽车保持在路面上。相反，VSC 可改善获得对汽车控制的可能性，支持在极端行驶状况下在道路上通过充分利用驾驶员的转向操作使汽车沿希望的方向继续行驶。如果车速较高，在 VSC 能够提供支持之前已离开道路，则 VSC 也不能提供任何支持。

3.4.11　丰田雷凌制动能量回收

汽车行驶时，能在短距离内停车且维持方向稳定性；在下长坡时，能维持一定车速的能力称为汽车的制动性，是汽车的主要性能之一。汽车的制动性直接关系到交通安全，重大交通事故往往与制动距离太长、紧急制动时发生侧滑等有关，所以汽车的制动性是汽车安全行驶的重要保障。

传统汽车的制动系统采用摩擦制动，车轮制动器利用摩擦制动车轮，轮胎与路面间的摩擦力使汽车停车。因此，制动的实质就是将汽车的动能强制地转化为其他形式的能量（通常是热能），扩散到大气环境中。根据车辆制动器的形式不同，可将其分为鼓式制动器和盘式制动器。其中，盘式制动器现已在小型载客汽车上广泛使用。

混合动力电动汽车在传统汽车摩擦制动的基础上加入了制动能量回收系统，制动能量回收是现代纯电动汽车与混合动力电动汽车重要技术之一，也是它们的重要特点。在一般内燃机汽车上，当车辆减速、制动时，车辆的动能通过制动系统而转变为热能，并向大气中释放，故在传统汽车制动时的动能被浪费了，燃料燃烧驱动汽车的能量并没有充分利用。而在纯电动汽车与混合动力电动汽车上，这种被浪费掉的运动能量已可通过制动能量回收技术转变为电能并储存于蓄电池中，可进一步转化为驱动能量。例如，当车辆起步或加速时，需要增大驱动力，此时电动机驱动力成为内燃机的辅助动力，使电能获得有效应用。

再生制动系统的结构如图 3-43 所示，由驱动轮、主减速器、变速器、电动机、AC/DC 转换器、DC/DC 转换器、储能装置以及控制器组成。汽车在制动或滑行过程中，根据驾驶员的制动意图，由制动控制器计算得到汽车需要的总制动力，再根据一定的制动力分配控制策略得到电动机应该提供的电动机再生制动力。电动机控制器计算需要的电动机电枢中的制动电流，通过一定的控制方法使电动机跟踪需要的制动电流，从而较准确地提供再生制动力矩，在电动机的电枢中产生的电流经 AC/DC 转换器整流，再经 DC/DC 转换器反充到储能装置中保存起来。

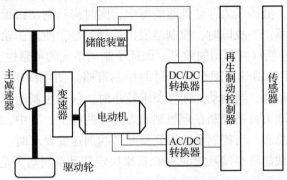

图 3-43 再生制动系统的结构

1. 制动力分配控制策略

混合动力电动汽车制动力由前、后轮制动器提供的制动力和电动机提供的再生制动力三部分组成。其中，再生制动力只作用在驱动轮上。混合动力电动汽车采用三种制动力分配控制策略，即前后轮制动力理想分配时、比例分配时的控制策略及最优能量回收控制策略。

（1）前、后轮制动力理想分配时的控制策略

汽车制动时，如果前、后轮制动力理想分配，则前、后轮同时抱死，这对附着条件的利用、制动时汽车的方向稳定性均有利。图 3-44 是电液制动系统工作原理图，它说明了实现制动力的理想分配。

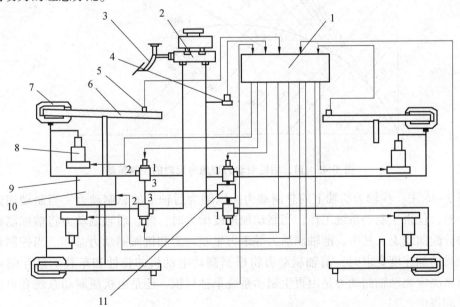

1—控制器；2—制动主缸；3—制动踏板；4—压力传感器；5—轮速传感器；
6—制动盘；7—制动钳；8—制动执行器；9—三通阀；10—电动机及其控制器；11—蓄能器。

图 3-44 电液制动系统工作原理图

当驾驶员踩制动踏板时，由压力传感器得到制动力信息，在控制器中经过计算分别得到4个轮上的制动器制动力和电动机的再生制动力矩，将这些指令传送到各轮制动执行器和电动机控制器，由一定的控制方法，使得实际的制动力按需要的制动力变化。此时，三通阀1口与3口相通，液体压力存储到蓄能器中，同时得到制动踏板的脚感；当控制器检测到车轮的制动执行器产生故障时，控制器发出控制信号，使该车轮对应的三通阀1口与2口相通，该车轮同样能得到制动的效果，保证了制动系统的可靠性。

图3-45为前、后轮制动力理想分配时的控制策略。图中横轴为前轴上的总制动力，纵轴为后轴上的总制动力。当制动加速度要求较小时，仅再生制动系统工作；当制动加速度增大时，前后轴制动力将被控制在理想制动力分配曲线上。其中，前轴制动力等于再生制动力和机械制动力总和。当控制系统得到驾驶员的加速度要求时，前轴制动力将根据制动电动机的特性和车载能量存储系统的SOC值来决定驱动轴制动力是由再生制动系统单独提供，还是由机械制动系统和再生制动系统共同提供。

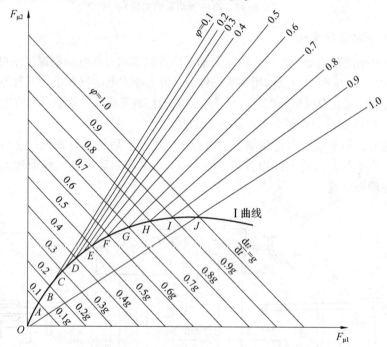

图3-45　前、后轮制动力理想分配时的控制策略

图3-46中，横轴为前轴上的总制动力，纵轴为后轴上的总制动力。当制动加速度要求较小时，仅再生制动系统工作；当制动加速度增大时，前、后轴制动力将被控制在理想制动力分配曲线上。其中，前轴制动力等于再生制动力和机械制动力总和。当控制系统得到驾驶员的加速度要求时，前轴制动力将根据制动电动机的特性和车载能量存储系统的SOC值来决定驱动轴制动力是由再生制动系统单独提供，还是由机械制动系统和再生制动系统共同提供。

（2）前、后轮制动力比例分配时的控制策略

对轿车来说，空载和满载的I曲线很接近，只用比例阀就可以满足制动稳定性和附着系数利用率高的要求。如何才能在对原有制动系统进行小的改动下，从驱动轮分离出再生

制动力呢？可以采用另外一种分配控制策略——并行制动，并行制动是指再生制动与机械制动以固定的关系分享驱动轮制动力。也就是说，驱动轮制动力等于再生制动力与机械制动力的总和。并行制动控制策略如图3-46所示。

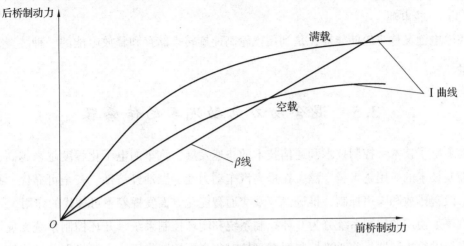

图3-46 并行制动控制策略

当需要的制动力较小时，由再生制动力单独作用，其中包括对内燃机制动的模拟；当需要的制动力增大时，再生制动力所占的比例逐渐减小，机械制动力开始起作用，当总制动力大于一定值时意味着这是一个紧急制动，再生制动力减小到0，机械制动力提供所有的制动力；当所需的制动力在两者之间时，再生制动力与机械制动力共同作用。

2. 电能储存装置

混合动力电动汽车的电能储存装置可以分为二次电池、超级电容和飞轮电池三类。

（1）二次电池

二次电池又称可充电电池，最常见的有铅酸电池、镍-氢电池、镍-镉电池和锂离子电池，它们的特点如表3-1所示。

表3-1 二次电池的特点

名 称	特 点
铅酸电池	高容量，开路电压高，放电电压平稳，充电效率高，能够在常温下正常工作，生产技术成熟，价格便宜，规格齐全
镍-氢电池	单体电池电压为1.2 V，应急补充充电性能好，一次充电后行驶里程长，起动加速性能较好，循环寿命可达500 ~ 1 000次或7 a，低温性能好，能够存放较长时间，能随充随放，不会污染环境，但在高温条件下自放电损耗大，价格较贵
镍-镉电池	工作电压较低，单体电池的标称电压为12 V，循环寿命达到2 000次以上，可以进行快速充电，可以在环境温度-40 ~ 80 ℃下正常工作；但价格较贵，具有记忆效应，且含有有害重金属，报废后需要回收
锂离子电池	工作电压高，比能量高，循环寿命长，自放电率低，没有记忆效应，对环境无污染，能够制造成任意形状；但成本高，必须有特殊保护电路防止过充

（2）超级电容

超级电容又称电化学电容器，是一种新型的双层面电容器，与常见的物理电容器不同，其特点是电容量大。

（3）飞轮电池

飞轮电池又称飞轮储能器，是利用飞轮高速旋转来储存和释放电能的一种装置，目前应用较少。

3.5　混合动力电动汽车的传感器

随着电子技术、控制技术和通信技术的快速发展，汽车的电子化程度越来越高，汽车电子控制技术的应用越来越广泛，在提高汽车动力性、燃油经济性、安全可靠性、乘坐舒适性，改善排放和噪声控制，推进汽车及交通智能化方面发挥着不可替代的作用。

汽车上使用的控制系统分为开环控制系统和闭环控制系统。开环控制系统无反馈，其输入直接供给控制器，并通过控制器对受控对象产生控制作用，主要优点是结构简单、价格便宜、容易维修；缺点是精度低，容易受环境变化（如电源波动、温度变化等）的干扰。闭环控制系统有反馈，控制器通过输入与反馈信号比较后的差值（即偏差信号）调节受控对象的输出，从而形成闭环控制回路。所以，闭环控制系统又称为反馈控制系统，这种反馈称为负反馈。与开环控制系统相比，闭环控制系统具有突出的优点，包括精度高、动态性能好、抗干扰能力强等；其缺点是结构比较复杂，价格比较贵，对维修人员要求较高。随着技术的进步，闭环控制系统已广泛在汽车上使用。

闭环控制系统需使用传感器来检测偏差，传感器是一种检测装置，能感受到被测量的信息，并能将感受到的信息按一定规律变换成电信号或其他所需形式的信息输出，以满足信息的传输、处理、存储、显示、记录和控制等要求。

3.5.1　动力系统传感器

混合动力电动汽车通过充分发挥内燃机及电动机的优势来实现良好的燃油经济性、动力性、和排放性，故必须对内燃机进行精确的电子控制，而电子控制离不开传感器。

1. 进气量传感器

进气量传感器分为间接测量式的歧管压力传感器和直接测量式的空气流量传感器。

歧管压力传感器用于测量内燃机的进气量，又称为进气歧管绝对压力传感器或进气绝对压力传感器。歧管压力传感器采用间接测量方式，即依据内燃机的负荷变化测出进气歧管内绝对压力值，进而测算内燃机的进气量。按其信号产生的原理，可将歧管压力传感器分为电容式、半导体压敏电阻式、膜盒传动的可变电感式和声表面波式。

空气流量传感器又称为空气流量计，用于检测内燃机的进气量，并将进气量信息转换成电信号输入 ECU，以供 ECU 计算确定喷油时间（即喷油量）和点火时间。空气流量传感器主要有翼片式空气流量传感器、卡门涡旋式空气流量传感器和热线式空气流量传感器（见图3-47）。

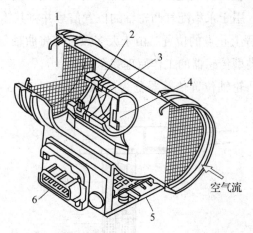

1—防护网；2—取样管；3—白金热线；4—温度补偿电阻；5—控制线路板；6—电连接器。

图3-47　广泛使用的热线式空气流量传感器

2. 节气门位置传感器

内燃机工况（如起动、怠速、加速、减速、小负荷和大负荷等）不同，对混合气浓度的要求也不相同。节气门位置传感器将节气门开度大小转变为电信号输入内燃机 ECU，以便确定空燃比的大小。根据结构不同，节气门位置传感器可分为触点式、可变电阻式、触点与可变电阻组合式三种；按输出信号的类型不同，节气门位置传感器可分为线性（量）输出型（见图3-48）和开关（量）输出型。

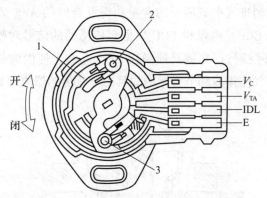

1—电阻膜；2—电气门开度输出动触点；3—怠速动触点。

图3-48　线性输出型节气门位置传感器

3. 曲轴位置传感器和凸轮轴位置传感器

ECU 控制喷油器喷油和控制火花塞跳火时，要先确定哪一个气缸的活塞即将到达压缩行程上止点和排气行程上止点，然后才能根据曲轴转角信号控制喷油提前角和点火提前角。

曲轴位置传感器又称内燃机转速与曲轴转角传感器，用于采集内燃机曲轴转速和转角信号并将其输入 ECU，以便计算确定并控制喷油提前角与点火提前角。凸轮轴位置传感器又称为气缸识别传感器，用于采集配气凸轮轴的位置信号并将其输入 ECU，以便确定活塞处于压缩（或排气）行程上止点的位置。由于大多数汽车将曲轴与凸轮轴传感器两种位置传感器制成一体，故同类型传感器的工作原理完全相同。

曲轴位置传感器和凸轮轴位置传感器分为磁感应式（见图 3-49）、霍尔式和光电式三种。

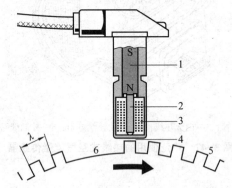

1—永久磁铁；2—传感器壳体；3—内燃机体；4—极柱；
5—感应线圈；6—空气间隙；7—有基准信号的脉冲轮。
图 3-49　磁感应式曲轴位置传感器传感器

4. 氧传感器

氧传感器是排气氧传感器的简称，又称氧含量传感器或 λ 传感器。氧传感器安装在内燃机排气管上，通过检测排气中氧离子的含量获得混合气的 A/F 信号，并将 A/F 信号转变为电信号输入内燃机 ECU。内燃机 ECU 根据氧传感器的信号对喷油时间进行修正，实现 A/F 反馈控制（闭环控制），并将其控制在 14.7 左右，使内燃机得到最佳浓度的混合气，从而达到降低有害气体排放和节省燃油的目的。氧传感器原理如图 3-50 所示。

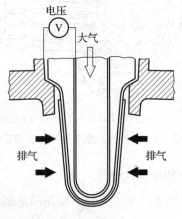

图 3-50　氧传感器原理

氧传感器分为氧化锆式和氧化钛式两种类型，氧化锆式氧传感器又分为加热型和非加热型氧传感器两种，氧化钛式氧传感器一般都为加热型传感器。由于氧化钛式氧传感器价格比氧化锆式氧传感器便宜，而且不易受到硅离子的腐蚀，因此使用广泛。

5. 温度传感器

温度传感器将被测对象的温度信号转变为电信号输入 ECU，ECU 修正参数或判断对象的热负荷状态。根据检测对象的不同，温度传感器主要分为内燃机冷却液温度传感器、进气温度传感器、燃油温度传感器、排气温度传感器、空调温度传感器。根据结构与物理性能的不同，温度传感器可分为热敏电阻式、双金属片式、热敏铁氧体式和石蜡式。热敏电阻式和热敏铁氧体式温度传感器属于物性型传感器，双金属片式和石蜡式温度传感器属于结构型传感器。现代汽车广泛采用物性型热敏电阻式传感器。

6. 爆燃传感器

内燃机发生严重爆燃时，其动力性和经济性会严重下降；当内燃机工作在爆燃临界或有轻微爆燃状态时，其动力性和经济性最好。利用点火提前角闭环控制系统能有效控制点火提前角，使内燃机工作在爆燃临界状态。爆燃传感器是点火提前角闭环控制系统的重要组成部分。

爆燃传感器用于检测内燃机是否发生爆燃，每台内燃机一般安装 1～2 个。带通滤波器只允许内燃机爆燃信号（频率为 6～9 kHz 的信号）或接近爆燃的信号输入 ECU 进行处理，其他频率的信号则被衰减。信号放大器对输入 ECU 的信号进行放大，以便整形滤波电路进行处理。接近爆燃的信号经过整形滤波和比较基准电路处理后，形成判定是否发生爆燃的基准电压 U。爆燃信号经过整形滤波和积分点出处理后，形成的积分信号用于判定爆燃强度。ECU 动态调整点火提前角，使点火提前角始终在内燃机发生爆燃的边缘，以起到获得最佳的动力性、经济性和排放性的作用。

3.5.2 底盘传感器

1. 车轮转速传感器

车轮转速传感器又称为轮速传感器、车轮速度传感器，其作用是检测汽车车轮的转速，主要有电磁式和霍尔式两种。车轮传感器的传感头一般安装在车轮附近，如制动底板、转向节、半轴套管等处。信号转子是一个齿圈，齿数多少与车型有关，一般安装在随车轮一起转动的部件上，如轮毂、半轴、制动盘处。齿圈通过电磁感应原理或霍尔效应产生电压脉冲信号并输入 ECU 运算产生车速信号，车速信号可用于实现定速巡航的控制、ABS 的防抱死控制、TCS 的驱动防滑控制、自动变速箱的挡位控制。

现代汽车广泛使用霍尔式车轮转速传感器，霍尔式车轮转速传感器有以下优点：输出电压信号幅值不受转速的影响；频率响应高达 20 kHz，相当于车速为 1 000 km/h 时所检测的信号频率；抗电磁干扰能力强。

2. 转向盘转角传感器

转向盘转角传感器将转向盘旋转的角度转变为数字信号输入 ECU，用于电子稳定系统的控制及电控动力转向系统的控制。

3. 加速度传感器

加速度传感器用于检测车辆的加速度。在低档车型上，加速度传感器被用于检测汽车是否侧翻，以及负加速度是否过大，当负加速度过大时，车辆电子系统判断车辆发生撞击，安全气囊就会及时弹出以保护司乘人员安全。在高档车型上，除了以上功能，加速度传感器的信号还是主动悬架系统的重要信号。在主动悬架系统中，加速度传感器安装在 4 个车轮上，用于检测车轮在垂直方向的加速度，悬架 ECU 根据高度传感器及车轮加速度传感器的信号，把 4 个车轮的减振阻尼控制在最佳值，以提高汽车行驶的稳定性。

4. 偏转率传感器

偏转率传感器（也称为横摆角速度传感器）用于检测汽车是否发生翻转。这种传感器像一个罗盘，时刻检测汽车的运动姿态，并记录下汽车每个可能的翻转运动。偏转率传感器用于 ESP 系统中，帮助探测车身绕纵轴的旋转角速度等，以实现在突然刹车、快速过弯等极限环境下对车身稳定性的控制。

5. 制动液压力传感器

制动液压力传感器安装在 VSC 液压调节器的上部，其功用是检测制动主缸（总泵）内制动液的压力，VSC ECU 根据制动液压力的高低向液压调节器的电磁阀发出不同占空比的控制脉冲，以控制车轮制动力的大小。

6. 车轴传感器

借助照明距离自动调节功能可以自动校正汽车前照灯的照明距离。在接入近光灯时，照明距离自动调节功能可以适应汽车的倾斜，以保证驾驶员有足够的视野，对迎面车辆没有盲区。静态的照明距离自动调节功能可以适应由于汽车负载引起的车身倾斜；动态的汽车照明距离自动调节功能可附加地适应由于制动和加速引起的汽车俯仰运动。车轴传感器可以精确地检测车体的倾斜角度。

3.5.3 其他传感器

1. 雨量传感器

雨量传感器能识别风窗玻璃上的最小雨滴，并据此自动控制风窗玻璃刮水器（雨刷）的刮水速度（间歇，1 挡刮水，2 挡刮水）。在间歇工作时，传感器与电控刮水驱动电动机一起可无级地控制刮水速度。如果风窗玻璃上出现大量的水（倾盆大雨时），刮水器马上投入最高转速工作。通过辅助功能，可免去驾驶员在常规的刮水器控制中所需的许多手柄操纵，但驾驶员的手动控制还作为附加的干预而保留。此外，下雨时雨量传感器会自动关闭风窗玻璃和活动车顶（天窗）。

2. 光传感器

光传感器通常集成在雨量传感器中，用于控制近光灯。汽车在如黄昏（朦胧天气），驶入、驶出隧道，长距离桥等各种状况下行驶时，光传感器可相应地接通或切断近光灯。光传感器还可以控制整个汽车的照明功能，如仪表盘"离家、回家"的照明，或可选择地接通后照明灯（后大灯）。

此外，在车门风窗玻璃密封胶条中植入光纤，配合发光源和光传感器，可实现高灵敏度的风窗玻璃防夹功能，有效地保证司乘人员的安全。

3. 超声波传感器

超声波传感器大量运用在汽车倒车雷达中。汽车倒车雷达又叫倒车防撞雷达，是一种在倒车时起到安全辅助作用的装置。倒车雷达利用超声波原理，由车尾探头发送超声波撞击障碍物，将障碍物的距离通过声音或者显示屏告知驾驶员汽车周围障碍物的情况，解决了驾驶员倒车、驻车、起动汽车时周围无法探视的困扰，帮助汽车驾驶员扫除了视线模糊和视野死角的缺陷。超声波传感器测距示意如图3-51所示，其中 $a = \sqrt{c^2 - \dfrac{(d^2 + c^2 - b^2)^2}{4d^2}}$，$a$ 为所测距离，b、c 分别为两传感器测得的目标距离，d 为两传感器之间的距离。

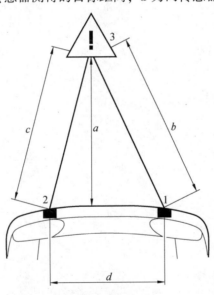

1、2—超声波传感器；3—障碍物。

图3-51　超声波传感器测距示意

4. 视觉传感器

视觉传感器（摄像头）的功能是获取光线信号，由CMOS/CDD把光信号转化为模拟电信号，交给计算机处理，这个协同工作过程就叫"计算机视觉"。计算机视觉的功能是产生路况画面的时间序列，从每一帧里提取驾驶员感兴趣的信息，从而实现对车辆、行人、障碍物、路标、信号灯的识别或者其他工作。

思考题

1. 典型的混合动力电动汽车结构有几种？
2. 电动机共有哪几种？
3. 永磁电动机有几种类型？分别是？
4. 汽车上有哪些传感器？

第4章
混合动力电动汽车的使用 ➤➤➤

4.1 混合动力电动汽车的起动

4.1.1 驾驶准备

为了自身和乘员的安全，每次行车前和每次行驶期间都必须注意以下事项：确保车灯正常工作；检查轮胎充气压力；确保所有风窗玻璃的视野清晰；不得阻碍至内燃机的空气供给，不得用盖罩或隔绝材料覆盖内燃机；将物品和所有行李件可靠地固定在行李箱中，必要时固定在车顶上；确保无物品干涉踏板操作；用合适的儿童座椅保护儿童，并帮助其系好安全带；驾驶员和乘员应按身高调节座椅、头枕、和后视镜；行驶之前采取正确的坐姿，行驶过程中也保持正确的坐姿（此要求也适用于所有乘员）；行驶之前正确系好安全带，行驶过程中也保持安全带正确系好（此要求也适用于所有乘员）；车内乘员数量不得超过座位及安全带的数量；反应能力下降时切勿驾驶汽车（例如，药品和酒精均会削弱人的反应能力）；切勿让设置和调用菜单、乘员或电话通话转移对路况的观察；必须按能见度、天气状况、道路及交通状况适时调整车速和驾驶方式；严格遵守交通规则和法定车速限制；长途旅行时要定时休息，至少每2 h休息1次；将车内带乘的动物用一个与其质量和大小相符的系统保护好。

1. 行车安全检查

对于车辆外部，需检查胎压，轮胎是否存在切口、鼓包、损坏或过度磨损；确保车轮螺栓没有丢失或松动；确保前照灯、制动灯、尾灯、转向信号灯和其他车灯全部工作正常；检查前照灯照射方向是否正常。

对于车辆内部，需检查并确保座椅安全带已扣牢，确保安全带无磨损或破损；检查仪表和控制器，尤其要确保仪表指示灯和除霜器都正常工作；确保踏板有足够的自由间隙；确保冷却液液位正常；检查12 V蓄电池状况，如端子有无腐蚀或松动，壳体有无裂纹，电缆连接状况是否良好。

2. 固定脚垫

仅可使用专为与本车车型和车型年款相同的车辆设计的脚垫，并将其牢牢固定在地毯上。否则在驾驶过程中驾驶员脚垫可能会滑动，从而妨碍踏板操作，还可能会意外提高车速或难以停车。当混合动力系统停止且挡位置于 P 挡车辆停稳时，将各踏板完全踩到底以确保脚垫不会妨碍踏板的操作。

3. 正确姿势

驾驶员的坐姿是否正确对其驾驶的安全性和降低其疲劳程度至关重要，坐姿不正确可能导致乘员严重受伤。正确佩戴安全带方能充分发挥其保护作用，而坐姿不正确且安全带佩戴不当时将大大降低安全带的保护功能，加大乘员的受伤风险。

行驶中务必杜绝下列不正确坐姿：站在车内、站在座椅上、跪在座椅上、靠背向后过度倾斜、倚靠在仪表盘上、躺在后排座椅上、坐在座椅前沿、倚坐在一侧、倚靠在车窗上、双脚伸出车窗、双脚搁在仪表盘上、双脚搁在座椅面上、在脚部空间内活动、不系安全带在座椅上活动、在行李箱里载人。

为降低事故伤亡程度，建议驾驶员对座椅作如下调节：调节座椅靠背倾角，以便坐直且无须前倾身体即可操作转向盘；调节转向盘，使驾驶员胸部与转向盘之间至少保持 25 cm 的距离，可以完全踩下踏板且在握住转向盘时胳膊肘能够稍微弯曲；前后移动座椅至合适位置，稍弯膝即可完全踏下加速踏板、制动踏板及离合器踏板；调整座椅高度至合适位置，使双手可够到转向盘的最高点；调节头枕（见图 4-1），使头枕的上沿与驾驶员的头顶等高，使其中心与耳朵上部齐平，不可低于眼睛，头部尽可能贴近头枕；

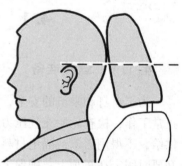

图 4-1　正确的头枕位置

将靠背调节至合适位置，使背部完全贴合靠背；正确佩戴安全带；将双脚置于脚部空间内自己觉得舒服的位置；适当调节内后视镜和外后视镜以确保可以清晰地看到后方。正确的驾驶姿势如图 4-2 所示。

1—头枕中心与耳朵上部齐平；2—坐直且无须前倾身体即可操作转向盘；
3—正确佩戴座椅安全带；4—可以完全踩下踏板且在握住转向盘时胳膊肘能够稍微弯曲。

图 4-2　正确驾驶姿势

需要注意的是请勿在驾驶时调节驾驶员座椅的位置，否则可能导致驾驶员失去对车辆的控制；请勿在驾驶员或乘员与座椅靠背之间放置靠垫，因为靠垫不利于保持正确的坐姿，并会降低座椅安全带和头枕的效用；请勿在前排座椅下放置任何物品；放置在前排座椅下的物品可能会夹在座椅导轨间，妨碍座椅锁定到位，这可能导致事故，也可能损坏调节机构；长途驾驶时，在感到疲劳时请适当休息；如果在驾驶过程中感到疲劳或困倦，请勿强迫自己继续驾驶，应立即休息。

4.1.2 佩戴安全带

1. 为什么要佩戴安全带

汽车正面碰撞的物理原理相当简单。行驶中的汽车和乘员均具有能量——动能，其强弱取决于汽车的车速和车内驾乘人员的质量。车速越高，质量越大，则碰撞时释放的能量越强，产生的作用力越大而其中车速是决定因素，例如，车速自 25 km/h 提高到 50 km/h，则动能将增加 4 倍。即使汽车以 30～50 km/h 的时速行驶，碰撞时产生的作用在人体上的力也很大。未系安全带的乘员未与汽车"结合为一体"，碰撞时因惯性仍以碰撞前的车速向前运动，从而受到伤害。安全带是主要的乘员保护装置，正确佩戴安全带不仅可以吸收碰撞产生的大部分动能，还有助于防止可能导致驾乘人员受伤的失控运动，并可避免驾乘人员被抛出车外。此外，汽车前部防撞压损区和其他被动安全系统（如安全气囊）同时吸收碰撞产生的动能，协同安全带进一步降低作用在乘员身上的力，有效保护乘员免遭伤害，或将伤害降至最低程度。

交通事故统计表明，正确佩戴安全带能有效降低事故的伤亡率，提高乘员的存活率，同时还能充分利用安全气囊的辅助保护功能。因此，大多数国家的交通法规明令行驶时驾乘人员必须佩戴安全带。即使汽车配备安全气囊，但基于下述理由，所有驾乘人员必须佩戴安全带；以前排正面安全气囊为例，发生严重正面碰撞时该气囊方可触发，但发生轻微正面碰撞、轻微侧面碰撞、追尾碰撞时，系统不会触发该安全气囊。因此，行驶前务必系好安全带，并督促车内所有乘员正确系好安全带。

2. 佩戴安全带的重要性

安全带的发明大大降低了车祸中的死亡率，但为了降低在紧急制动、紧急转向或发生事故时受伤的风险，仍须遵守下列注意事项，否则将会导致严重伤害甚至死亡。

普遍存在一种错误观念：认为汽车发生轻度碰撞时用双手控制身体即可免遭伤害！实际上，即使低速行驶，碰撞时作用在人体上的力也很大，根本不可能用双手控制住自己的身体。正面碰撞时未系安全带的驾乘人员将被前抛，猛烈撞击转向盘、仪表盘、风窗玻璃或前抛车中的任何物品。

发生碰撞事故时，安全气囊在几十毫秒内高速膨胀，若此时乘员坐姿不正，则可能受到严重伤害。因此，行驶时所有驾乘人员必须始终保持正确坐姿，并应距安全气囊尽可能远，从而使安全气囊触发后可完全膨胀，形成有效保护。安全气囊系统是整个汽车被动安全防护体系的组成部分，只有与正确系好的安全带和正确的坐姿配合，才能起到最大可能的保护作用。

安全气囊不能取代安全带，因为发生碰撞事故时，安全气囊仅提供辅助保护作用，因此行驶中所有乘员（包括驾驶员）必须正确佩戴安全带；无论是否配备安全气囊，正确佩戴安全带均能有效降低事故伤亡率；安全气囊只能触发1次，因此为获得最佳保护效果，务必正确佩戴安全带；发生事故时，即使安全气囊不触发，安全带也能提供有效保护；后排乘员也须正确佩戴安全带，否则发生事故时也将被猛烈前抛；未系安全带的后排乘员不仅会伤及自身，也会危及车内其他人员。

3. 如何正确佩戴安全带

以下是正确使用安全带的方法：拉伸肩部安全带，使其斜跨整个肩部，但不要触及颈部或从肩部滑脱；使腰部安全带尽可能低地横跨于髋部；调节座椅靠背的位置，坐直并靠好座椅靠背；不要扭曲座椅安全带；将锁片推入带扣直至听到"咔嗒"声，说明座椅安全带已系紧；按下释放按钮可松开座椅安全带。

正确的安全带佩戴走向：肩部安全带部分必须通过肩部中间，并从手臂下通过，切勿勒到驾乘人员颈部和手臂；腰部安全带部分必须始终从髋部前面通过，切勿从腹部勒过；要让安全带始终平展且牢固地紧贴在身体上，如有必要，略微拉紧安全带；孕妇必须将安全带均匀地通过胸部并尽可能低地在髋部前穿过，然后平展紧贴，从而使小腹上不受到压力的作用，并在整个怀孕过程中都是如此。

安全带安装有紧急锁定卷收器和座椅安全带预张紧器，在紧急停车或发生碰撞时，卷收器将锁定安全带。如果身体前倾太快，卷收器也可能锁定安全带。缓慢、平稳地移动可拉长安全带，使车内人员能活动自如。如果车辆发生多次碰撞，预张紧器会在第一次碰撞时激活，但在第二次和接下来的碰撞时不再激活。车辆受到某些类型的严重正面碰撞时，预张紧器会收紧座椅安全带，从而快速束紧乘员。车辆遭受某些类型的严重侧面碰撞时，前排座椅安全带预张紧器也会激活。但在发生轻微的正面碰撞、侧面碰撞、追尾或翻车时，预张紧器不会激活。

车辆上的座椅安全带主要是根据成人体形设计的，对于儿童，应使用合适的儿童保护装置。儿童长大到适合佩戴车辆上的座椅安全带时，应遵照有关座椅安全带的使用说明使用安全带。对于孕妇，请遵医嘱并正确佩戴座椅安全带，并应像其他乘员一样，将腰部安全带尽可能低地横跨于髋部，肩部安全带应沿肩部完全斜向拉伸并避免安全带触及隆起的腹部。如果未正确系好座椅安全带，则在紧急制动或发生碰撞时，可能导致孕妇和胎儿受到严重伤害甚至死亡。

司乘人员如采用错误的安全带佩戴走向，在发生事故或突然进行紧急制动和驾驶操作时可能受伤。在靠背处于垂直位置且已正确系好安全带时，才能发挥安全带的最佳保护作用。错误佩戴安全带时，安全带本身或松动的安全带会在安全带从较硬的身体部分滑向较软的部分（如腹部），导致受伤。佩戴时请勿拧转安全带，切勿用手将安全带拉离身体。

4. 佩戴安全带的注意事项

安全带的佩戴走向正确，才能使其在发生事故时提供最佳保护并降低受伤的风险。此外，正确的安全带佩戴走向可把乘员保持在位，确保安全气囊触发时能够提供最大保护。因此，要始终系上安全带并注意正确的安全带佩戴走向。

确保所有乘员均已正确佩戴座椅安全带。每条座椅安全带仅限一人使用，请勿多人（包括儿童）共用一条座椅安全带。让儿童坐在后排座椅上，并务必使用座椅安全带或合适的儿童保护装置。请勿为了舒适而过度倾斜座椅，因为只有乘员坐直且靠好座椅靠背时，座椅安全带才能发挥最大保护作用。请勿将肩部安全带置于手臂下方。务必将座椅安全带尽可能低地横跨于髋部。

为保证安全带的正常工作，请勿让车门夹住安全带、锁片或带扣，否则可能将其损坏。定期检查座椅安全带系统，如安全带是否有切口、磨损和松动等。请勿使用已损坏的座椅安全带，已损坏的座椅安全带无法起到保护乘员免受严重伤害甚至死亡的作用。确保安全带和锁片已锁定且安全带未扭曲。如果座椅安全带不能正常工作，请立即进行维修。如果车辆发生严重事故，即使未出现明显损坏，也应更换座椅总成（包括安全带）。请勿擅自安装、拆卸、改装、拆解或弃置座椅安全带，应联系专业人士进行处理。

4.1.3 混合动力系统的起动与停止

1. 起动混合动力系统

起动混合动力系统的步骤如下。

1）检查并确认已设定驻车制动。

2）检查并确认已选择"P"挡。

3）用力踩下制动踏板。多信息显示屏上将显示对应的起动信息，如果未显示，则无法起动混合动力系统。选择"N"挡时，无法起动混合动力系统。起动混合动力系统时，请选择"P"挡。

4）按下电源开关。操作电源开关时，只需短促而有力地按下一次即可，无须一直按住开关。如果开关按压不当，则混合动力系统可能不起动或电源开关模式可能无法切换。如果"READY"指示灯点亮，则混合动力系统将正常工作。

5）持续踩下制动踏板直至"READY"指示灯点亮。可从任何电源开关模式下起动混合动力系统，"READY"指示灯熄灭时，车辆不移动。

注意：务必就座于驾驶员座椅起动混合动力系统。在任何情况下起动混合动力系统时，均请勿踩下加速踏板。环境温度较低，如在冬季驾驶条件下起动混合动力系统时，"READY"指示灯的闪烁时间可能较长。"READY"指示灯稳定点亮之前使车辆保持静止，指示灯稳定表示车辆能移动。如果混合动力系统不能起动，则可能是停机系统尚未解除。执行正确的车辆起动程序后，"READY"指示灯仍不亮时，请立即联系汽车经销商。如果电源开关操作与平时稍有不同，如开关轻微卡滞，则可能发生故障，请立即联系汽车经销商。按下起动开关后仪表盘的显示如图4-3所示。

图 4-3　按下起动开关后仪表盘的显示

2. 停止混合动力系统

停止混合动力系统的步骤如下。

1）完全停止车辆。

2）设定驻车制动。

3）按下"P"挡开关，仪表盘显示如图 4-4 所示。

4）检查并确认仪表盘上的挡位指示灯显示"P"。

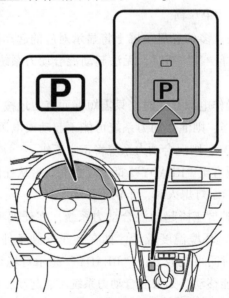

图 4-4　按下"P"挡开关后仪表盘的显示

5）按下电源开关。

6）松开制动踏板，检查并确认多信息显示屏上的"电源打开"信息消失。

注意：挡位不在"P"挡时，在车辆完全停止的情况下按下电源开关会使挡位自动切换至"P"挡，然后电源开关将关闭。挡位不在"P"挡的情况下关闭电源开关时，可用力踩下制动踏板，确认挡位已切换至"P"挡，然后缓慢松开制动踏板。

　　除非紧急情况，否则请勿在驾驶过程中触按电源开关。驾驶过程中关闭混合动力系统不会丧失转向和制动控制，但会丧失对转向的动力辅助。这将使转向变得比较困难，因此应在确保安全的情况下，尽快将车辆停在路边。

4.2　混合动力电动汽车的行驶

4.2.1　混合动力系统的注意事项

　　操作混合动力系统时应小心，因为其本身为高压系统（最高约650 V），而且混合动力系统工作时其内部零件会很烫。此外，请遵守车辆警告标签上的警告。

1. 高压电

　　混合动力电动汽车配备有高压直流和交流系统以及12 V电压系统。高压直流和交流电非常危险，操作不当可能会造成灼伤和电击，从而导致严重伤害甚至死亡，这也可能在混合动力系统关闭和点火开关关闭的情况下发生。因此，要始终认为高电压蓄电池已充满电并且所有高电压组件都带电。切勿触摸、拆解、拆卸或更换高压零件、电缆或其连接器。混合动力系统使用高压电，因此起动后系统可能会很烫，应小心高压电和高温，并始终遵守车辆警告标签（见图4-5）上的警告。切勿用手、首饰或其他金属触碰高电压电缆、高电压蓄电池或高电压蓄电池的电极，在高电压电缆、高电压蓄电池或高电压蓄电池电极损坏时尤其要注意。切勿自行在高电压网络、高电压电缆和高电压蓄电池上进行任何工作。切勿私自打开、保养、维修高电压网络的组件和部件，或将它们从高电压网络上脱开。切勿损坏、更改、拆卸橙色高电压电缆，或将其从高电压网络上脱开。切勿私自打开、改动或拆卸高电压蓄电池的盖板。切勿试图打开行李箱内的维修塞检修孔（见图4-6）。维修塞仅在维修车辆和进行与高压相关的操作时使用。

图4-5　高压电警告标签

图4-6　维修塞检修孔

　　在高电压系统上或在可能受高电压系统间接影响的系统上的作业，只允许由具有相应资质并受过相关培训的专业人员进行。在高电压组件附近用可产生碎屑、导致变形、边缘锋利的工具或热源（如焊接、钎焊、热空气或热粘贴）进行作业之前，应先切断电源。只允许由具有资质和经过培训的专业人员切断高压电源。在高电压系统和高电压蓄电池上进行一切作业时都必须遵守汽车生产商指定的标准和规范。将汽车钥匙可靠地保存在与车辆有足够距离之处，尤其是配备无钥匙闭锁/起动系统的车辆应避免点火开关意外打开。从高电压蓄电池中排出或逸出的气体可能有毒或易燃，汽车或高电压蓄电池的损坏可能导致有毒气体立即或延迟排出，排出的气体也可能引起火灾。因此，发生损坏时务必打开车窗，以便能够将排出的气体从车内导出。切勿接触从高电压蓄电池中流出的液体和排出的气体，在高电压蓄电池损坏时尤其要注意。

2. 混合动力蓄电池

切勿出售、转让或改装混合动力蓄电池。应由专业人士负责回收从报废车辆上拆下的混合动力蓄电池，以防发生事故。请勿自行处理蓄电池。

务必妥善回收蓄电池，非法报废或弃置混合动力蓄电池，将会对环境造成危害，或使人可能因触摸高压零件而遭受电击。混合动力蓄电池专用于混合动力车辆。如果在本车外使用混合动力蓄电池或以任何方式对其进行改装，则可能发生电击、发热、冒烟、爆炸和电解液泄漏等事故。出售或转让车辆时，由于购买者不了解这些危险，因此发生事故的可能性极高。

如果报废车辆时未拆下混合动力蓄电池，则触碰高压零件、电缆及其连接器时，会有受到严重电击的危险。如果必须报废车辆，须由专业人士或合格的维修店处理混合动力蓄电池。

混合动力蓄电池的使用寿命有限，且根据驾驶方式和驾驶条件会有所不同。

3. 混合动力蓄电池进气通风口

丰田雷凌双擎的后排左侧座椅下部侧边有进气通风口，用于冷却混合动力蓄电池。如果进气通风口堵塞，则可能使混合动力蓄电池过热，导致其输出功率降低。不同混合动力电动汽车的混合动力蓄电池位置不同，需要查阅汽车说明书。无论是何种混合动力电动汽车，务必不要堵塞混合动力蓄电池进气通风口。

确保任何物体（如座椅护面、塑料盖或行李）不会阻塞进气通风口。否则混合动力蓄电池可能过热并损坏；应使用真空吸尘器等定期清理进气通风口，以防混合动力蓄电池过热；请勿使水或异物进入进气通风口，否则可能造成短路并损坏混合动力蓄电池；请勿在车内装载大量的水，如冷水桶，如果水溅到混合动力蓄电池上，则可能损坏蓄电池。混合动力蓄电池出现问题时，必须联系专业人士检查。

4. 紧急切断系统

碰撞传感器检测到一定程度的撞击时，紧急切断系统会切断高压电流并停止燃油泵，以将触电和燃油泄漏的风险降至最低。如果紧急切断系统激活，则车辆将不能重新起动。要重新起动混合动力系统，请联系专业人员。

5. 混合动力系统警告信息

混合动力系统出现故障或用户操作不当时，会自动显示警告信息，须仔细阅读并遵循其指示。

如果警告灯点亮、显示警告信息或 12 V 蓄电池断开，混合动力系统可能无法起动。在此情况下，请尝试再次起动该系统，如果 "READY" 指示灯不亮，请联系专业人员。

车辆燃油耗尽且混合动力系统不能起动时，显示屏上低油位警告灯将会被点亮，此时请给车辆加注至少能使燃油低油位警告灯熄灭的燃油量。如果仅有少量燃油，则混合动力系统可能无法起动。车辆在斜坡上时，此值可能改变，此时请额外加注燃油。

6. 交通事故注意事项

由于电动运行模式下汽车产生的静止、行驶和运行噪声明显比内燃机运行模式低，因此行人和儿童等其他交通参与者不易察觉到电动运行模式下的汽车。这可能导致事故和受伤，尤其是在交通噪声较低的区域和在电动运行模式下调头或倒车时。

汽车处于行驶就绪状态时，切勿在无人看管的情况下停放汽车。尽管内燃机已关闭，但踩下油门踏板时，汽车仍可能移动，这可能导致事故和人员受伤。通过组合仪表显示屏中的指示灯 "READY" 显示行驶就绪。离车时务必确保点火开关关闭，并且换挡杆在 "P" 位置。

为降低严重伤害甚至死亡的风险，请将车辆停在安全地点以防发生其他事故；施加驻车制动，将挡位换至 "P" 挡并关闭混合动力系统；请勿触摸高压零件、电缆和连接器；如果车内或车外有电线露出，则可能发生电击，切勿触摸；如果有液体泄漏，可能是从混合动力蓄电池（牵引用蓄电池）泄漏出来的强碱性电解液，切勿触摸；如果皮肤或眼睛接触到电解液，应立即用大量的水冲洗，如有可能也可使用硼酸溶液，然后立即就医；如果混合动力电动汽车内起火，应尽快离开车辆，切勿使用对电路起火不起作用的灭火器，即使使用少量的水也可能很危险；如需拖拽，应在前轮离地的情况下进行；如果拖拽时使连接电机（牵引电机）的车轮着地，则电机可能会继续发电，这可能引起火灾。

7. 预防火灾

车内禁止存放易燃易爆物品；在炎热的夏季，停在阳光下的车辆的内部温度可达 60 ~ 70 ℃，如车内存放有打火机、清洗剂、香水等易燃易爆物品，则极易引起火灾甚至爆炸。

吸烟后要确认烟头已完全熄灭；如果烟头在没有完全熄灭的状态下置于车内，则有可能会引起火灾。

定期检查内燃机舱有无漏油现象，及时清理内燃机上的油垢、油污等，避免在高温情况下油垢、油污产生挥发而引发火灾。对于全车线路也要定期检查，电气和线束的接插件、绝缘及固定位置等是否正常，如果发现问题应及时进行处理。

禁止改装车辆线路、加装电器部件；加装其他用电器（如大功率音响、氙气大灯等）会造成线路负荷过大，会导致线束容易发热，从而引起火灾。严禁使用超出用电器额定规格的保险或其他金属丝代替保险。

正确选择停车位置；车辆在停放期间，尤其是在夏季，一定要注意车底是否有易燃物，如干草、枯枝、树叶或麦秆等，因为车辆长时间行驶后三元催化器温度升高，如果车底有易燃物，很有可能引起火灾；车辆在行驶过程中，也应尽量避开堆积有干树叶、麦秆、杂草等易燃物的路段，或在经过此类路段后及时停车检查车底是否挂有易燃物等。在停车时，要尽量避开太阳曝晒的地方。

车上要常备轻便的灭火器，并要掌握其使用方法做到有备无患，以免发生意外时束手无策；为保证车辆安全，还要定期检查和更换灭火器。

请使用车辆配套点烟器，禁止用逆变器从点烟器处取电。

如果车辆发生火灾，应及时、冷静地采取有效措施进行处理，最大限度地降低损失；火灾一般有初期前兆，如车身出现异响、异味等，一旦发现异常情况，应及时熄火停车，最好能将车停在避风处，然后取出车载灭火器进行扑救；查找起火点，如果发现内燃机舱冒烟，不要马上打开内燃机舱盖（因为这样做会因为空气的大量进入，而使火势加剧和蔓延，内燃机舱的燃烧物很有限，保持内燃机舱盖关闭的状态，有利于扑救）；当内燃机舱起火时，可用车载灭火器从内燃机盖缝隙处对准起火部位进行喷射灭火，或向过路车辆求救，如果能借到多个灭火器，可以在外部基本看不到火苗的情况下，打开内燃机舱盖，继续扑救；及时拨打119报警，告知消防队这是一辆电驱动汽车；务必通知救援人员，汽车装备了高电压蓄电池，同时拨打投保的保险公司报案电话，并要求保险公司到现场处理；消防队灭火后，索要出警证明，并要求其出具起火原因说明；事故发生后，及时联系保险公司进行事后处理。

8. 其他注意事项

由于混合动力电动汽车的高压零件和电缆采用了电磁屏蔽装置，因此其发射的电磁波量与传统内燃机汽车或家用电器几乎相同；混合动力电动汽车可能会对一些第三方无线电零件造成声音干扰。

4.2.2　混合动力电动汽车的行驶工况

对于混合动力电动汽车，混合动力系统可根据行驶条件结合使用内燃机和电动机，从而提高燃油效率并减少废气排放。以下为丰田雷凌双擎版的混合动力系统控制策略，该策略根据车型不同而有所不同。

1）停止时／起动过程中：车辆停止时，内燃机停止，起动过程中，由电动机驱动车辆。

2）低速行驶或下缓坡时：内燃机停止而电动机工作，选择"N"挡时，不会对混合动力蓄电池充电，在混合动力蓄电池需要充电或内燃机暖机等情况下，内燃机不会自动停止。

3）正常行驶过程中：主要使用内燃机，必要时，电动机为混合动力蓄电池充电。

4）急加速时猛踩加速踏板时：混合动力蓄电池的动力通过电动机与内燃机的动力相结合。

5）制动（再生制动）时：车轮通过传动系统驱动发电机，并且为混合动力蓄电池充电。在换挡杆置于"D"挡或"S"挡驾驶，并松开加速踏板或踩下制动踏板时，动能转化为电能并在为混合动力蓄电池充电的同时获得减速力。

6）纯电动模式：仅使用电动机驱动车辆或内燃机停止时，多信息显示屏上将显示 EV 指示灯。

4.2.3　混合动力电动汽车动力蓄电池的充电

非插电式混合动力电动汽车的混合动力蓄电池由内燃机充电，因此不需要外部电源；插电式混合动力电动汽车的电池容量比较大，有充电接口，且大多数时候需要使用外部电源充电。无论是插电式混合动力电动汽车还是非插电式混合动力电动汽车，如果长期停放，则混合动力蓄电池将缓慢放电。因此，请务必每隔几个月驾驶车辆至少 30 min。如果混合动力蓄电池电量完全耗尽且不能起动混合动力系统，请联系汽车经销商。

4.2.4　混合动力电动汽车燃油加注的注意事项

1. 加注燃油前

关闭所有车门和车窗，并关闭电源开关，确认燃油类型；向上拉开启开关以打开燃油加注口盖；缓慢转动燃油箱盖以将其取下，并挂在燃油加注口盖的背面。

2. 加注燃油时

加注燃油时请遵守下列注意事项，否则可能导致严重伤害甚至死亡。

下车后和打开燃油加注口盖前，触摸无漆金属表面以释放所带静电，因为加注燃油时，静电产生的放电火花可能点燃燃油蒸汽；务必捏住燃油箱盖上的把手，缓慢转动以取下燃油箱盖；松开燃油箱盖时，可能会听到嗖嗖声，等该声音完全消失后再取下燃油箱盖；在高温天气下，燃油可能因内部压力过大而从加油口喷出，导致人员受伤；请勿让未释放静电的人员靠近打开的燃油箱；请勿吸入燃油蒸汽，燃油中含有对身体有害的物质；加注燃油时请勿吸烟，否则可能引燃燃油而导致起火；请勿返回车内或触碰任何带静电的人员或物体，可能导致静电积聚而引燃燃油。

请遵守下列注意事项，以防燃油从燃油箱中溢出。

将燃油喷嘴牢固地插入加油口；燃油喷嘴自动关闭后，停止向燃油箱加油；请勿将燃油箱加注得过满，否则可能损坏车辆，如导致排放控制系统工作异常、损坏燃油系统部件或车辆漆面。

3. 结束加注

加注燃油后，转动燃油箱盖直至听到"咔嗒"声；松开后，燃油箱盖会稍微回转。

4.2.5　混合动力电动汽车驾驶要领

1. 安全行车

起动车辆时：在"READY"指示灯点亮的情况下停止车辆时，脚要始终踩住制动踏板，以防止车辆爬行。

驾驶车辆时：如果不熟悉制动踏板和加速踏板的位置，则请勿驾驶，以免踩错踏板；

如果应踩下制动踏板时意外踩下加速踏板，则会造成突然加速，由此可能引发事故；倒车时，可能因扭动身体而不便操作踏板；即使只是稍微移动车辆，也必须保持正确的驾驶姿势，以便正确地踩下制动踏板和加速踏板；用右脚踩制动踏板，因为紧急情况下用左脚踩制动踏板可能延迟响应，从而导致事故。

2. 使用环保驾驶模式

与在正常条件下相比，使用环保驾驶模式时，能更加平稳地产生与加速踏板踩下量相符的转矩。此外，使用环保驾驶模式将最大限度地减少空调系统操作（制热／制冷），从而提高了燃油经济性。

由于低温时内燃机会自动起动和停机，因此无须内燃机暖机。频繁短距离驾驶会导致内燃机反复暖机，这样会增加燃油消耗。因此，为保证经济性，应尽量避免急加速、急减速。另外，整车能耗受车速影响较大，高速路段建议控制车速在 90 ～ 110 km/h，尽量避免长时间以 120 km/h 或以上的车速行驶。

当车辆仅由电动机驱动时，驾驶员应特别注意路上的行人，因为混合动力系统工作声音很小，行人可能会误判车辆的移动情况。混合动力电动汽车的排气系统和废气可能会很热，请勿驾车驶过易燃物或在其附近停车，以免引起火灾。

下陡坡时，请使用内燃机制动（或降挡）来保持安全车速，但持续使用制动器可能会导致制动器过热并失效。驾驶过程中请勿调节显示屏以及转向盘、座椅、内后视镜或外后视镜的位置，否则可能导致车辆失控。

3. 正确操作换挡杆

请勿在选择前进挡时使车辆向后移动，或选择"R"挡时向前移动，否则会引发事故或造成车辆损坏；请勿在车辆移动时将挡位换至"P"挡，否则会损坏变速器，从而导致车辆失控；请勿在车辆向前移动时将挡位换至"R"挡，否则会损坏变速器，从而导致车辆失控；请勿在车辆向后移动时将挡位换至前进挡，否则会损坏变速器，从而导致车辆失控。

车辆移动时将挡位切换至"N"挡将断开混合动力系统，混合动力系统断开时，内燃机制动不起作用。小心不要在踩下加速踏板时换挡。将挡位换至除"P"或"N"挡外的任一挡位可能使车辆意外快速加速，从而引发事故并导致严重伤害甚至死亡。换挡后，通过挡位指示灯检查当前挡位。

在等待交通信号灯而停车或驶过交通繁忙路段等时，将换挡杆换至"D"挡。驻车时，将挡位换至"P"挡。换挡杆置于"N"挡时，内燃机运转，但不能发电，此时不能节省燃油。使用空调系统等时，会消耗混合动力蓄电池的电量。尽量保持在最高挡驾驶，可使内燃机运转及加速更平稳。

4. 踏板操作

为了经济又环保地驾驶车辆，请注意以下几点。

1）加速踏板／制动踏板操作：平稳驾驶车辆，避免急加速和急减速。逐渐加速和减速会提高电机的使用效率，无须消耗内燃机功率。避免反复加速，反复加速会消耗混合动力蓄电池的电量，增加燃油消耗。驾驶过程中稍微松开加速踏板可以恢复蓄电池电量。

2）制动时：混合动力电动汽车具备制动能量回收功能，行车中如需要制动，应尽量避免紧急刹车，建议提前轻踩制动踏板，获得更佳的能量回收效果。制动器潮湿时不要继续行驶，如果制动器潮湿，则施加制动时制动距离将比正常状态下更长，而且车辆可能会偏向一侧，驻车制动也将无法牢固制动车辆。下坡行驶时制动器工作负荷大，极易过热，建议下坡行驶前降低车速，以减轻制动器负荷。应根据道路及交通状况施加制动，切勿不必要地踩制动踏板，以免使制动器摩擦过热，导致制动距离过长，制动器过度磨损。切勿关闭车辆，让车辆滑行，因为这时制动助力器不工作，制动距离将大大加长，极易引发事故。避免不必要的停车和制动，保持平稳的车速。配合交通信号灯驾驶，将停车次数降至最少，或充分利用无交通灯的通行大道行驶。与其他车辆保持适当的行驶距离以避免紧急制动，可减少制动器的磨损。

3）减少滞行：反复加速和减速以及长时间等待交通灯会降低燃油经济性，因此出发前请注意收听路况报导，并尽可能避免途中车辆滞行的情况。在交通拥堵的情况下行驶时，轻轻松开制动踏板以使车辆缓慢前移，同时避免过度使用加速踏板，这样有助于控制油耗。

5. 高速公路驾驶

在高速公路上驾驶时，应控制并保持车辆定速行驶。在收费站或类似场所停车前，要留出足够的时间松开加速踏板并轻轻踩下制动踏板，减速时可再生更多电能。

6. 空调的使用

仅在必要时使用空调，有助于控制油耗。

在夏季，环境温度高时，请使用再循环空气模式，有助于减轻空调系统负荷并降低油耗。

在冬季，由于内燃机暖机且在车内温度升高之前内燃机不会自动停机，因此会耗费燃油，此时可通过避免过度使用加热器来改善燃油消耗。

7. 合适的轮胎气压

经常检查轮胎气压，因为轮胎气压不当会降低燃油经济性。此外，由于雪地轮胎摩擦力大，所以在干燥路面上使用时会降低燃油经济性，因此要使用适合相应季节的轮胎。

此外，轮胎气压对车辆行驶安全有重要影响。

胎压过高，会使轮胎的摩擦力、附着力降低，影响制动效果；会导致转向盘振动、跑偏，使行驶的舒适性降低；会加速轮胎胎面中央的花纹局部磨损，使轮胎寿命下降；会使车身的振动变大，间接影响到其他零部件的寿命；会使轮胎帘线受到过度的伸张变形，胎体弹性下降，从而使汽车在行驶中受到的负荷增大；更容易造成爆胎。

胎压过低，会使轮胎与路面的摩擦系数增大，增加油耗；会造成转向盘很沉，易跑偏等不利驾乘安全的因素；会使轮胎各部位的运动量增大，且过度的碾压会造成轮胎的异常发热；会使帘线以及橡胶的功能降低，引发脱层或者帘线折断与轮辋之间产生过度的摩擦造成胎圈部位损伤，异常磨损；会使轮胎与地面的摩擦成倍增加，胎温急剧升高，轮胎变软，强度急剧下降；在车辆高速行驶时可能导致爆胎；会使胎体变形增大，胎侧容易出现裂口，同时产生屈挠运动，导致过度发热，促使橡胶老化，帘布层疲劳，帘线折断，还会使轮胎接地面积增大，加速胎肩磨损。

8. 暖机

由于低温时汽油内燃机会自动起动和停机，不用内燃机暖机，因此应避免长时间的预热空转。内燃机运转一旦平稳后，即可平稳驾驶。冷态内燃机比热态内燃机费油，请勿为预热而让其长时间怠速运转。在寒冷天气内燃机的预热时间要长一些，一般在内燃机起动 1 min 后即可行驶车辆。这样，内燃机将更快升温，从而更节省燃油。应尽量将里程较短的行驶安排在一起，以减少"冷态起动"的次数。

9. 行李

在行李方面，需要遵守下列注意事项，否则可能妨碍踏板正常踩下、阻挡驾驶员视线或导致物体撞到驾驶员或乘员，从而引发事故。

尽可能将货物和行李存放在行李箱内。为防止货物和行李在制动时向前滑动，请勿在扩大的行李箱内堆放任何物品。放低货物和行李，使其尽量靠近地板。请勿将货物或行李放入或放在下列位置：驾驶员脚旁，前排乘员座椅或后排座椅上（堆放物品时），后窗台板上，仪表盘上，没有盖的辅助储物箱内或托盘上。必须固定好乘员车厢内的所有物品。

不要使车辆超载，负载过重的行李会降低燃油经济性，避免负载不必要的行李。安装大型车顶行李架也会降低燃油经济性。不要不均匀放置货物，放置不当可能导致转向或制动控制性能变差，从而导致严重伤害甚至死亡。

10. 保持最佳状态

前轮应保持正确的定位，若定位不准确，不仅会引起轮胎的过快磨损，还会使内燃机增加负荷，从而增加油耗。避免碰撞路边侧石，在崎岖路面上要缓慢驾驶。车底盘应保持洁净，没有泥浆等污物，以减轻车身的质量，也可防止腐蚀。

调整车辆并保持在最佳的工作状态。空气滤清器过脏；不恰当的气门间隙；火花塞过多积碳；机油和润滑油过脏、变质或黏稠；未调整好制动器等，均会影响内燃机的性能并浪费燃油。为了使所有的部件都保持较长的使用寿命，降低运行费用，则须进行定期保养。如果经常在恶劣的条件下行驶，则应缩短保养间隔时间。

4.2.6 特殊情况下的操作

1. 轮胎泄气

轮胎泄气可能导致车辆难以控制；发出异常声音或产生振动；异常倾斜等。轮胎泄气时，即使行驶很短的距离也会损坏轮胎和车轮，导致无法修理，从而引发事故。

轮胎泄气时须慢慢降低车速，保持直线将车驶至远离交通繁忙的安全地点；停止内燃机并打开紧急警告灯；拉起电子驻车开关并按下"P"挡按键；车上的所有人员须下车到远离交通繁忙的安全地点。

三角警告牌用于警告后方车辆，避免后方车辆车速过快或刹车不及时造成与前方正在停泊或维修的车辆碰撞，发生危险。在公共道路上停车或维修车辆时，请谨记将三角警告牌放置于车辆后方 100~200 m 处，使用时将三角警告牌的红色一面面向车辆行驶方向，警示后方车辆，以免发生危险。重新起动或维修结束后请收回三角警告牌，以备下次使用。

补胎剂可用来密封小的切口，特别是胎面花纹中的切口。用补胎剂只是一种紧急解决方法，使驾驶员可以将车开到最近的维修中心，即使轮胎不漏气，也只能在紧急状况下短途行驶。补胎剂组件包括：加注瓶、充气泵、标有最高允许车速的胶贴和使用说明。补胎剂只能用于修复轮胎的微小损伤，如果车轮损坏，切勿使用补胎剂。补胎剂高度易燃且有害健康，使用补胎剂时应注意：禁止明火和吸烟；应避免接触到皮肤、眼睛、衣物；放在远离儿童的地方，请勿吸入蒸汽。如果补胎剂接触到皮肤或进入眼睛，立即使用大量清水彻底清洗，并立即更换污染的衣物，如果有过敏反应，请立即就医。如果吞咽了补胎剂，立即彻底漱口并喝大量的水，不要催吐，并立即就医。

以下是加注补胎剂时的操作。

1）将套件侧面贴纸贴在转向盘最醒目的位置。

2）取出充气泵的充气软管和电源插头。

3）拧下充气泵与补胎剂接口处的盖子及补胎剂的瓶盖。无须撕开补胎剂上的锡纸，以免胶水洒落。

4）将补胎液的瓶口顺时针用力拧到充气泵的瓶架上，直到拧紧。

5）拧下轮胎气门嘴帽，并清洁气门嘴。拔下打气泵软管的保护帽，并将其拧紧到轮胎的气门嘴上。

6）将充气泵的电源线连通点烟器 12 V 电源，同时将车起动。

7）打开充气泵上电源开关。将电源插头插在车内的 12 V 点烟器插座上时，确保充气泵开关处于关闭状态。充气泵最多只能开启 10 min，如在 10 min 内补胎器压力显示小于 182 kPa，则停止补胎，需要请求拖车；若压力显示在 182~320 kPa，则属于正常状态。

8）在补胎完成后，拔下套件后尽快行驶，间隔不要超过 1 min，最多行驶 10 km，最高车速为 80 km/h。

9）停车检查，若胎压大于 220 kPa，需要将车开到维修站更换轮胎；如胎压在 130~220 kPa 之间，则重复第 7）步操作；若胎压小于 130 kPa，则需要请求拖车。

使用补胎器完成补胎后，应避免急加速和高速转弯，并遵守 80 km/h 的最高车速限制。此外，建议在专业的汽车商店购买新的补胎液和充气软管。

2. 冬季驾驶

冬季驾驶前，请进行必要的准备和检查，务必以适合冬季主要天气状况的方式驾驶车辆。

驾驶准备：使用适合车外通常温度的油液，特别是内燃机机油/动力控制单元冷却液、喷洗液；请维修技师检查 12 V 蓄电池状态；给车辆安装雪地轮胎或用于前轮胎的轮胎防滑链；确保所有轮胎的规格和品牌相同，且防滑链与轮胎规格匹配，务必使用正确尺寸的轮胎防滑链。

驾驶前，可以根据驾驶条件采取如下措施：不要强行打开冻结的车窗或移动冻结的刮水器。应向冻结部位浇温水以使冰融化，并将水擦净以防再次结冰。为确保温度控制系统的风扇正常运行，应清除风窗玻璃前方进气口的积雪。检查并清除任何可能堆积在车外灯、车顶、底盘、轮胎周围或制动器上的冰雪。上车前，清除鞋底的雪或泥。

驾驶时需缓慢加速，与前方行驶的车辆保持安全距离，并根据路况适当放慢行驶速度。需要驻车时，在停车后将挡位换至"P"挡，但不要设定驻车制动，以免驻车制动器冻结。必要时，挡住车轮以防意外滑动或缓慢移动。

如果使用雪地胎，为降低事故发生风险，请使用规定规格的轮胎；保持推荐的气压；驾驶时请勿超过道路限速或所用雪地轮胎的规定限速；所有车轮均应使用雪地轮胎，而不仅仅是某些车轮。

如果使用防滑链，为降低事故发生风险，驾驶时请勿超过所用轮胎防滑链的规定限速或 50 km/h，以二者中较低者为准；避免在不平路面或多坑路面上行驶；避免突然加速、突然转向、紧急制动和导致内燃机紧急制动的换挡操作；进入弯道前充分减速，确保能控制车辆。

3. 通过积水路段

驶入积水路段前必须清楚积水深度，积水高度不得超过车身下边缘。如要涉水行车，在车辆起步前将空调关掉，换挡杆挂入低速挡，然后轻踩油门以稳定而缓慢的速度通过积水路段，不要松脚，以免造成排气回压将水倒吸入内燃机而造成内燃机的严重损坏。切勿将车辆停在水中，也切不可在水中倒车和关闭内燃机。顺利涉水通过积水区后，必须连续轻踩制动踏板数次将制动盘上的水蒸发，以便尽快恢复正常的制动性能。

制动盘表面如有水、泥浆可能导致制动器反应滞后，从而延长制动距离，应谨防引发事故。此时，应谨慎制动。驾驶经过积水路段后尽可能避免紧急制动。

4. 陷车

如果车轮空转或车辆陷入泥地、污泥或雪地中，请采取以下操作。

停止混合动力系统，设定驻车制动并将挡位换至"P"挡。去除前轮周围的污泥、雪或沙土。在前轮下放置木块、石头或其他有助于增大附着摩擦力的材料。重新起动混合动力系统，将换挡杆换至"D"或"R"挡，并解除驻车制动。然后，小心地踩下加速踏板。若难以摆脱困境时，可关闭车轮牵引力控制系统。

设法摆脱陷车困境时，如果使用前后推动的方法使车辆驶出陷坑，则应确保周围区域宽敞畅通，以免撞到其他车辆、物体或人。车辆驶出陷坑时，可能会突然向前或向后冲，应格外小心。切换挡位时小心不要在踩下加速踏板时换挡，换至"P"或"N"挡以外的其他挡位可能使车辆突然加速，从而引发事故。

为避免损坏变速器和其他部件，应避免前轮空转和过度踩下加速踏板。如果尝试这些方法后仍无法摆脱陷车困境，则需要拖车救援。

5. 车辆需要拖拽时

如果车辆需要拖拽，建议使用车轮提起式载货汽车或平板卡车，并由专业的汽车拖拽人员进行拖拽。

在使用车轮提起式载货汽车进行拖拽时，可按抬起前轮和抬起后轮两种方式进行拖拽，分别如图4-7和图4-8所示。当以抬起前轮的方式进行拖拽时，应先解除驻车制动；当以抬起后轮的方式进行拖拽时，应在前轮下使用拖拽台车。

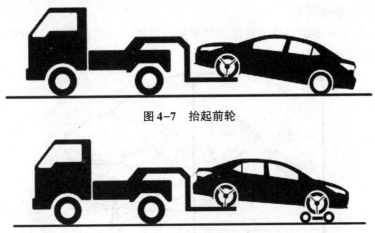

图4-7　抬起前轮

图4-8　抬起后轮

当使用平板卡车进行拖拽时，必须施加驻车制动并关闭内燃机开关，在4个车轮下使用挡块防止车辆移动，同时还需要将轮胎拴缚到拖车底板上进行固定，如图4-9所示。

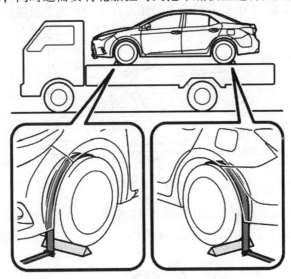

图4-9　使用平板卡车拖拽

在下列情况下，无法使用拖车缆或拖车链由其他车辆进行拖拽，因为前轮可能由驻车锁锁止。

"P"挡控制系统存在故障，停机系统存在故障，智能进入和起动系统或按钮式起动存在故障，12 V蓄电池电量耗尽。

下列情况表明变速器可能存在故障，在拖拽前请联系专业人员。

多信息显示屏上显示混合动力系统警告信息且车辆不移动，车辆发出异常声音。

如果紧急情况下无法找到拖车，则可将拖车缆或拖车链固定到紧急牵引环内，临时拖拽车辆。这种方法只能用于在硬质铺装路面以低于5 km/h的速度进行的短距离拖拽，且驾驶员必须在车内操控转向盘和制动踏板，车轮、传动系、车桥、转向盘和制动器必须处于良好状态。

紧急拖拽程序步骤如下。

1）从工具袋中取出牵引环，并使用平头螺丝刀拆下牵引环孔盖，如图 4-10 所示。可以在螺丝刀和车身之间放一块布来保护车身。

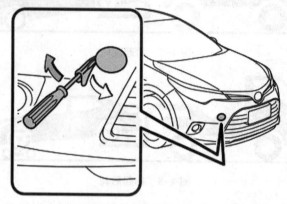

图 4-10　牵引环孔盖的位置

2）将牵引环按图 4-11 中箭头所示方向插入孔中，并用手稍微拧紧。

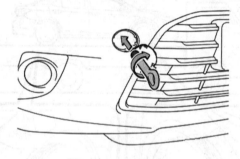

图 4-11　安装牵引环

3）使用车轮螺母扳手或硬金属杆按图 4-12 中箭头所示方向紧固好牵引环，将拖车缆或拖车链固定在牵引环上，起动内燃机，将换挡杆换至 "N" 挡并解除驻车制动。

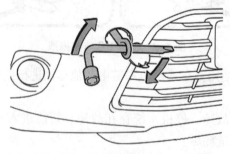

图 4-12　拧紧牵引环

拖拽时如果混合动力系统关闭，则制动器和转向盘的动力辅助将不起作用，从而使转向和制动更加困难。若使用拖车缆或拖车链拖拽，需避免突然起步等，否则会对牵引环、拖车缆或拖车链施加过大的拉力。牵引环、拖车缆或拖车链可能损坏，碎片可能击中旁人并导致严重伤害。请勿关闭电源开关，否则可能因驻车锁锁止前轮而引发事故。

6. 紧急停车

仅在紧急情况下，如无法用正常的方法停车时，可使用下列步骤停车

1）将双脚稳固地放在制动踏板上并用力踩下。请勿反复踩制动踏板，因为这会增大使车辆减速所需的力。将换挡杆换至"N"挡。

2）如果换挡杆能换至"N"挡，在车辆减速后，将其停在路边的安全地点，停止混合动力系统。如果换挡杆不能换至"N"挡，双脚踩住制动踏板，尽可能使车辆减速。

3）持续按住电源开关2 s或更长时间，或连续短按3次或更多次停止混合动力系统。

4）将车辆停在路边的安全地点。

如果行驶过程中必须关闭混合动力系统，则转向盘的动力辅助将丧失，此时转动转向盘比较沉重。关闭混合动力系统前要尽可能减速。

7. 12 V蓄电池电量耗尽

如果有一套跨接（或辅助）电缆和另一带12 V蓄电池的车辆，则可按以下步骤跨接起动电量耗尽的车辆。

打开内燃机盖和保险丝盒盖，打开专用跨接起动端子盖，将跨接电缆正极卡夹连接至本车蓄电池的正极（+）端子；将正极电缆另一端的卡夹连接至另一车辆蓄电池的正极（+）端子；将负极电缆卡夹连接至另一车辆蓄电池的负极（-）端子。如图4-13所示，避开专用跨接起动端子和任何移动零件，将负极电缆另一端的卡夹连接至实心、固定、未涂漆的金属部位。

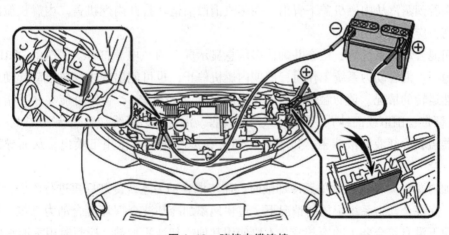

图4-13　跨接电缆连接

起动另一车辆的内燃机。稍微提高内燃机转速并保持该转速约5 min，以便对本车的12 V蓄电池充电。在电源开关关闭的情况下打开并关闭本车的任一车门，保持另一车辆的内燃机转速并通过将本车电源开关切换至ON模式来起动本车的混合动力系统。确保"READY"指示灯点亮，如果指示灯不亮，请联系专业人士。

混合动力系统一旦起动，请按与连接时完全相反的顺序拆下跨接电缆。闭合专用跨接

起动端子盖，并将保险丝盒盖重新装回原位。安装时，先将保险丝盒盖挂到两个后凸舌上。混合动力系统一旦起动，请及时联系专业人士对汽车进行检查。

12 V 蓄电池电量耗尽时，无法通过推车起动来起动混合动力系统。为防止 12 V 蓄电池电量耗尽，混合动力系统关闭时应关闭前照灯和音响系统。车辆长时间低速行驶（如交通堵塞）时，请关闭任何不必要的电气部件。

8. 车辆过热

出现以下情况可能表示车辆过热：内燃机冷却液温度过高警告灯点亮或闪烁，或混合动力系统功率下降（如车速无法提高）；多信息显示屏上显示混合动力系统温度过高；内燃机盖下冒出蒸汽。

如果内燃机冷却液温度过高警告灯点亮或闪烁，请将车辆停放在安全地点并关闭空调系统，再停止混合动力系统。然后，小心地掀起内燃机盖，如果看到蒸汽，待蒸汽消散后再小心地掀起内燃机盖。待混合动力系统充分冷却后，检查软管和散热器芯（散热器）是否泄漏。散热器冷却风扇如果泄漏大量冷却液，请立即联系专业人士。

如果储液罐中的冷却液液位在"FULL"（满）和"LOW"（低）标志线之间，则冷却液液位正常。冷却液液位低于"LOW"时须添加冷却液，紧急情况下，如果没有冷却液，则可用水代替。起动混合动力系统并打开空调系统，检查并确认散热器冷却风扇运转并检查散热器或软管是否有冷却液泄漏。冷起动后立即打开空调系统，通过检查风扇声音和气流，确认风扇正在运转（在寒冷天气条件下，风扇可能不运转）。如果难以确定，则反复打开和关闭空调系统进行判断。如果风扇不运转，立即停止混合动力系统并联系专业人士；如果风扇运转，请联系最近的汽车维修中心检查车辆。

如果看到蒸汽从内燃机盖下冒出，在蒸汽消散前请勿打开内燃机盖。内燃机舱的温度可能很高，应防止受伤。

关闭混合动力系统后，检查并确认多信息显示屏上的"电源打开"消失且"READY"指示灯熄灭。混合动力系统工作时，即使内燃机停止，也可能出现内燃机自动起动或冷却风扇突然运转的情况。请勿触摸或靠近转动的零件（如风扇），否则可能夹住手指或衣服（尤其是领带、围巾或面纱），从而导致严重伤害。混合动力系统和散热器很烫时，请勿拧松散热器盖和冷却液储液罐盖，以免热冷却液和蒸汽在压力作用下喷出，从而导致严重伤害。

添加内燃机／动力控制单元冷却液时，需待混合动力系统冷却后再进行添加，添加时应缓慢。在混合动力系统很烫的情况下，过快地添加冷却液会损坏混合动力系统。如果在紧急情况下没有符合要求的冷却液，不要使用其他冷却液添加剂，应暂时用蒸馏水代替。

为防止损坏冷却系统，请遵守下列注意事项：避免冷却液中混入异物（如沙土或灰尘等）；请勿使用任何冷却液添加剂。

4.3　插电式混合动力电动汽车的使用

插电式混合动力电动汽车与雷凌双擎等混合动力电动汽车的最大不同之处在于，插电式混合动力电动汽车拥有通过外界电网直接对动力电池进行充电的能力。对于部分在电量下降阶段不需开启内燃机的插电式混合动力电动汽车来说，在城市中用于短程通勤时，有可能只需使用纯电动模式就能满足需求，即只需通过电网补充能量，不需消耗燃油。下面以帕萨特插电式混合动力版为例，介绍插电式混合动力电动汽车的使用。

4.3.1　帕萨特插电式混合动力版简介

帕萨特插电式混合动力版搭载 EA211 1.4TSI 四缸涡轮增压内燃机，最大输出转矩为 250 N·m，最大功率为 110 kW，以及一个作为驱动电动机的永磁同步电动机，电动机峰值功率可达 85 kW，额定电压为 320 V。变速箱采用 DQ 系列的 6 速湿式双离合变速箱，驱动形式为前轮驱动。其驱动电动机、变速箱、内燃机一起布置在位于汽车前端的内燃机舱内，动力电池则位于后排座椅下方。从混动结构上看，其采用了 P2 构型，通过离合器实现对能量流的控制。整备质量为 1 730 kg。其他参数如下：

总长为 4 948 mm；总宽为 1 836 mm；总高（空载）为 1 469 mm；轴距（半载）为 2 871 mm；最小转弯直径为 11.7 m；前轮距（半载）为 1 584 mm；后轮距（半载）为 1 570 mm；最小离地间隙（满载）为 110 mm；行李箱容积为 400 L；油箱容积为 50 L。

帕萨特插电式混合动力版支持以下运行模式。

1）E-MODE（电动行驶模式）。在 E-MODE 下，汽车主要以纯电动的方式行驶。激活 E-MODE 必须满足以下所有条件：电池、内燃机、变速箱温度需高于-10 ℃，高电压蓄电池电量充足，车速低于 130 km/h。如果在以 E-MODE 行驶的过程中，所需条件不再能够满足，则随着内燃机的起动退出 E-MODE。

2）混合动力模式。在混合动力模式下，电动机和内燃机协同工作，此模式特别适用于长途行驶。

3）蓄电池维持模式（维持蓄电池电量）。车辆根据实际工况选择驱动形式，蓄电池维持模式会将蓄电池电量保持在一定的范围内。

4）蓄电池充电模式。蓄电池充电模式可提高蓄电池电量。车辆根据实际工况选择驱动形式，如果内燃机的功率"充足"，则该功率可用于为高电压蓄电池充电。在蓄电池充电模式下燃料消耗会增加。

5）GTE 模式。GTE 模式可为驾驶员提供动态的驾驶体验，实现运动型驾驶风格。激活 GTE 模式会影响驱动系统（内燃机和变速箱）的调校，内燃机和变速箱会对油门踏板的移动作出更动态的响应；对于双离合器变速箱，将改变换挡时间点；激活定速巡航装置时，加速特性可能会受到影响；转向系统的助力转向降低，转向力提高，行驶特性变得更加敏捷；制动系统的电子机械式制动助力器的功能会根据 GTE 模式进行调整；自适应巡航（ACC）系统会以更加动态的方式调整汽车的加速及减速过程；动态大灯的调节特性会依据当前的行驶状况作出更动态的响应。

1. 双离合器变速箱

双离合器变速箱（DSG）是一种采用双离合器技术、可自动换挡的变速箱。双离合器和两个相互独立的分变速箱实现了在不损耗牵引力的前提下迅速换挡。因此，DSG 兼具手动变速箱的动力性和经济性，以及传统自动变速箱的便捷性和舒适性。对只有一个离合器的变速箱来说，行驶时内燃机或电动机的动力通过变速箱传递至驱动轴。换挡时，内燃机或电动机和变速箱之间的动力传递必须中断。此时，离合器发生作用。对于带有两个分变速箱的 DSG 而言，在行驶时，内燃机或电动机的动力始终会作用在其中一个分变速箱上。在换挡前，会先在无负荷的第二个分变速箱上挂入更高或更低一挡。然后，无负荷挡位的离合器接合，同时另一个挡位的离合器分离，这样就实现了迅速的换挡过程。得益于其设计，DSG 比液力式自动变速箱的效率更高。相比较而言，液力式自动变速箱变矩器时常处于非锁止状态，部分内燃机功率消耗在搅动变矩器油上，而 DSG 的离合器在大部分情况下都处于闭合或打开的状态，滑磨状态较少，这样可以节省燃料。DSG 效率高、重量轻、控制智能，通常其燃料消耗可与手动变速箱持平，甚至更经济。和手动变速箱一样，DSG 的离合器同样会磨损，应根据型号进行定期保养。一个分变速箱出现故障时，DSG 还可以继续使用另一个分变速箱。

2. 挡位介绍

"P" 驻车锁：驱动轮已机械锁死，仅在汽车停住时才可挂入。

"R" 倒挡：使汽车向后退的挡位，仅在汽车停住时才可挂入。

"N" 空挡（怠速挡）：变速箱处在空挡（怠速挡）时，没有力传递到车轮且无法使用内燃机的制动作用。

"D/B" 前进挡："D" 为标准模式，所有前进挡都可自动升挡和降挡，换挡时刻取决于内燃机或电动机负荷、个人的驾驶风格以及行驶速度；"B" 为能量回收，在制动、滑行和下坡时进行。

帕萨特插电混合动力版的混合动力系统将根据行驶状况自动对内燃机和电动机进行控制。正常情况下，当行驶状态满足一定条件时，内燃机将会关闭以节省燃料，由动力电池提供能量来源，使用电动机进行驱动。内燃机仅在需要的时候才会运行。在下列情况，内燃机将会自动起动。

1）油门踏板全开，此时内燃机和电动机将一起进行功率输出，以达到最大输出功率，前提是动力电池的电量不能过低。这种操作耗能大，在日常使用时应尽量避免。

2）当外界温度过低，以至于对动力电池造成不利影响，或需要向车内乘客供给热量时，内燃机将起动。

3）当内燃机机油中积聚冷凝水时，或由于其他的技术原因，也需要起动内燃机。

4.3.2 插电式混合动力电动汽车的使用原则

为降低能耗，提升续驶里程，延长使用寿命，插电式混合动力电动汽车的使用原则如下。

1）将换挡杆置于"D/B"处并选择"B"挡以持续启用能量回收功能，这样在制动、滑行以及下坡时，电机起制动作用，并作为发电机向动力电池充电。但是当动力电池的电量增加时，能量回收的制动效果也将减弱，故下长坡前应该提前进行降速。当电量已满并在前方需要下长坡时，应关闭能量回收。较强强度的能量回收可能会导致牵引力损失和侧滑，从而造成危险，故实际使用中还应根据路面、交通、天气状况决定是否启用能量回收。

2）避免频繁的加速和制动。另外，在允许的情况下应该尽量使用定速巡航功能。

3）避免长时间以较高车速行驶，在高速行驶时应避免较大的油门踏板开度。因为大多数驱动电机在高转速下的效率表现不佳，同时长时间大电流放电对驱动电机、电机控制器和动力电池均有不利影响。

4）根据需求加注燃油。在城市短途通勤时，加注的燃油量可以适当减少以减轻质量，且应尽量提前对动力电池进行充电，以保持其电量水平。

5）避免将车辆停在温度极低（约-30 ℃）的环境中，否则动力电池将会有失效、寿命缩短的风险。

4.3.3　充电安全

电池充电方式不正确，忽视通用的安全防护规定，使用不合适或损坏的插座和充电电缆，通过不合适的电气装置进行充电，以及高电压蓄电池处置不当，都可能导致短路、触电、爆炸、着火、严重烧伤和伤害乃至死亡。

接地说明：充电设备必须接地良好，如果充电设备出现故障或者损坏时，接地线以提供最小阻抗电路放电从而减小触电的危险。设备装有设备接地点与供电插头接地点相连的接地线。插头必须与安装正确且接地良好的电源插座互配。

整车未解锁时请勿强行开启充电口。充电枪具备防盗功能，可在多媒体上设置该功能的开启和关闭。当选择开启后，防盗功能和整车同步闭锁和解锁，在整车闭锁的情况下，充电枪无法拔出，强行拔枪会导致车辆损坏。

建议使用汽车制造商提供的电动汽车专用充电设备充电，请不要使用不明或未经专业人员检测的插头或电气系统进行充电。即使是很低的充电电流，也可能在插座或电气装置状况不佳的情况下导致其严重损坏，尤其是可能导致失火。使用充电设备时要注意如下事项：严禁对充电设备进行改装、拆卸或修理；严禁使用外加的电线或者适配器/转接器；严禁手上沾有水时接触插头；严禁触摸充电插头插针和电动车充电插座插孔；必须在额定电压下充电；严禁在三相插头线变软以及充电枪电缆磨损、绝缘层破裂或者其他任何损坏的情况下使用该设备；严禁在防护包装或者电动车充电口断开、破裂、打开或者表露出有任何损坏状况的情况下使用该设备；严禁让未成年人触摸或使用该设备；充电设备最高使用环境温度为50 ℃，在环境温度超过此温度时充电可能会带来危险；禁止跌落，严禁直接拉扯线缆移动此设备，搬动时需轻拿轻放，请将设备存放在阴凉处；下雨时充电，请注意对充电装置的保护，避免进水。当充电失败或有异常时请立即停止充电，并联系专业人士进行检查。充电时不要在汽车里逗留，不要打开并靠近车辆的任何一个电气舱门。

请选择在相对较安全的环境下充电（如避免有液体、火源等环境）。请勿修改或者拆卸充电设备及相关端口，以免导致充电故障，引起火灾。充电前请确保车辆、供电设备和充电设备的充电端口内没有水、外来物，金属端子没有因生锈或腐蚀而造成破坏、影响，因为不正常的端子连接可能导致短路或电击，威胁生命安全。如果在充电时发现车里散发出异常的气味或烟雾，请立即停止充电。车辆正在充电时，请勿接触充电端口；当有雷雨天气时，请勿给车辆充电或触摸车辆，以免闪电击中车辆导致充电设备损坏，引起人身伤害。充电结束后，请勿使用湿手或站在水里断开充电设备，否则可能引起电击，造成人身伤害。车辆行驶前请确保充电设备从车辆充电口断开。充电时严禁在车内使用医学设备。

家用交流充电是使用车辆配备的交流充电设备进行充电的，推荐使用 220 V、50 Hz、10 A 的专用交流电路和电源插座。专用电路是为了避免线路破坏或者由于给动力电池充电时的大功率导致线路跳闸保护，如果没有使用专用线路，可能影响线路上其他设备的正常工作。为了避免对充电设备造成破坏，请勿在充电口盖打开的状态下关闭充电口盖板；请勿用力拉扯或者扭转充电电缆；请勿撞击充电设备；请勿把充电设备放在靠近加热器或有其他热源的地方。当外部电网断电后再次供电时，充电设备会自动重新起动充电，不用重新连接充电设备。

充电时，建议将车辆停放在通风处，且不建议人员停留在车辆内。充电时电源挡位需处于"OFF"挡，不建议充电时将电源置为"ACC""ON"或"OK"挡。充电时，副仪表台下的高压配电箱处于工作状态，此时会发出几次继电器吸合的"咔哒"声；后行李舱的车载充电设备也是处于工作状态，冷却风扇工作时会有"嗡嗡"声，均属正常状态。当动力电池电量充满后，系统会自动停止充电。停止充电时应先断开车辆充电设备的插头，再断开电源端供电插头。

起动车辆前请确保充电设备已经断开、充电口盖和充电口盖板已经关闭，因为充电设备锁止机构没有完全锁止状态下，车辆可能会上"ON"挡；充电口盖未关闭时，水或外来物质可能进入充电口端子，影响正常使用。当环境温度低于 0 ℃时，充电时间要比平常时间长。如果车辆长时间不使用，为了延长动力电池的使用寿命，建议每 3 个月充电 1 次。为方便使用，组合仪表上会提示预计充满电时间。

4.3.4 充电设备的使用

1. 充电前检查

确保充电设备没有刮破、生锈、破裂或充电口、电缆、控制盒、电线以及插头表面没有破损等异常情况；当插座表面有损坏、生锈、破裂或连接太松时请勿充电；当充电插头很脏或潮湿时，用干燥清洁的布擦拭，确保其干爽、干净。

2. 开始充电

用手紧握插头并将插头完全插紧到插座中，确认控制盒上的红色指示灯点亮。

打开汽车充电接口外部的盖子，再打开充电插头和充电插座的保护盖，确保充电插头和充电插座的端部没有障碍物。将充电插头插入充电插座直至听到轻响。充电设备自动运行，确认充电指示灯（绿色）一直会闪烁（闪烁时间间隔 0.5 s），充电完成后充电指示灯（绿色）停止闪烁，保持常亮。插合完成后，线上控制盒自动起动，接通充电，此时红灯长亮，绿灯闪烁。电池充满后，线上控制盒自动停止工作，此时红灯和绿灯都保持长亮。

3. 停止充电

确保停止充电后，按住锁止按钮，将充电插头从充电插座中拔出，拔出时不要拉扯电线。将充电口插座的保护盖盖住，然后盖好充电口外部盖板。充电完成后将充电设备放入专用充电包中。

4.3.5　充电方法

1. 家用单相交流充电

将三芯转七芯交流充电设备一端与家用220 V、50 Hz、10 A标准单相两极带接地插座相连，另外一端车辆插头与车辆交流充电口相连。家用充电器如图 4-14 所示，具体充电步骤如下：

1）电源挡位置为"OFF"挡；
2）整车解锁，打开交流充电口盖；
3）连接供电端三芯插头，充电连接装置上的指示灯（红色）处于长亮状态；
4）连接车辆端充电插头，组合仪表点亮充电连接指示灯；
5）充电过程中，组合仪表显示相关充电参数，同时显示充电动画，且绿色指示灯间歇性闪烁；
6）绿色指示灯长亮，表示充电完成，可按下开关，拔出车辆插头；
7）断开供电三芯插头；
8）整理充电设备，妥善放置；
9）关闭交流充电口盖，关闭充电口盖板；
10）充电结束。

图4-14　家用充电器

2. 壁挂式充电盒单相交流充电

通过壁挂式充电盒（见图4-15）自带的车辆插头与充电口（车辆插座）相连，实现交流充电，具体充电步骤如下：

1）电源挡位置为"OFF"挡；

2）整车解锁，打开交流充电口盖；

3）连接壁挂式充电盒自带的车辆插头；

4）按充电盒开始按键，起动充电；

5）充电盒点亮"电源"指示灯，同时"充电"指示灯闪烁；

6）组合仪表点亮充电连接指示灯；

7）充电过程中，组合仪表显示相关充电参数，同时显示充电动画，且绿色指示灯间歇性闪烁；

8）绿色指示灯长亮，表示充电完成，可按充电盒停止按键随时结束充电，充电完成后充电盒会自动结束充电；

9）按下开关，拔出车辆插头，重新插到充电盒上；

10）关闭交流充电口盖，关闭充电口盖板；

11）充电结束。

图 4-15　壁挂式充电盒

3. 充电桩单相交流充电

通过三芯转七芯交流充电设备将车辆与交流充电桩（见图 4-16）相连，实现交流充电。

1）电源挡位置为"OFF"挡；

2）打开交流充电口盖；

3）连接车辆端车辆插头；

4）充电桩设置（如刷卡）起动充电；

5）连接充电桩端供电插头，控制盒点亮"READY"指示灯，同时"CHARGER"指示灯闪烁；

6）组合仪表点亮充电连接指示灯；

7）充电过程中，组合仪表显示相关充电参数，同时显示充电动画；

8）可在交流充电桩随时设置结束充电，充电完成后交流充电桩会自动结束充电；

9）按下开关，拔出车辆插头；

10）按下开关，拔出充电桩端供电插头；

11）整理充电设备，并妥善放置；

12）关闭交流充电口盖，关闭充电口盖板；

13）充电结束。

图4-16 交流充电桩

4.3.6 放电安全

部分车型拥有车外放电功能，可通过车外设备同时对用电器设备放电。车外放电通过 VTOL 的转接设备充电口实现，尽量在 SOC 较高时使用放电功能。整车在使用 VTOL 对外放电时，可能因电量低无法起动车辆，此时仪表能耗将有所增加。"OFF"挡下长期接放电枪而不输出的话，静态功耗较大，故建议用户在不用设备时拔下插头。车辆前舱盖未关闭或仪表有燃油报警、机油压力报警、冷却液报警等信息时，可能会导致内燃机起动异常或放电功能异常。

严禁在防护包装或者电动车放电口断开、破裂、打开或者表露处有任何损坏状况的情况下使用放电设备。严禁让未成年人触摸或使用放电设备，在使用时不要让未成年人靠近。当放电有异常时请立即停止使用放电设备。严禁手上沾有水接触插头。严禁触摸放电插头、插针和电动车放电插座插孔。严禁在三相插头线变软以及放电枪电缆磨损、绝缘层破裂或者其他任何损坏的情况下使用放电设备。严禁使用山寨产品。使用放电功能时，医疗或保健电子仪器应慎用。

4.3.7　放电设备的使用

1. 放电前检查

确保放电设备没有刮破、生锈、破裂或枪口、电缆、插座以及电线表面没有破损等异常情况。如果插座表面有损伤、生锈、破裂或接触不实时，严禁放电。当放电插头很脏或潮湿时请先断电，用干燥清洁的布擦拭，确保其干爽、干净。

2. 开始放电

电源挡位置为"OFF"挡；整车解锁，打开交流充电口盖；设置放电功能；将放电插头插入电动车放电插座直到听到一声轻响。按下放电插座上开关按钮，插座指示灯常亮（红色），表示插座可以使用。

3. 停止放电

按下开关按钮，插座指示灯熄灭，把插座上的插头拔下。按住锁止按钮，将放电插头从放电插座中拔出。将放电口插座的保护盖盖住，然后盖好电动车放电口外部盖子。放电完成后将放电设备放入专用放电包中。

4.3.8　动力电池的使用

插电式混合动力电动汽车的主要动力源之一是动力电池，可进行多次反复充电。通过外接电源给动力电池进行充电的主要方式为家用单相交流充电和充电桩单相交流充电，车辆在制动、滑行或内燃机开启时，亦可通过电机为动力电池充电。

对新车而言，在动力电池状态正常的情况下，由于驾驶习惯（如频繁加减速）、路况（如上大长坡）、气温（如低温）和用电设备（如空调）开启与否等不同，插电式混合动力电动汽车的纯电续驶里程也不同。动力电池属于一种特殊的化学产品，它需要正确使用和保养，日常的满充满放操作对其性能维护十分关键。同时，由于化学特性所致，动力电池容量存在自然衰减这一现象。因此，对于已使用一段时间的车辆，其纯电续驶里程会有所减少。当发现车辆纯电续驶里程有所减少时，建议联系专业人士进行检查。若检查得出电池的一致性处于正常范围之内，则是电池容量的正常衰减所致。

为了使动力电池处于最佳状态，请定期使用充电设备为动力电池充满电（建议每周至少一次满充）。长期存放不使用车辆时，请务必先充电至100%，然后再放电至40% ~ 60%。如果存放时间超过3个月，必须要对动力电池进行充电，否则可能会引起动力电池过放电，降低动力电池性能。

4.4　混合动力电动汽车的保养

4.4.1　车辆的存放

如果车辆需要长期存放，应做好适当的准备，以防止车况恶化，并易于重新起动车辆。

存放车辆时要注意以下事项：尽量将车辆停放在室内；添加燃油；更换内燃机机油及滤清器；彻底清洗、干燥车身外表；清扫车辆内部，确保地毯、脚垫等完全干燥；将变速器设置在驻车挡；挡住后车轮；将前刮水器刮臂用折叠的毛巾或布片垫起，使其不与风窗玻璃接触；为减少粘黏，应在所有车门及行李箱密封处喷上硅酮润滑剂，并且在车门及行李箱密封条相接触的油漆表面涂上车身蜡；使用由棉布之类的多孔材料制成的透气覆盖物覆盖车身，若塑料布之类的无孔材料会积聚水气，损坏车身表面漆；车门玻璃、车门、引擎盖及行李箱盖需关闭到位。为了使车辆在运输或存放过程中保证动力池性能和起动电池的正常供电，在运输或存放前，建议车辆 SOC 值为 40% ~ 60%。

4.4.2　外饰保养

经常洗车，有助于保护车辆的外观。洗车时应在阴凉处进行，不要在阳光直射下进行。如果车辆长时间置于阳光下，需等待车身外表冷却后再进行清洗。洗车前必须关闭起动开关。

1. 车身

用大量的水从上到下冲洗车身、轮室和车辆底部，以去除污物和灰尘。使用海绵或软布（如麂皮布）擦洗车身。对于难以清除的痕迹，使用洗车剂清洗后用水彻底冲净，并将水擦净。防水涂层老化后，应给车辆打蜡，定期打蜡能够保护车身漆面，保持车身光洁。为了有效保护车身漆面，建议每年上一次优质硬蜡，以保护漆面不受外界不良环境的侵蚀，并能抵御轻度机械刮擦。一定要在整车外表擦干之后再进行打蜡作业，打蜡时应选用优质漆面保护蜡。优质蜡一般有以下两类产品：车身蜡（用以保护漆面免受阳光暴晒、空气污染等外部不良环境损坏的蜡，一般用于新车），抛光蜡可以使已经被氧化或者失去光泽的漆面恢复光泽，禁止在沙尘环境下抛光。如果在干净的车身表面上无法形成水珠，则在车身冷却后打蜡。

对于自动洗车，在洗车前应折叠后视镜，从车辆前部开始冲洗。驾驶前确保将后视镜展开。注意自动洗车用的刷子可能划伤车辆表面并损伤车漆。对于高压洗车请勿让洗车用的喷嘴距车窗太近，亦请勿使喷嘴靠近防尘套（橡胶或树脂材质护盖）、连接器或牵引相关零件（如转向零件、悬架零件、制动零件），以免造成损坏。洗车前，检查并确认车辆的燃油加注口盖已正确关闭。

带智能进入和起动系统的车辆，在洗车时如果电子钥匙处于有效范围内且车门把手变湿，则车门可能会反复锁止和解锁。在此情况下，可按照以下应对措施清洗车辆：洗车时，将钥匙放置在距车辆 2 m 或更远的位置（应小心，确保钥匙不会被盗），并将电子钥匙设定为电池节电模式以禁用智能进入和起动系统。

清洗时的注意事项：从风窗玻璃上提起刮水器臂时，先提起驾驶员侧刮水器臂，然后再提起乘员侧刮水器臂；将刮水器放回原位时，应先从乘员侧开始；清洗外车灯时应小心，请勿使用有机物或硬刷清洗，否则可能损坏车灯表面；请勿在车灯表面打蜡，车蜡可能损坏透镜；清洗车辆时请勿用水冲洗内燃机舱内部，否则可能导致电气部件等起火；废气会使排气管变得很烫，因此清洗车辆时，在排气管未充分冷却前不要触摸，否则可能导致烫伤。

2. 车窗与后视镜

用含酒精的玻璃清洁剂清洁风窗玻璃和后视镜，然后用干净的不起毛软布或羚羊皮擦干玻璃表面。不得用擦过漆面的羚羊皮擦拭车窗和车外后视镜的玻璃，否则羚羊皮上残留的蜡会使玻璃表面模糊。若玻璃上有残留的橡胶、油脂和硅胶类物质，必须用专用的车窗清洁剂或硅胶清洁剂加以清除。在对车身表面进行养护后，残留在玻璃上的蜡，应使用专用清洁剂和清洁布加以清除，以免刮伤刮水器片。

清洁车窗时需抬起刮水器，抬起刮水器臂时，请用手抓住硬支架，不要抓柔软的刮水器片；放下刮水器臂时应小心，防止瞬间掉落击打风窗玻璃；及时更换损坏的刮水器片；新的刮水器片表面涂有一层石墨，可使刮水平顺、不产生刮擦噪声，石墨层破损会导致刮水器刮擦噪声加大，应及时进行修理；含溶剂的清洗剂、硬海绵及尖利器均会对石墨层造成损伤；冬天或寒冷条件下，在使用刮水器前务必检查刮水器片是否与风窗玻璃冻结在一起，若是，先进行除冰处理，否则会造成刮水器片和刮水器电机的损坏。

3. 刮水器

(1) 保养指南

晴天使用刮水器除去风窗玻璃表面的灰尘时，一定要喷洒玻璃清洗液，不能干刮。

玻璃上有其他顽固、坚硬的污物，应该用手工清理。这些东西很容易使刮水器片受伤，导致刮水器刮不干净，甚至影响刮水器电机。

洗车和日常打扫需抬起刮水器片时，要执拿刮水器片的"脊背"，放时轻轻送回，不可"啪"地一下将刮水器片弹回。

冬季使用时，应先用冰铲清理风窗玻璃表面的冰碴，以免加重刮水器的负担。

在大雨将视线模糊时，如果没有一副尽职尽责的雨刷将讨厌的雨水刮净，那后果可想而知。因此，为了彻底保障行车安全，必须重视雨刷的保养。

要正确清洗雨刷：特别是沙粒，它是雨刷磨损的罪魁祸首。如果平时不注意清洁，会加剧雨刷的磨损。

尽量避免高温曝晒：夏日强烈的高温会损害雨刷的橡胶材质，长期下去会造成变形或失去弹性。

(2) 使用注意事项

1) 刮水器能发挥良好作用的关键是：橡胶的雨刮条能保持充足的湿润度。只有保持充足的湿润度，雨刮条才能有非常好的韧性，以保持和风窗玻璃接触的紧密性。

2) 刮水器，顾名思义，是用来刮水用的，不是用来刮"泥"用的。正确地使用刮水器，不仅能够延长刮水器的使用寿命，还能有效地保持良好的视线，更有利于行车安全。

3) 湿布擦完车窗上的灰尘后，需再喷玻璃清洗液刮一次。因为玻璃清洗液具有良好的挥发性，能很快让窗面达到干燥，从而避免潮湿的玻璃吸灰起泥。

4）有车库的车主，应该养成每晚回车库收车时，清理干净前窗的习惯。尤其是从雨中回来，积在前窗上的水滴，第二天早晨干成水渍后，再掺和其中吸附的灰尘，是很难单靠刮水器刮干净的。如果头天晚上，乘着湿润的刮水器，把前窗刮干净。第二天早晨，就能很轻松、很干净地开车上路了。

5）开车途中，掉小雨点时，如果雨点积得很慢，不影响视线，最好是等前窗上雨点积的更多再开启刮水器，或者喷玻璃清洗液后再开始刮，以保证前窗上有足够的水分来湿润刮水器。

6）刮水器最好使用第二挡，连续地来回刮。有些驾驶员习惯在小雨时使用间歇模式，这样不太合理，因为刮水器不仅仅用于防雨，还用于防前车溅起的泥水。这种情况采用间歇模式很容易把前窗刮成泥渍的花纹，严重影响视线。

7）路上雨停了，不要急于关闭刮水器。如果前窗溅满了前车带起的泥水，再匆忙地开刮水器，这时容易影响视线。

4. 车轮

铝制车轮应及时用中性洗涤剂去除所有污物。请勿使用硬刷或研磨性清洁剂清洗车轮。请勿使用强力或烈性化学清洁剂。应使用与漆面所用相同的中性洗涤剂和车蜡。车轮很热时（如在炎热天气下长距离行驶后），请勿使用洗涤剂清洗车轮。用洗涤剂清洗车轮后，应立即冲洗干净。必须使用无酸清洁剂清洗合金车轮。禁止用车辆抛光剂或其他研磨剂处理车轮表面。对于表面防护层损坏的车轮，必须及时进行修复。使用高压清洗器可能会对车轮造成永久性可见或不可见损伤，从而引发严重伤亡事故。禁止使用集束喷嘴喷洗轮胎。即使短时间的远距离清洗也可能对轮胎造成损伤，从而引发交通事故。

5. 外部塑料件

通常用清水以及软布、软刷清洗外部塑料件即可，若是无法清洗干净，可使用汽车制造商认可的不含溶剂的塑料件专用清洗剂。注意清洗塑料件时不得使用含溶剂的清洗材料，否则容易造成塑料件损坏。

6. 密封条

经常对车门、车窗等部位的橡胶密封条进行合适的防护，可保持其柔韧性，延长其使用寿命，还可提高汽车密封性，使车门易于打开，减轻关门的撞击声，在冬天也不易被冻结。对密封条进行养护操作时，一般使用软布清除表面灰尘和污垢，并定期使用专用的防护剂涂覆橡胶密封条。需要注意的是，使用不合适的养护剂可能会导致密封件损坏。

密封条的养护操作：完全打开天窗、车门、行李箱盖，用柔软、不起毛的清洁布和大量清水除去橡胶密封件上的尘土和污物。必要时还要除去密封件支撑部位表面油漆上的尘土和污物。让橡胶密封件充分干燥。对已干燥的橡胶密封条，可使用汽车制造商认证的养护物来处理。

7. 防止油漆老化、车身和部件腐蚀

在下列情况下，应立即清洗车辆：在海边行驶后；在盐碱路面上行驶后；漆面附有煤焦油或树脂；漆面落有死昆虫、虫粪或鸟粪；车辆在受煤灰、油烟、矿尘、铁粉或化学物质污染的地区行驶后；车辆严重积尘或积泥；苯和汽油之类的液体溅到漆面上。

如果车漆剥落或划伤，请立即修复。

为防止车轮腐蚀，存放车轮时，应去除所有污物并存放于低湿环境中。

当车身有沥青等污物时，需用专用的清洁剂清洗，然后用清水冲洗，以免损坏车身表面光洁度。在擦干车身的同时要检查车身有无掉漆和划痕。如有发现，应咨询专业人士进行修补。

8. 其他注意事项

车身漆面的强度足以承受自动洗车机的冲洗，但必须注意洗车机的结构、所用的清洁剂、清水的过滤状态、蜡溶剂的类型是否符合规定要求，否则可能对漆面造成损伤。洗车后因制动器受潮，甚至结冰，制动效率会有所降低。洗车后应尽量避免紧急制动，以免造成交通意外。

使用蒸汽清洗器或高压清洗器清洗车辆时，务必按照蒸汽清洗器或高压清洗器的使用说明和要求进行清洗，需注意工作压力、温度和喷洗距离，应保持与车辆有足够的喷水距离，且温度不可高于 60 ℃。若车辆配备有电动天窗，清洗时，一般应保持喷水距离在 80 cm 以上。若高压清洗器距离车辆较近，或使用过高的压力或温度，可能会造成车辆受损。切勿长时间用高压清洗器对着雷达传感器或泊车摄像头清洗；清洗雷达传感器或泊车摄像头时，应保持喷水距离在 30 cm 以上。

4.4.3 内饰保养

1. 车辆内饰的保护

使用真空吸尘器清除污物和灰尘。将布用微温的水浸湿后擦洗脏污的表面。如果不能去除污物，则用稀释浓度约为 1% 的中性清洁剂进行清除。

2. 清洁剂的选用

请勿使用以下类型的清洁剂，否则可能使车辆内饰褪色或导致漆面产生斑纹或损坏：对于非座椅部位不能使用苯或汽油等有机物、碱性或酸性溶液、染色剂和漂白剂；对于座椅则不能使用碱性或酸性溶液，如稀释剂、苯和酒精；请勿使用抛光蜡或抛光清洁剂，否则可能损坏仪表盘或其他内饰零件的漆面。

3. 仪表和塑料件的清洁

用干净软布和清水对仪表和塑料件表面进行清洁。若不能清洁干净，则需使用专用的不含溶剂的塑料清洗剂进行清洗，否则有可能使表面疏松，触发安全气囊，导致乘员严重受伤。对于仪表盘，请勿使用抛光蜡或抛光清洁剂。否则，风窗玻璃可能对仪表盘形成反射，妨碍驾驶员的视野并引发事故，从而导致严重伤害甚至死亡。

4. 软垫和织物饰面的清洁

应定期用吸尘器清吸软垫、织物饰面和地毯底板垫，由此去除表面黏附的污物，防止其在使用中被揉进织物里面。请勿使用蒸汽清洁机，因为蒸汽会使污物进入织物更深并固化。定期用洗涤剂洗刷，保持地毯的清洁。注意严格遵照清洁剂的使用说明进行清洁操作。

对于普通保洁，建议一般用柔软的海绵或常用的、不起毛的细纤维布清洁。刷子只允许用来清洁地毯底板垫和脚垫，因为其他的织物表面都可能会因使用刷子清洁而受到损坏。如果表面只是一般性的脏污，则可以用常用的泡沫清洁剂处理，用柔软的海绵把泡沫分布在织物表面并轻轻地涂擦，但是要避免织物湿透，然后用吸水性较好的干燥清洁布（如细纤维布）把泡沫擦净，待完全干燥后再用吸尘器处理。

对于污斑，要清洁的或许不仅只是逐个污斑，而是整个表面，尤其是留有常见的使用痕迹的部位。请勿只对污斑进行点处理，否则可能会导致处理过的表面比未处理的颜色浅。对饮料（如咖啡、果汁等）造成的污斑可以用高级洗涤溶剂处理。用海绵蘸洗涤溶剂涂擦污斑，如果不易清除，可以直接在污斑处涂擦一块洗涤膏，然后需要用清水进行后处理，去除洗涤剂残渍。方法是用一块打湿的清洁布或海绵蘸水抹擦，然后用吸水性较好的干清洁布擦净。巧克力或化妆品造成的污斑用一块洗涤膏（如牛胆汁皂）涂擦，然后用一块打湿的海绵去除洗涤膏。对油脂、油液、口红或圆珠笔痕迹可用中性肥皂粉清洗，必要时加上牛胆汁皂处理。溶解的油脂或颜料成分必须用吸水性好的材料吸走。需要用水进行后续处理时，不得使垫子湿透。

需要注意的是，厚重的污斑应请专业人士去除，以免造成损坏。含有溶剂的清洁剂会腐蚀材料并可能将其损坏。进入皮革毛孔、褶皱和拼缝中的灰尘及污物颗粒会磨损、损坏皮革表面。开着的尼龙搭扣可能会导致软垫和织物饰面损坏，因此要扣好所有可能与软垫或织物饰面发生接触的尼龙搭扣。棱角尖利的物品、衣服和腰带上的镶嵌饰件（如拉链、铆钉、人造钻石等）可能会损坏软垫和织物饰面。

5. 皮革的清洁

对天然皮革需要加以特别的关注和养护，方法如下。

使用真空吸尘器清除污物和灰尘；将软布用稀释后的洗涤剂（稀释浓度约为 5% 的中性羊毛洗涤剂水溶液）浸湿后擦去残留的污物和灰尘；将湿布拧干，并彻底擦净残留的洗涤剂；用干的软布擦去表面残留的水分；然后使皮革在阴凉通风处晾干；每年至少清洁 2 次车辆内饰以保持其品质。切勿将浸有洗涤剂的软布长时间放置在任何内饰部位，以免引起内饰编织物的树脂或纤维褪色、断裂。

对于厚重污物，可把抹布先在中性的肥皂溶液（2 汤匙中性肥皂粉溶于 1 L 水）中浸透后拧干来进行清洁，清洁时要留意防止水浸透皮革的任何部位，也不要让水进入接缝处的针孔内。

对于特殊污斑，如果是新洒上的水质污斑（如咖啡、茶、果汁、血等），可用吸水性较好的保洁布或纸巾清除；如污斑已干，请使用合适的清洁剂。新洒上的油质污斑（如黄油、色拉油、巧克力等）如果还没有浸入皮革表面，可以用吸水性较好的抹布、纸巾或合适的清洁剂清除；对已干的油质污斑请用除油喷剂处理。对特殊污斑（如圆珠笔、记号笔、指甲油、乳胶漆、鞋油等），请用皮革专用的污斑清除剂处理。

由于汽车所用皮革类型的专用性和天然特性（如对机油、油脂、污渍等的敏感性），在使用和养护汽车皮革时必须周到细致。例如，深色的（特别是潮湿且染色有问题的）服装面料会将其颜色染到皮座椅上。进入皮革毛孔、褶皱和拼缝中的灰尘及污物颗粒会磨损、损坏皮革表面。因此，应定期或根据皮革的使用情况加以养护。使用较长一段时间后，皮座椅会出现一种独特的铜绿色，这是天然皮革制品的特性，是真皮品质的标志。

为了使天然皮革在整个使用寿命中保持其天然材料的价值，需定期清洁，每次清洗后请使用具有防光照和浸渍功能的养护油。养护油可滋养皮革，使其柔韧透气且恢复水分，同时还能在其表面建立一道保护层。每 2 ~ 3 个月清洁 1 次皮革，及时除去新的污渍。要尽快清除圆珠笔、墨水、口红、鞋油等留下的新污斑。还要对皮革颜色加以养护，根据需要在有色差的部位涂上专用的彩色皮革油。

绝不允许用溶剂（如汽油、松脂精、地板蜡、鞋油、污斑清除剂和类似物品）处理皮革。请让专业人员去除厚重的污斑，以免造成损坏。进入皮革毛孔、褶皱和拼缝中的灰尘及污物颗粒会磨损、损坏皮革表面。棱角尖利的物品、衣服和腰带上的镶嵌饰件（如拉链、铆钉、人造钻石等）可能会在皮革表面留下经久不去的划伤或刮痕。要及时用吸水性较好的毛巾吸去洒上的液体，因为皮革无法长时间防水。如果较长时间地将汽车停放在露天，应保护皮革不受阳光直射，以免褪色。使用时引起轻度的变色是正常的。

为避免皮革表面损坏和老化，请遵守下列注意事项：及时擦除皮革表面的灰尘或污物；请勿使车辆长时间暴露在直射阳光下；请将车辆停放在荫凉处，尤其是夏季；请勿将聚乙烯、塑料制品或蜡质物品放置在皮革饰件上，因为当车内温度大幅度升高时这些物品可能会粘在皮革表面上。

6. 人造革的清洁

人造革的清洁步骤：1）使用真空吸尘器清除浮尘；2）使用海绵或软布蘸以中性清洁剂涂抹在人造革上；3）待清洁剂浸润几分钟后，用干净的湿布擦去污物和清洁剂。

7. Alcantara 材质的清洁

Alcantara 材质的清洁方法：清除灰尘和污物，可以用湿布擦拭座椅套。清除斑点，可以用温水或稀释的酒精沾湿布，自外向内擦拭、去除斑点。

8. 安全带的清洁与维护

将安全带慢慢拉出，并保持在拉出状态，然后使用软刷和中性肥皂水清除安全带的脏污。等待安全带完全干燥后，收卷安全带。

必须等待安全带完全干燥后，方可收卷安全带，否则可能对安全带卷收器造成损坏。需要定期对车内所有安全带进行检查，保证安全带的清洁，以免妨碍安全带正常工作。如出现安全带带基、连接装置、收卷机构或锁扣损坏，则必须尽快联系专业人士进行更换。事故车检修后必须更换安全带，无论其是否损伤。更换安全带时，必须使用型号与结构相同的新安全带进行更换。防止异物或液体进入安全带锁扣，以免使锁扣和安全带无法正常工作。任何情况下，都不能私自拆卸和改装安全带。不能使用化学清洗剂清洗安全带，以免造成安全带带基损坏，影响其功能。

9. 内饰其他部分的清洁

对于内侧车窗，请勿使用玻璃清洁剂清洁，否则可能损坏除雾器电热丝。将布用微温的水浸湿，轻轻沿着与电热丝平行的方向擦拭即可，小心不要擦伤或损坏电热丝。

在清洁内饰时，请勿将液体溅洒到车内，如地板上、混合动力蓄电池通风口和行李箱内，否则可能导致混合动力蓄电池、电气部件等发生故障或起火。请勿使车内的安全气囊及其相关部件或导线受潮，以免使安全气囊意外展开或功能失常，从而造成严重伤害甚至死亡。如果车辆地板上面或下面的电气部件（如音响系统）接触到水，则可能受到损坏，水还可能导致车身生锈。

有些储物盒和饮料罐托架的底部有一个可取出的橡胶衬垫。清洁储物盒、饮料罐托架和橡胶衬垫时，应用一块干净且不起毛的抹布用水蘸湿进行清洁。如果效果不好，请使用专用的无溶剂塑料清洁养护剂，若用含有溶剂的清洁剂会腐蚀材料并可能将其损坏。

4.4.4 日常保养注意事项

为确保驾驶安全性和经济性，日常维护和定期保养非常重要。请根据保养计划，按规定的间隔时间进行定期保养，汽车的使用说明书会对保养的时间间隔作出规定。定期保养的间隔时间，可按里程表读数或时间间隔而定，以先达到者为准。对于已超过最后间隔时间的保养项目，也应在同样的时间间隔内进行保养。

许多保养项目并不复杂，只要略懂一点机械常识并备有一些基本汽车工具，都可自行完成。需要注意的是，某些保养工作需要专用工具和专业技术，这些工作最好由合格的技术人员完成。保养不当可能对车辆造成严重损坏。

1. 需要使用的零件和工具

对混合动力电动汽车进行自行保养需要使用到以下零件和工具。

1）拆装 12 V 蓄电池：润滑脂，常规扳手（用于端子夹紧螺栓）。

2）补充内燃机、动力控制单元冷却液：乙烯乙二醇冷却液（采用长效混合有机酸技术制成且无硅酸盐、无胺、无亚硝酸盐、无硼酸盐）或汽车制造商指定的冷却液型号的冷却液，漏斗（仅用于添加冷却液）。

3）补充内燃机润滑油：汽车制造商指定使用的型号的润滑油，抹布或纸巾，漏斗（仅用于添加内燃机润滑油）。

4）更换保险丝：与原装件具有相同额定电流的保险丝。

5）更换灯泡：与原装件型号相同且具有相同额定功率的灯泡，十字头螺丝刀，平头螺丝刀，扳手。

6）调节轮胎气压：胎压表，压缩空气源。

7）补充喷洗液：含防冻剂的水或喷洗液（冬季使用），漏斗（仅用于添加水或喷洗液）。

2. 注意安全

在进行日常保养的时候必须做好安全措施，如果条件允许，请佩戴手套、护目镜进行操作，并在周围放置急救箱以备发生伤害时使用。

内燃机舱内有大量机械装置和油液，它们可能突然移动、变热或开始通电。在内燃机舱进行作业时，务必保证内燃机处于关闭状态。保持双手、衣服和工具远离转动的风扇和内燃机传动皮带。小心不要在驾驶后马上触摸内燃机、动力控制单元、散热器、排气歧管等，以免烫伤。机油和其他油液也可能很烫，因此请勿将诸如纸张和抹布之类的易燃物留在内燃机舱内。燃油挥发的气体是易燃物，因此请勿吸烟、引起火花或将明火暴露在燃油附近。处理制动液时务必小心，因为制动液可能伤害人的双手或眼睛并损伤漆面。如果制动液溅到手上或眼中，则应立即用清水冲洗接触部位。如果仍感不适，应就医。

汽车内燃机舱属于高危区域，谨防引发伤亡事故。若可见蒸汽或冷却液逸出内燃机舱，则切不可打开内燃机舱盖，谨防烫伤。待内燃机冷却，看不到蒸汽或冷却液时方可打开舱盖。务必按安全操作规程进行操作，切勿冒险。在内燃机舱内进行各种作业时均可能受伤，甚至引发火灾。不熟悉操作流程，无工具使用经验和不了解安全操作规定的人员不得在内燃机舱内作业，否则极易引发伤亡事故。若无把握，则必须由专业人士进行处理。关闭内燃机，打开驻车制动器，并将变速杆挂入"P"挡。儿童应远离汽车。在打开内燃机舱盖之前，务必让内燃机冷却。切勿触碰处于热态的内燃机部件，谨防烫伤。切勿将车用油液溅到热态内燃机及其尾气排放控制系统上，以免引发火灾。

避免电气系统短路，尤其须注意跨接电缆连接点，否则蓄电池可能爆炸。切勿触碰散热器风扇，因为其受温度控制，即使关闭内燃机，仍可能突然自动起动。内燃机处于热态时切不可打开冷却液补偿容器盖，因为冷却液处于热态时冷却系统处于高压状态。打开膨胀罐盖时应用一大块厚布包住，防止冷却液烫伤脸部、手和手臂。切勿将诸如清洗布和工具遗忘在内燃机舱内。若在车下作业，则更须谨慎，应采取合适的措施防止汽车溜车或用合适的支座支撑汽车。此种情况不宜用随车千斤顶支撑汽车，以免伤到车下操作人员。

若不得不在内燃机起动或运转时作业，则更为危险，务必时刻留意，谨防传动带、发电机、散热器风扇等旋转部件和高压点火系统伤害操作人员。同时，切勿触碰点火系统导线。千万注意，勿让首饰、宽松的服装、长发卷入内燃机旋转部件，否则可能引发致命事故。作业前务必取下首饰和领带，并包住头发，穿紧身服装。踏油门踏板时务必谨慎，须检查变速箱是否已挂入某个挡位，否则即使施加驻车制动，一旦踏油门踏板，汽车即可移动，势必引发伤亡事故。

电气装置的高电压可能导致电击、烧伤、受伤和死亡。切勿让电气装置短路，否则汽车蓄电池可能爆炸。为了降低触电和受伤的风险，在内燃机运行或起动过程中切勿触摸点火装置的电线。

若须对燃油系统或电气系统进行检修，切勿吸烟。需保证工作区域及附近无明火，及手头备有灭火器。

在电动冷却风扇或散热器格栅附近作业时，确保电源开关关闭。电源开关处于"ON"模式时，如果空调打开或冷却液温度很高，则电动冷却风扇可能自动开始运转，这将会造成人身伤害。

4.4.5　内燃机舱内的保养

在内燃机舱中进行任何作业前都务必先按规定顺序进行以下操作：

在一处平坦而坚实的地面上停车，关闭内燃机；打开驻车制动器，将变速杆挂入"P"挡，待内燃机冷却；让儿童远离汽车，打开内燃机舱盖，请确保汽车不会意外自行移动。

忽视以上对自身安全至关重要的操作可能会导致受伤。务必遵循以上的操作，并遵守通用的安全防护措施。

1. 打开内燃机盖

拉起内燃机盖锁定释放杆，内燃机盖将轻微向上弹起。内燃机盖锁定释放杆的位置如图4-17所示。

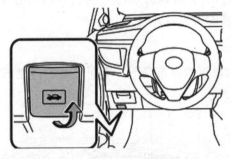

图4-17　内燃机盖锁定释放杆的位置

向上拉起辅助卡钩把手并提起内燃机盖，如图4-18所示。

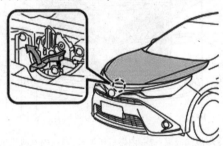

图4-18　提起内燃机盖

将支撑杆插入槽内，使内燃机盖保持打开状态，如图4-19所示。

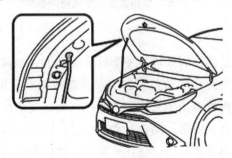

图4-19　使用支撑杆

在驾驶前，检查并确认内燃机盖已完全关闭并锁止。如果内燃机盖未正确锁止，则可能在车辆行驶过程中突然打开，从而挡住向前的视野，导致事故。

将支撑杆安装到槽内后，确保支撑杆牢固支撑内燃机盖，以防其掉落伤到头部或身体。

关闭内燃机盖前，请务必将支撑杆放回其卡子内。在支撑杆未卡紧的情况下关闭内燃机盖，可能导致内燃机盖弯曲。关闭内燃机盖后应检查一下内燃机盖是否正确关好，关好后的内燃机盖应与邻接车身齐平。关闭内燃机盖时须确保内燃机盖范围内无人。若行驶时发现内燃机盖未关严，则必须立即停车，关好内燃机盖，谨防引发事故。

为了避免损坏内燃机盖和风窗玻璃刮水器摆臂，只能在风窗玻璃刮水器已折叠的情况下打开内燃机盖。开始行驶前，务必将风窗玻璃刮水器摆臂重新翻回风窗玻璃上。

若可见蒸汽或冷却液逸出内燃机舱，则切不可打开内燃机舱盖，谨防烫伤。待内燃机冷却，看不到蒸汽或冷却液时方可打开舱盖。

2. 内燃机舱布局

图4-20为丰田雷凌内燃机舱内布局图。不同车型的内燃机舱布局会有所不同，此处仅供参考。

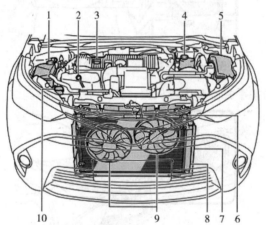

1—内燃机冷却液储液罐；2—内燃机机油尺；3—内燃机机油加注口盖；
4—动力控制单元冷却液储液罐；5—保险丝盒；6—动力控制单元冷却液散热器；
7—内燃机冷却液散热器；8—冷凝器；9—电动冷却风扇；10—喷洗液储液罐。

图4-20 丰田雷凌内燃机舱内布局

3. 内燃机舱的清洁

汽车出厂时内燃机舱已作防腐处理。冬季行驶条件下，经常在撒盐路面上行驶时，良好的防腐涂层非常重要。为防止防滑盐腐蚀汽车，撒盐期前后应彻底清洗整个内燃机舱。若用油脂清除剂清洗内燃机舱或由他人清洗内燃机，则防腐涂层通常会被洗掉，故清洗后必须对内燃机舱的所有表面、缝隙、结合处和部件进行防腐处理。

凡在内燃机舱内作业时务必谨慎，防止被刮伤、烫伤和引发伤亡及火灾事故。在内燃机舱内作业前请务必仔细阅读和遵守相关安全警告说明。打开内燃机舱盖前务必关闭内燃机，打开驻车制动器。务必待内燃机冷却后再清洗内燃机舱，否则可能导致伤害。清洗时注意勿被内燃机舱内和汽车上的金属锐边刮伤。

清洗内燃机时用水冲洗残留燃油、油脂和机油后产生的污水必须用油水分离器进行处理。

4. 补充机油

内燃机运转时，很多具有相对运动的零件表面都是在很小的间隙下作高速相对运动的，如活塞、活塞环与气缸壁面、曲轴主轴颈与主轴承、曲柄销与连杆轴承、凸轮轴颈与凸轮轴轴承、配气机构各运动副及传动齿轮副等。相对运动的零件表面必然会产生摩擦，导致内燃机的有效功率下降、零件工作表面的磨损增加，而且摩擦产生热可能将零件工作表面烧损，致使内燃机无法运转。因此，为保证内燃机正常工作，提高其使用寿命，必须对相对运动零件表面进行润滑。

汽车行驶期间将消耗一定量的内燃机机油。在下列情况下，机油消耗可能会增加，且机油保养间隔期间可能需要重新添加内燃机机油：使用新内燃机时，如购买新车或更换内燃机后立即使用；使用劣质或黏度不当的机油时；在高内燃机转速或重载下行驶时；频繁加速或减速行驶时；内燃机长时间怠速运转，或频繁驶过交通拥堵地段时。同时，由于高原行车时车辆的运行条件比较恶劣，内燃机工作温度升高，机油黏度变小，容易造成机油消耗增加。因此，长期在高原环境下行驶的车辆，建议每 5 000 km 检查内燃机机油。

仅在具有专业知识情况下，才可自行更换内燃机机油。每次在内燃机舱中进行作业之前，请阅读并遵守警告说明。更换内燃机机油前先让内燃机充分冷却，热机油有烫伤的危险。要佩戴防护眼镜，否则洒出的机油可能会对眼睛造成伤害。应使用一个足够大的容器容纳废弃机油。当用手旋出放油螺栓时，手臂要保持水平，以使流出的机油不会顺着手臂往下流。机油有毒，废机油在按规定回收之前要妥善保存，以确保儿童和未经许可的人员无法触及。在任何情况下都不允许将废弃机油直接排入下水道或留存在地面上。

检查机油油位：须在内燃机处于工作温度且已关闭的情况下，用机油尺检查机油油位，检查时可将车辆停放在水平地面上。内燃机暖机并关闭后需等待 5 min 以上，以使机油回流到内燃机底部。在机油尺端部下方放一块抹布，拉出机油尺。将机油尺擦净后再重新完全插入，然后拉出机油尺并检查油位。根据车辆或内燃机类型，机油尺的形状可能有所不同。判断机油液位示意如图 4-21 所示。

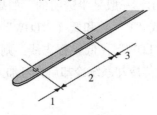

1—低油位；2—正常油位；3—过高油位。

图 4-21　判断机油液位示意

添加内燃机机油：如果机油油位低于或接近低油位标记，则应添加与内燃机内现有机油类型相同的机油。添加机油前，检查机油类型并准备好所需物品。不同型号的内燃机使用的机油型号和机油用量会有所不同，必要时请查阅汽车使用说明书来正确添加机油，使用错误的机油型号和机油用量有可能会损坏内燃机。加注机油前，逆时针转动机油加注口盖以将其拆下。缓慢添加内燃机机油并检查机油尺。加注完成后，顺时针转动机油加注口盖以将其安装，并确保正确拧紧。小心不要让内燃机机油溅到车辆部件上。避免过量加注，否则会损坏内燃机。每次给车辆加注机油时，都应用机油尺检查油位。机油液位不得超过"MAX"上限，否则会有损坏废气净化装置的危险。

废机油：废机油中含有具有潜在危害性的物质，可能会引起皮炎和皮肤癌等皮肤疾病，因此应避免长时间或频繁接触这类机油。要用肥皂和清水彻底清洗粘在皮肤上的废机油。必须以安全且符合环境法规的方式处理废机油和滤清器。请勿将废机油和滤清器弃置于生活垃圾、下水道中或地面上。请将废机油放在儿童触及不到的地方。

5. 补充冷却液

内燃机在工作过程中，燃烧室燃烧的温度可高达 1 973 ~ 2 773 K (1 700 ~ 2 500 ℃)，直接与高温气体接触的机件（如气缸壁、缸盖、气门、活塞等）如不采取适当的冷却措施，则过高的温度将使金属材料的强度显著下降，运动件将可能因热膨胀而破坏正常的配合间隙，润滑油也将因高温导致变质或黏度下降，使内燃机零件之间不能保持正常的油膜而导致零件卡死或加剧磨损。因此，对内燃机必须加以适度冷却。若冷却过度，不仅浪费了热量，而且还会引起一些不良后果：缸壁温度过低会使可燃混合气不能很好地形成和燃烧，燃油消耗量增加；润滑油在低温时黏度增高，零件运动的阻力增加，输出功率下降；润滑油在低温时不能形成良好的润滑油膜，使摩擦损失加大；增加气缸的腐蚀磨损。对于混合动力系统的动力控制单元，温度过高将会使电气元件失效或绝缘层熔化，从而导致漏电影响人身安全。

车辆出厂时，冷却系统已加注冷却液，防冻能力为-35 ℃，除极端严寒气候，该冷却液全年均可使用，不仅可以在低温环境中提供防冻保护，而且可以保护冷却系统中的所有轻合金零部件防止腐蚀，还可以防止沉积物并显著提高冷却液沸点。因此，冷却液的浓度即使在温暖季节或地区也不可以因为补水而降低。若在严寒季节需提高冷却液的防冻能力，可适当提高冷却液添加剂的比例，但冷却液浓度切不可超过65%，否则会降低冷却液的防冻能力，削弱冷却效果。

冷却液储液罐如图4-22所示，一般是半透明的。如果混合动力系统冷机时储液罐中的冷却液液位在满（"FULL"或"F"）和低（"LOW"或"L"）标志线之间，则冷却液液位正常。如果液位未超过"LOW"（低）标志线，则添加冷却液至满（FULL）标志线。如冷却液损耗较多，则必须待冷却系统冷却后方可加入冷态冷却液，否则，可能损坏相应的冷却部件。

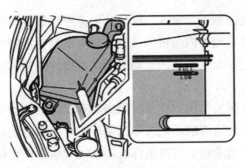

图4-22 冷却液储液罐

混合动力系统很热时请勿拆下内燃机或动力控制单元冷却液储液罐盖，因为冷却系统内部可能存在压力，如果拆下储液罐盖，则可能喷出滚烫的冷却液。请勿触摸散热器或冷凝器，以免烫伤。冷却液既不是纯水，也不是未稀释的防冻剂。必须按正确的比例混合水和防冻剂，以确保润滑、防腐和冷却性能正常。只可加注新的冷却液，排放过的冷却液不可重复使用，请务必阅读防冻剂或冷却液的标签说明。如果冷却液溅出请务必用水清洗以防损坏零件或车漆。冷却液中不得加入任何其他类型的添加剂，否则将大大降低其防腐能力，导致冷却液系统腐蚀、冷却液流失、严重损坏内燃机。

冷却液必须装在原装容器内，切勿让儿童接触，放出的废冷却液也应如此处理。切勿将冷却液装在盛放食物的容器或其他非原装容器内，以免混淆，误食中毒。严寒气候条件下为确保冷却液防冻能力，应根据环境温度加入规定浓度的冷却液，否则冷却液可能冻结，导致汽车抛锚。同时，采暖系统不工作，致使驾乘人员暴露在严寒之中，有受伤的风险。

如果补充冷却液后不久液位就下降，可以通过目视检查散热器、软管、内燃机或动力控制单元冷却液储液罐盖、放水开关以及水泵。如果未发现泄漏，请联系专业人士对盖进行检测并检查冷却系统有无泄漏。如冷却液大量损耗，表明冷却系统存在泄漏故障，此时应尽快联系专业人士检查冷却系统，以免损坏相应的冷却部件。

6. 补充制动液

液压制动系统利用制动液，将制动踏板力转换为液压力，通过管路传到车轮制动器，制动液用于车辆液压制动系统中传递动力，它随着时间流逝会吸收周围空气中的水分，若含水量过高会导致制动装置损坏。水会显著降低制动液的沸点，如果含水量过高，则在制动器负荷高和全制动时会在制动装置中形成气泡。气泡会降低制动效果、显著延长制动距离，甚至可能导致制动装置完全失灵。故必须按汽车制造商规定的周期检查制动液液位或更换制动液，如制动液在系统内存留时间过长，制动时系统管路内会产生气阻，降低制动效果，影响行驶安全性，甚至可能导致制动系统完全失效，引发事故。

车辆出厂时已加注优质制动液，除极端严寒气候，该制动液可在全年使用。购买制动液时，请核对制动液外包装上的规格是否适用本车。

当车辆处于冷态时，检查制动液液位是否处在储液罐侧面的标记范围内，"MAX"为制动液上限标记，"MIN"为制动液下限标记，制动液液位应位于上限标记与下限标记之间且接近上限标记。如液位低于"MIN"标记，则必须添加制动液。并非所有车型都可以准确读取制动液液位，这是因为内燃机部件会妨碍观察制动液容器内的液位。如果无法准确读取制动液液位，请让专业人员处理。因为制动摩擦片磨损和制动器自动调整，制动液液位在行驶模式下会略微下降。

制动液对车身漆面有腐蚀作用，应及时擦净溅到漆面上的制动液。必须按环境保护法规收集和处理废制动液。使用废制动液或不适用于本车的制动液将大大降低制动效果，甚至导致制动系统失效；制动液包装容器上标有制动液规格，任何情况均须使用规格正确的制动液；制动液属有毒物质，切勿将制动液装在盛放食物的容器内或其他非原装容器内，以免混淆，误食中毒；制动液必须装在原装密封容器内，并将容器置于安全场所，谨防儿童接触，引发中毒事故。

7. 补充喷洗液

风窗清洗器由前机舱内的喷洗液储液罐供应喷洗液。每次使用喷洗液前，若发现喷洗液液位过低，应及时向储液罐中添加喷洗液。纯水难以彻底洗净风窗，故必须在纯水中添加汽车制造商认可的洗涤液添加剂，请按添加剂外包装上规定的比例配制喷洗液。喷洗液储液罐如图 4-23 所示。

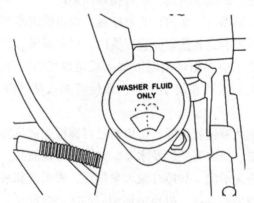

图 4-23　喷洗液储液罐

由于喷洗液含有酒精，如果溅到内燃机等上可能会导致起火，因此混合动力系统温度很高或工作时，请勿添加喷洗液。请勿使用肥皂水或内燃机防冻剂代替喷洗液，否则可能导致车辆漆面出现斑纹。必要时，可用水稀释喷洗液。请参考喷洗液储液瓶标签上标明的冻结温度。

风窗喷洗液内不得加入冷却液或其他任何添加剂。否则，清洗风窗时会在风窗上留下油渍，严重影响视野，极易引发事故。切勿将风窗洗涤液与其他清洗剂混合使用，否则可能导致洗涤液成分分解，堵塞风窗清洗器喷嘴。

8. 12 V 蓄电池保养

自然放电和某些电气设备的耗损效应，如果车辆长时间闲置，则 12 V 蓄电池电量可能耗尽且混合动力系统可能无法起动。混合动力系统工作时会自动对 12 V 蓄电池充电，也可使用外部电源对 12 V 蓄电池进行充电。

根据车辆及内燃机型号的不同，12 V 蓄电池的位置也会不同，可查阅车辆使用说明书或咨询专业人士来获知车辆 12 V 蓄电池的位置。

找到 12 V 蓄电池后，需确保 12 V 蓄电池端子无腐蚀、连接部位未松动、无裂纹且固定夹未松动。充电时，12 V 蓄电池所产生的氢气为易燃易爆气体。因此，如果对仍安装在车辆上的 12 V 蓄电池充电，请务必断开接地电缆。连接和断开 12 V 蓄电池的充电器电缆时，确保充电器上的电源开关已关闭。请勿断开车身侧的负极（-）端子，以免与正极（+）端子接触，从而造成短路并导致严重伤害甚至死亡。

拆下 12 V 蓄电池或 12 V 蓄电池电量耗尽时，ECU 中存储的信息将清除，且混合动力系统可能无法起动。如果挡位在"P"挡，12 V 蓄电池电量耗尽时，则无法换出"P"挡。此时，由于驻车锁锁止前轮，因此无法在未举升两个前轮的情况下拖拽车辆。重新连接 12 V 蓄电池时，起动混合动力系统，踩下制动踏板，并确认可换至各挡位。

对于带智能进入和起动系统的车辆，重新连接 12 V 蓄电池后，可能无法立即使用智能进入和起动系统解锁车门。如果发生此情况，请使用无线遥控或机械钥匙锁止／解锁车门。

对于丰田雷凌双擎版这一混合动力电动汽车，可在其电源开关处于 ACCESSORY 模式时起动混合动力系统。电源开关关闭时，混合动力系统可能无法起动。但是再次尝试时，混合动力系统将正常工作。其他混合动力车辆在重新连接 12 V 蓄电池后的操作可能会有所不同。

车辆将记录电源开关模式。如果重新连接 12 V 蓄电池，则车辆将使电源开关模式恢复至断开 12 V 蓄电池前的状态。断开 12 V 蓄电池前，确保关闭混合动力系统。如果电量耗尽前电源开关模式未知，则连接 12 V 蓄电池时要特别小心。

12 V 蓄电池中含有具有毒性和腐蚀性的硫酸并可能产生易燃易爆的氢气。为降低发生严重伤害甚至死亡的风险，处理 12 V 蓄电池或在其附近作业时，要遵守下列注意事项：请勿用工具接触 12 V 蓄电池端子，以免产生火花；请勿在 12 V 蓄电池附近吸烟或点燃火柴；避免接触眼睛、皮肤和衣服；切勿吸入或吞下电解液；在 12 V 蓄电池附近作业时，应佩戴安全护目镜；请勿让儿童靠近 12 V 蓄电池；应在开阔场所对 12 V 蓄电池充电；请勿在通风不良的车库或封闭的室内对 12 V 蓄电池充电；混合动力系统运行时，切勿对 12 V 蓄电池充电；充电时，务必关闭所有附件。如果 12 V 蓄电池老化，继续使用可能会导致 12 V 蓄电池发出恶臭气体，这可能危害乘员身体健康。

以下是有关电解液的应急措施：如果电解液溅入眼中，用清水冲洗眼睛至少 15 min，并立即就医。如果可能，在前往最近的医疗场所途中继续用蘸水的海绵或布清洗眼睛。如果电解液溅到皮肤上，要彻底清洗接触部位，如有灼烧疼痛感，应立即就医。如果电解液溅到衣服上可能会渗透衣服并沾到皮肤上，应立即脱下衣服并在必要时采取上述措施。如果不慎吞下电解液，应饮用大量水或牛奶，然后立即就医。

如果需要更换 12 V 蓄电池，请使用符合标准的 12 V 蓄电池。使用与之前安装的蓄电池盒尺寸相同且具有同等或更大容量（20 h 放电率）的 12 V 蓄电池。如果使用具有不同蓄电池盒尺寸的 12 V 蓄电池，则可能无法正确固定。如果使用较小容量（20 h 放电率）的 12 V 蓄电池，则即使车辆闲置时间很短，12 V 蓄电池电量也可能耗尽且混合动力系统可能无法起动。

更换 12 V 蓄电池后，若使用之前安装的 12 V 蓄电池的通风软管，请检查并确认其牢固插入车内孔中。可使用新 12 V 蓄电池的通风孔塞，也可使用之前安装的 12 V 蓄电池的通风孔塞（根据使用的 12 V 蓄电池确定，通风孔可能已塞紧）。通风孔塞和指示器闭合而压紧支架时，蓄电池电解液（硫酸）可能泄漏。如果通风管和通风孔塞安装不当，则气体（氢气）可能泄漏到车内，从而存在可能导致气体点燃和爆炸的危险。

4.4.6　动力蓄电池的保养

勿将车辆持续存放在温度高于 45 ℃ 的环境中超过 15 d，否则会影响车辆的使用性能和动力蓄电池的使用寿命。当发生严重事故，在事故处理完毕后，请联系汽车制造商授权的售后服务中心检查。如果由于事故导致车身受损，需要对钣金进行切割、焊接和喷漆作业时，为避免动力蓄电池损坏，请联系专业人士进行处理，并在卸除动力蓄电池之后进行相关作业。严禁非授权维修人员拆装动力蓄电池及相关部件。

4.4.7　轮胎的保养

轮胎作为车辆行驶时和地面唯一直接接触的部位，对行车安全有着举足轻重的影响。当轮胎使用不当时，会造成过度磨损使得其附着条件变差，导致制动距离延长、转向时车辆失控等安全问题。同时，若两边轮胎的磨损程度差异过大，在制动、加速、转向时也可能导致车辆失控。更为危险的是在高速行驶过程中发生爆胎，十分容易引发严重的交通事故。

因此，除了在日常行驶过程中做到平稳驾驶，避免过度使用轮胎外，也要定期对胎压等参数进行检查，对轮胎进行保养。当轮胎出现过度磨损、泄气，或者路面状况恶劣时（如路面覆盖有积雪或结冰），不应继续行驶，有条件时应该由专业人员来进行更换轮胎之类的维修操作。若是在道路上遭遇泄气、爆胎等事故，不具备维修条件，则应该使用随车配备的备胎及其他工具自行更换故障轮胎，缓慢行驶至维修地点后再进行维修。

对于现代车辆而言，一般均配备有供紧急使用的备胎。对轿车而言，一般可在后备厢地板盖下找到。对于越野车而言，有多种放置方式，可能位于后备厢门上，也可能悬挂在车底。在随车附送的用户手册上，一般都会有示意图标注出备胎的位置及其取出、使用方式。注意：现在大部分轿车出于安全、节省空间和成本等的考量，配备的备胎为非全尺寸备胎，其尺寸和性能与原轮胎存在较大差异，故只能起到紧急备用，即在短时间内替代原轮胎的作用。即使是全尺寸备胎，为了安全，也应尽快在具备维修条件之后将车辆交由专业人员维修。

1. 日常保养

1）当胎压偏离标准值过大时，可能会造成如下后果：轮胎过早磨损、磨损不均匀、操控性变差、爆胎、变形或脱落，严重影响安全。为此，最新版本的雷凌双擎的大部分车型均配备有 TPMS 胎压监测系统，如没有安装该系统，则应使用胎压表对胎压进行监测。注意：温度会影响胎压的读数，一般而言，胎压会随着轮胎温度升高而升高。在司机座位一侧的车门立柱上可以找到胎压的标准值，如图 4-24 所示。

图 4-24　胎压标准值提示

应该至少每月检查 1 次轮胎气压，最好是每 2 个星期检查 1 次，并将胎压调整在正常范围之内。检查和调节轮胎气压后必须将轮胎气门嘴盖重新装好，以免异物进入或轮胎漏气，引发事故。

2）将钉子等塞嵌在轮胎上的异物清除，若经常出现漏气现象，应及时更换轮胎。

3）检查轮胎是否有断裂、露出帘布层、明显膨胀等现象，如有，应立即更换轮胎。

4）如图 4-25 所示，轮胎的侧面上存在一个小三角形的标记，这是轮胎的胎面磨损标记。若该胎面磨损标记已经露出，表明轮胎已经过度磨损，需要更换。

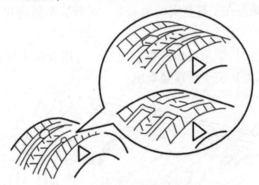

图 4-25　胎面磨损标记

5）应在每行驶 1×10^4 km 后进行 1 次轮胎换位，使得 4 个轮胎的磨损均匀，延长使用寿命，可按图 4-26 所示的顺序进行换位。

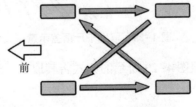

前

图 4-26　换位顺序示意

2. 备胎更换

当发生泄气、爆胎等紧急状况时，需要在合适的地形上正确地使用千斤顶和备胎，以使车辆在短时间内获得继续安全行驶的能力。下面对紧急更换车轮等工作及所使用的工具进行介绍。图4-27为雷凌上各种工具的位置示意。

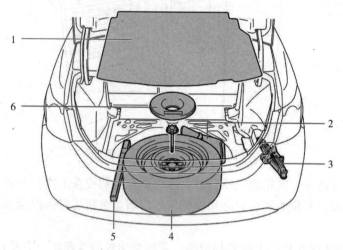

1—行李箱地板盖；2—工具袋；3—千斤顶；4—备胎；5—三角警告牌；6—备胎缓冲垫。

图4-27　雷凌双擎上的各种工具的位置示意

如图4-27所示，千斤顶、工具袋和备胎均位于车辆行李箱地板盖的下方。为了避免意外发生，应尽量使车辆停在平整坚实的地面上，进行驻车制动并等待轮胎等部位充分冷却下来后，再进行以下的工作。

首先，将图4-27中的行李箱地板盖拆下之后，可以看到千斤顶盖，接着先取出工具袋，然后按图4-28所示方式将千斤顶盖取出。

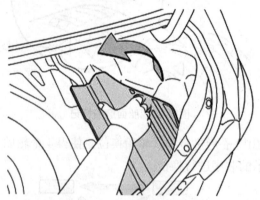

图4-28　取出千斤顶盖示意

在看到千斤顶之后，按照图4-29所示的方式将其取出，注意图中的箭头方向。

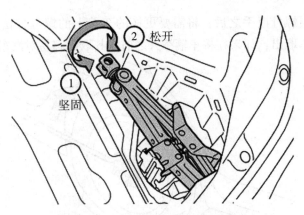

图4-29　将千斤顶从车上取出示意

将备胎缓冲垫取出，按图4-30所示拧松固定备胎的中心紧固件后将备胎取出。

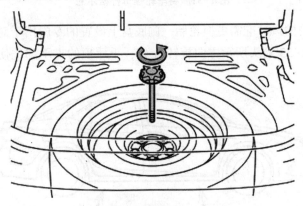

图4-30　取出备胎示意

将所需工具取出后，开始进行更换轮胎的工作。为了确保更换过程中车辆不会滑动而造成危险，需要使用大小合适的坚固物体作为挡块压在其他车轮下。应视实际情况决定固定哪个车轮，一般固定需要更换的轮胎的对角线轮胎的反侧。如左后胎泄气，则将挡块放置在右前胎的前面，如图4-31所示。

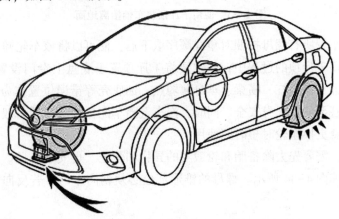

图4-31　换胎前使用挡块防止车辆意外滑动

从工具袋中取出螺母扳手之后，将需要更换的车轮上的螺母拧松，如图 4-32 所示。注意只是拧松，先不取出，如果在将车辆举升之前将其取出容易对汽车或人造成伤害。

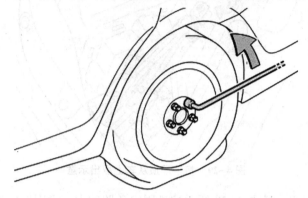

图 4-32　将车轮螺母拧松示意

将千斤顶顶部的槽口对准需更换轮胎一侧底盘上设置的专门用于对接的凸起或凹槽等标记，然后按照图 4-33 箭头所示方向旋转 A 处，千斤顶的支承部位便会升高，将车辆的一侧顶起。

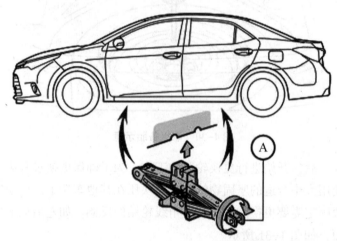

图 4-33　使用千斤顶将车辆抬离地面

此时，将该车轮所有螺母按照对角线顺序取下后，便可以将该车轮卸下。

注意：在使用千斤顶的过程中，一定要将千斤顶置于底盘上专门设置的支承点下方。一般而言，若选择了保险杠、横梁、车身薄弱点、油底壳等错误位置作为支承点，将会对车辆造成损坏，甚至危及人身安全。同时，汽车上随车配备的千斤顶一般不能用在其他车型上，且仅供紧急更换车轮时短时间使用。

卸下车轮后，需要先去除备胎和轮毂上的异物和尘土，再安装备胎。用手将各个螺母稍稍进行紧固，如图 4-34 所示。螺母的锥形部位必须朝向车内，若反向安装将导致严重事故。

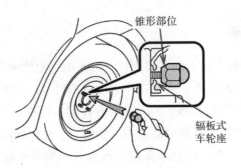

图4-34 将车轮螺母稍稍紧固

降下千斤顶，使轮胎接触地面。使用螺母扳手按照图4-35所示顺序对各螺母进行紧固，紧固转矩为103 N·m。

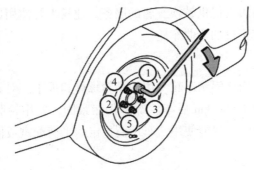

图4-35 降下千斤顶后对备胎进行紧固

对于卧式千斤顶，雷凌在车辆前后均设置有举升点，分别如图4-36和图4-37所示。

图4-36 卧式千斤顶的前举升点

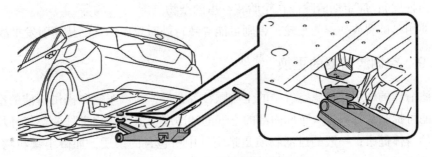

图4-37 卧式千斤顶的后举升点

4.4.8　车轮的保养

车轮与轮胎是汽车行驶系统中的主要部件，汽车通过车轮由轮胎直接与地面接触在道路上行驶。车轮的主要功用是：1）支承汽车总质量；2）吸收和缓和汽车行驶时所受到的路面冲击和振动；3）保证轮胎与路面的良好附着性能，以提高汽车的动力性、制动性和通过性；4）产生平衡汽车转向行驶时离心力的侧向力，在保证汽车正常转向行驶的同时，通过轮胎产生的自动回正力矩，使汽车保持直线行驶。如果车轮弯曲、破裂或严重腐蚀，则应进行更换。否则，可能使轮胎与车轮脱离或导致车辆失控。

1. 车轮的选择

更换车轮时，须注意确保换上的车轮与拆下的车轮具有相同的承载能力、直径、轮辋宽度和内偏距。汽车经销店可提供替换车轮的服务。建议不要使用以下车轮：不同尺寸或类型的车轮，旧车轮，校正过的弯曲车轮。

2. 铝制车轮

对于铝制车轮，仅使用该铝制车轮专用的车轮螺母和扳手。对轮胎进行换位、维修或更换时，检查并确认行驶 1 600 km 后车轮螺母仍然紧固。使用轮胎防滑链时，小心不要损坏铝制车轮。平衡车轮时，只能使用汽车厂商指定的平衡配重或同等产品，并使用塑料锤或橡胶锤。

3. 注意事项

更换车轮时请勿使用与汽车使用说明书推荐尺寸不同的车轮，否则可能导致车辆失控。无内胎轮胎发生漏气后，切勿为其安装内胎。

安装车轮螺母时，务必使锥形端朝内。如果锥形端朝外安装螺母，则会造成车轮损坏，并最终使车轮在行驶过程中脱落，从而引发事故。切勿在车轮螺栓或车轮螺母上涂抹机油或润滑脂，因为机油和润滑脂可能使车轮螺母过于紧固，从而导致螺栓或辐板式车轮损坏。此外，机油或润滑脂可能导致车轮螺母松动而使车轮脱落，从而引发事故并导致严重伤害甚至死亡。

为了预防车轮故障，车辆驶过路缘或类似障碍物时应尽可能沿障碍物垂直方向慢速行驶；注意勿使轮胎与油脂、机油及燃油接触；应定期检查轮胎损伤状态（如割胎、开裂或鼓包等损伤程度）；应定期清除嵌在轮胎花纹里的杂物。

请勿使用已破裂或变形的车轮，否则可能导致行驶时轮胎漏气，从而引发事故。

4.4.9　空调滤清器的更换

空调滤清器的作用是过滤空气中的尘埃颗粒等杂质，为汽车空调提供清洁的空气。空调滤芯过滤可提高从外界进入车厢内部的空气的洁净度，保障车内良好的空气环境，保护车内人员的身体健康；一般的过滤物质是指空气中所包含的杂质，如微小颗粒物、花粉、细菌、工业废气和灰尘。

空调滤清器一般分普通型空调滤清器和活性炭系列空调滤清器两类，普通型空调滤清器一般是由一种特定的环保过滤材料经过加工折叠后做成，多为白色单层，也可为其他颜色；活性炭系列空调滤清器是由两面非制造布（无纺布）复合中间夹有微小的颗粒活性炭做成的活性炭滤布，再深加工制作成空调滤清器。

无论是何种空调滤清器，经过长期使用，表面都会吸附大量的灰尘和颗粒等污染物，这些污染物将会堵塞过滤层，使过滤效果大大降低，甚至完全失效。如果空调滤芯过脏的话，会造成制冷或制热效果下降；有时由于细菌在空调滤清器上滋生而导致使用空调时车内产生令人不适的气味。及时更换空调滤清器能够很好地避免以上情况的发生。

由于车辆型号的不同，空调滤清器安装固定的位置也会有所不同，大部分车型的空调滤清器安装在手套箱内。下面以丰田雷凌双擎版为例介绍空调滤清器的更换，其余车型可以查阅用户手册或使用说明书来了解空调滤清器的更换方法。

1. 拆卸

1）关闭电源开关。

2）打开手套箱，滑下阻尼器。阻尼器位置如图4-38所示。

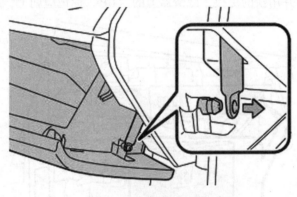

图4-38　阻尼器的位置

3）向里推手套箱的外侧以脱开卡爪，然后拉出手套箱并脱开下部卡爪，如图4-39所示。

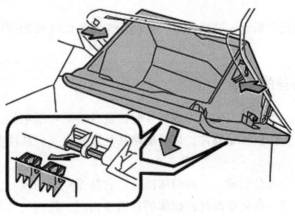

图4-39　拉出手套箱

4）拆下滤清器盖，如图 4-40 所示。

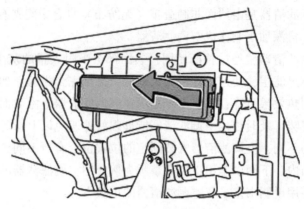

图 4-40　拆下滤清器盖

2. 更换

拆下空调滤清器并用新的更换，滤清器上的"UP"标记应朝上，如图 4-41 所示。

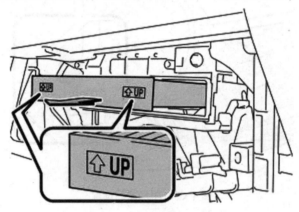

图 4-41　更换空调滤清器

3. 注意事项

使用空调系统时确保始终安装滤清器，若使用未安装滤清器的空调系统可能导致系统损坏。

4.4.10　保险丝的更换

保险丝的作用是：当电路发生故障或异常时，自身熔断切断电流，防止升高的电流损坏电路中的某些重要器件或贵重器件、烧毁电路甚至造成火灾，从而起到保护电路安全运行的作用。

一般保险丝由 3 个部分组成：一是熔体部分，它是保险丝的核心，熔断时起到切断电流的作用，同一类、同一规格保险丝的熔体的材质要相同、几何尺寸要相同、电阻值尽可能地小且要一致，最重要的是熔断特性要一致，常用铅锑合金制成；二是电极部分，通常有两个，它是熔体与电路连接的重要部件，必须有良好的导电性，且不应产生明显的安装接触电阻；三是支架部分，保险丝的熔体一般都比较纤细柔软，支架的作用就是将熔体固定并使3个部分成为刚性的整体便于安装、使用，它必须有良好的机械强度、绝缘性、耐热性和阻燃性，在使用中不应产生断裂、变形、燃烧及短路等现象。

汽车的保险丝在保险丝盒内，汽车一般有两个保险丝盒，一个在内燃机舱内，另一个在驾驶室内。汽车上有很多电路，当电路的温度过高或电流过大时，保险丝通过熔断进行保护。汽车的保险丝盒内有很多保险丝和继电器，当保险丝熔断后，汽车的某些功能就会受到影响。

更换保险丝时，需关闭电源开关。打开保险丝盒盖后，使用拔出工具拆下保险丝，并检查其是否熔断，若熔断，则需要更换新的保险丝。需用具有相应额定电流的新保险丝更换熔断的保险丝。如果更换的保险丝再次熔断，请联系专业人士检查车辆。

为了防止系统出现故障和车辆起火，不要使用额定电流与规定不符的保险丝，也不能用其他任何物品代替保险丝，即使是临时替代也不允许；务必使用汽车制造商指定的保险丝或同等产品；不要改装保险丝或保险丝盒。

4.4.11　风窗刮水器刮水片的维护

磨损和脏污的刮水片将影响视野，降低行驶安全性。所有车窗均视野清晰方可安全行驶！须定期清洗刮水片和所有车窗。每年应更换一或两次刮水片。

1. 更换

必须定期检查刮水片状况，并按规定及时更换刮水片。

更换风窗刮水器刮水片时，短时打开点火开关并重新关闭；将风窗玻璃刮水器拨杆向下拨至点动刮水位置；使刮水器处于维护位置；翻转刮水器臂，使其离开玻璃，翻转过程中不能抓住刮水片；按住分离按钮同时沿箭头方向拉出刮水片，将规格和长度均相同的新刮水片插到刮水器臂上，压入卡定；将刮水器臂推回到风窗玻璃上，打开点火开关并操纵刮水器拨杆时，刮水器臂自动返回其初始位置。

需要注意的是，除非在维护位置，否则不得将刮水器臂抬离风窗玻璃，以免损坏内燃机舱盖漆面或刮水器臂。破损或脏污的刮水器可能刮伤风窗玻璃。若刮水片损坏，刮水不畅，则应及时更换；如脏污而刮水不畅，则应及时清洗。

2. 清洁

刮水片保持洁净状态方能使前方视野清晰。将刮水器臂置于维护位置，然后将刮水器臂抬离风窗，用柔软的布擦去刮水片上的灰尘和脏物。用风窗清洗剂清洗刮水片，粘结牢固的污垢可用海绵或布清除。

短暂打开然后关闭点火开关，并下压风窗刮水器操纵杆，即可将风窗刮水器移至维护位置。在此位置可将刮水器臂抬离风窗，以免其在冬季被冻结在风窗上。起步行驶前必须将刮水器臂推回到风窗上，汽车一旦起步行驶，刮水器臂自动返回初始位置。

思考题

1. 充电时需要注意什么?
2. 汽车冬季行驶需要注意什么?
3. 汽车着火应该怎么处理?
4. 日常可以对汽车进行哪些保养?

第5章
混合动力电动汽车的维护

5.1 概述

道路运输经营者应当建立车辆维护制度，用户应当依据国家有关标准和车辆维修手册使用说明书等，结合车辆类别、车辆运行状况、行驶里程、道路条件、使用年限等因素，自行确定车辆维护周期，并确保车辆得到正常维护。车辆维护作业项目应当按照国家关于汽车维护的技术规范要求确定。

对于非运营车辆一般按各厂商的企业标准执行，厂商在保证车辆技术状况前提下，会根据车辆的设计要求、使用条件、客户满意度、市场利润等因素确定自己的标准。本章以汽车 50 000 km 维护为例，介绍典型汽车定期维护作业内容及技术要求。

为有效地进行汽车维护工作，可以通过缩短行程距离、减少走动次数、减少不合理的工作地点、减少举升操作的次数等提高维护的工作效率，以下是提高工作效率的一些措施。

5.1.1 缩短维护路径

缩短维护路径的方法如下。

1）在对零件、紧固件等进行拆卸时，尽可能地将其按顺序排放，如最先拆卸的放在最近处，后拆卸的依次往外放置。且尽可能地在进行每一步拆卸前对需要拆卸的地方进行拍照，避免安装时装错、装漏。

2）尽量在工作集中区域进行一次性维护。

3）始终围绕驾驶人的座位以及车辆周围进行维护。

4）维护工具、仪器尽可能放置在方便位置。

5）减少举升次数。

6）按照工作时的位置和可以集中的工作把工作项目分类，这样能完成所有可以在相同位置、相同时间做的工作。

7）尽量减少蹲式或弯腰的工作姿势。

5.1.2　零部件拆卸安装

1. 蓄电池的拆装

拆卸蓄电池时，总是最先拆下负极（-）电缆；装上蓄电池时，总是最后连接负极（-）电缆。在整个拆装过程中一定要记住：拆下或装上蓄电池电缆时，应确保点火开关或其他开关都已断开，否则会导致半导体元器件的损坏。切勿颠倒蓄电池接线柱的极性，以防 EFI 计算机遭受到损坏（要以先拆的配件后装，后拆的配件先装为原则）。

2. 控制器的拆装

在拆装控制器时，容易接触到电子控制器的各个接头，而人体有可能产生静电，且人体静电放电的电压可能达到 10 000 V。因此，对微机操纵的数字式仪表进行维修作业或靠近这种仪表时，以防意外损坏电子元件，一定要带上接铁金属带，并将其一头缠在手腕上，另一头固定在机身上。

3. 线束的维护

线束是汽车的毛细血管，在正常情况下它是被保护在线束套里面的。随着汽车本体的运动，它会与周边产生摩擦，因此在与尖锐边缘磨碰的线束部分应用胶带缠起来，以免损坏。安装固定零件时，应确保线束不要被夹住或被破坏，同时应确保接插头接插牢固。切记：黄色是高压线束，操作时必须穿戴好劳保用品。

5.1.3　保养常识

1. 汽车保养

汽车保养一是指保持和恢复汽车的技术性能，保证汽车具有良好的使用性和可靠性；二是指车身亮洁保新，由此衍生出汽车美容、清洗、汽车装饰及改装等汽车美容市场。及时正确的保养会使汽车的使用寿命延长，安全性能提高，既省钱又免去许多修车的烦恼。

对于用户来说，主要应学会如何进行第一种技术性保养，即通过自身的保养维护来达到延长汽车零部件寿命，同时也可以减少维修次数的目的。

2. 汽车胎压

有些车主喜欢把轮胎气压充得很高，认为这样既能超载又可节能，这种做法是不正确的。轮胎气压过高会使轮胎接地面减小，胎面磨损加重，降低了刹车时的制动效果，从而影响到行车安全。轮胎气压过低也不好，气压过低除了会影响行车安全和制动效果以外，还会加速胎肩的磨损，以及增加车辆的能量消耗。车主在利用气泵自行充气的时候，应当按照厂家规定的气压进行充气，轮胎气压标签通常位于车身门框处。

3. 汽车油液

汽车冷却液需要根据厂家规定时间定期更换，一般使用超过 2 年或行驶超过 $4×10^4$ km 时需要更换。另外，齿轮油又叫变速箱油，也是电动汽车需要比较频繁更换的油液，同样需要使用和原先一样的型号加注，切记不要混合使用。一般电动汽车防冻液会出现的问题如下。

1）气泡：防冻液中的空气在水泵搅动下产生很多泡沫，会妨碍水套壁的散热。

2）水垢：水中的钙镁离子在一定高温后会慢慢形成水垢，使散热能力大大下降，同时也会使水道及管路局部堵塞，导致防冻液不能正常流动。

3）腐蚀和渗漏：乙二醇对水箱有较强的腐蚀性，随着防冻液防腐剂的失效，会对散热器、水套、水泵、管路等零部件产生腐蚀。

4. 外观

车辆的外观检查项目主要包括：车灯功能是否正常，刮水器胶条老化情况，门窗玻璃、玻璃升降、刮水器、后视镜、内视镜和门锁等是否有效安全。

5.2 基本维护

基本维护位置及内容如表5-1所示。

表5-1 基本维护位置及内容

序号	检查位置	作业内容	
1	驾驶人座椅	1. 风窗玻璃喷洗器 2. 电子仪表 3. 风窗玻璃刮水器 4. 灯光 5. 喇叭	6. 驻车制动器 7. 举升汽车前的外部检查 8. 自诊断检查 9. 安全带及安全气囊
2	左侧前门	1. 门控灯开关	2. 车身的螺栓和螺母
3	左侧后门		
4	充电口盖	检查技术状况	
5	后部	1. 悬架 2. 车灯	3. 车身的螺栓和螺母 4. 备用轮胎
6	右侧后门	1. 门控灯开关	2. 车身的螺栓和螺母
7	右侧前门		
8	前部	1. 悬架 2. 前照灯	3. 车身的螺栓和螺母
9	整车	四轮定位	

5.2.1 风窗玻璃喷洗器的检查

检查喷嘴的喷射位置，如果喷射的位置不对，应及时进行调节。正确的喷射位置应当是将清洗液喷射在车窗的中间偏上位置，当清洗液留下来时，正好让刮水片将其均匀地涂抹到整个车窗上,通过清洗带走污物。一般喷嘴的位置可以直接手动调节,也有些车型是使用了螺钉来固定喷嘴的,这种情况下可以松开固定螺钉后再调节喷嘴的位置。

如发现喷嘴不能喷射或者喷射状态不佳,应该检查喷嘴口是否发生堵塞。因为喷嘴口非常细小,车辆清洗时的污物、泥土或者是打蜡之后的车蜡都很容易将其堵塞。如果发现喷口堵塞,可以使用很细的铁丝从前端轻轻插入,清除堵塞物;如果还不能通畅,应将连接内侧的软管拆除,再由内侧将钢丝插入,使之通畅。车辆驶过特别泥泞的路段后,也应对喷嘴检查,以防过多泥水积聚,因为泥水干硬之后便会影响喷嘴的喷射状态。

当清洗液喷在风窗玻璃上时,刮水器应能及时操作,否则应检查调整清洗器和刮水器的同步工作情况。

经常检查和补充玻璃清洗液,如清洗液用完,而车主还继续使用喷射开关,就会让水泵空转,从而导致过热烧毁。清洗液储液罐在内燃机舱内,一般在盖子上有标志,如果标志不够醒目无法判断,可顺着连接喷嘴的软管往下查找。储液罐体上的刻度标示正常液量,如果在罐外看不到液量,则应打开盖子观察。如发现玻璃清洗液不足,应按照车辆使用手册上面注明的玻璃清洗液种类进行选用补充。玻璃清洗液一般分浓缩型和直用型两种,如果是浓缩型,应该按照合适比例稀释后才能使用。

5.2.2 仪表的检查

复位按钮可以切换里程表"ODO",里程表 A/短距离里程表 B("TRIP A"/"TRIP B"),当前燃油消耗以"L/100 km"为单位,平均燃油消耗显示"AVG",可继续行驶距离"RANGE"等信息。当里程表显示页面或平均油耗显示页面时,长按即可以清零。如图 5-1 所示为丰田雷凌组合仪表总览。

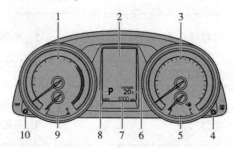

1—转速表;2—多信息显示屏;3—车速表;4—短距离里程表复位按钮;5—燃油表;6—车外温度;
7—里程表和短距离里程表显示;8—挡位和挡域;9—内燃机冷却液温度表;10—"DISP"开关。

图 5-1　丰田雷凌组合仪表总览

1. 仪表显示系统检修注意事项

1)电子仪表较精密,检修技术要求高,要遵照规定,必要时送专业维修单位进行检修。

2)显示板与母板(逻辑电路板)易损坏,价格贵。

3)除非特殊说明,不能将蓄电池的全部电压加在仪表盘的任何输入端。

4)检查电压、电阻应用高阻抗仪器(不能使用简易仪表),若使用不当,会损坏计算机电路。

5）拆卸时应先切断电源，按拆卸顺序拆卸，不能敲打、振动，以防损坏元件。

6）备件放在镀镍的袋里，身体不与其集成电路引线端子接触，防止身体静电损坏元件。

7）作业时要使用静电保护装置（与车身搭铁的手腕带、放置电子部件的导电垫板）。

2. 电子仪表常用的检查方法

汽车很多电子仪表盘都是由计算机进行控制，同时具有自检功能。只要给出指令，电子仪表盘的电子控制器便对其主显示装置进行系统地检查，若出现故障，便以不同的方式警告驾驶人，显示系统出现故障。同时，将出现故障部位的故障码储存，以便维修时将故障码调出，指出故障部位。当确认仪表盘有故障时，应进行检测，检测方式如下。

1）用快速测试器检测。快速测试器能模拟发出各种传感器信号，用它能够迅速测出故障部位。如在使用测试器向仪表盘输入信号时，仪表盘能够正常工作，说明传感器或电路有问题。若显示器仍不能显示，再将测试器直接接在仪表盘的有关输入插座上，此时若显示器能正常显示，说明线束和插接器有故障，否则表明仪表盘有故障。

2）用电子快速测试器检测。这种测试器能够模拟燃油的流量和车速传感器的信号，同样把测试器所发出的信号从不同部位输入，即可检验传感器线束对于计算机和显示装置工作是否正常。

3）用液晶显示仪表测试器检测。液晶显示仪表测试器在测试时，直接在仪表盘上为仪表盘和信号中心提供参照输入信号，这就可检测出信息中心的工作状态，其目的是对仪表盘有无故障作进一步的验证。

3. 电子仪表常见故障的检测

汽车电子仪表的故障，一般都出在传感器插接器、导线、个别仪表及显示器上。检修时，应先将传感器电路断开或拆下用检测设备对它们进行逐个检查。

1）传感器的检查。首先将传感器的电路断开或拆下传感器，用仪器进行逐个检查，对各种电阻式传感器的检查通常是采用测量其电阻值的方法来判断它的好坏，即通过把所测得的电阻值与其规定的标准电阻值进行比较来判断传感器有无故障。若所测得的值小于规定的值，表明传感器内部短路，否则传感器接触不良。传感器一般是不可拆、不可维修的元件，一旦发生故障，只能更换新件。

2）插接器的检查。采用电子仪表的汽车，往往需要很多插接器把电线束连到仪表盘上。这些插接器一般都采用不同的颜色加以区分。为保证连接可靠牢固，插接器上都设有闭锁装置。检查时，可用眼看或手摸的方法进行。插接器装置要齐全完好，插头插座应接触可靠无锈蚀。在仪表电路工作时用手触摸插接器，应没有明显的温度，若温度过高说明该插接器接触不良，应查明原因予以排除。

3）个别仪表故障诊断。若电子仪表上的个别仪表发生故障，应检查与此仪表相关的各个部分。首先，应检查各导线的连接情况，包括各插接器的接触情况，线路是否破损、搭铁、短路或断路等；然后，再用检测设备分别对该仪表及传感器进行检测，查明故障原因，予以修复，必要时更换新的元件。

4）显示器故障检修。若电子仪表盘上的显示装置部分笔画、线路出现故障，应将仪表盘上的显示器件调整到静态显示状态，并仔细观察是否还有别的故障。就此时出现的故障，应使用检测设备对与其相关的电路或装置进行认真检查。若仅有一两条笔画或线段不发亮或不显示，则说明逻辑电路板通过多路传输的脉冲信号正确，可能是显示装置的部分线段工作不正常，遇到这种情况应进一步检查，属于接触不良的应加以紧固，确保其电路通畅；若是电子器件本身存在问题，应更换显示器件或电路板。

4. 电气仪表故障的诊断方法

一般来说，使用电气仪表的汽车都采用电子控制，其中包括对电气仪表系统的控制，即来自各种传感器信号处理和仪表的显示都是由计算机控制的。使用计算机控制的汽车一般都具有故障自诊断系统，可对电气仪表系统进行自检，检查电气仪表系统功能是否正常，并对其故障进行诊断。对于多数汽车来说，只要按下计算机上的相关按钮，即开始对汽车进行自检；若有故障，可以读出故障码，通过查阅有关手册，了解故障码代表的故障原因，找出相关的处理方法。

对于汽车仪表装置的故障诊断，除了依靠自检以外，还可以使用专门的检测设备对其进行检测与诊断。这些检测设备属于外接设备，可以直接插入汽车计算机相应的插槽内使用。下面介绍几种诊断故障的简易方法。

1）拆线法。当汽车电气仪表读数异常，通过分析，推断出可能是传感器内部或传感器与指示仪表间的导线存在搭铁故障时，常采用拆线法进行检查，即通过拆除有关接线柱上的导线，来判断故障的原因及部位。

2）搭铁法。当乘用车电气仪表读数异常，通过分析，推断出可能是传感器搭铁不良或损坏以及传感器与指示仪表间的导线存在断路故障时，常采用搭铁法进行检查，即通过用导线将有关接线柱搭铁，可判断故障的原因及部位。

3）短接法。在其他电气仪表工作都正常，只有与稳压器相连的仪表不工作时，可利用短接法进行检查。用短接导线将稳压器输入、输出端短接，这时与稳压器相连的仪表指针若立即偏转，说明稳压器内部存在故障。

4）对比法。电气仪表读数不准时，可采用对比法进行校验检查。在相同的工况下，比较被校验的仪表与标准仪表的读数，从而可以判断被校验仪表的技术状况。例如，校验汽车电流表时，可将被校验电流表与标准电流表及可变电阻串联在一起，接通蓄电池电流，逐渐调小可变电阻，比较两个电流表的读数，若相差超过20%，则认为电流表存在故障，应予以修复或更换。

5.2.3 刮水器的检查

1. 检查

（1）刮水效果的检查

1）存在条纹式的刮水痕迹。

2）刮水效果不好。

（2）刮水器工作情况的检查

1）目测胶条外观，如有裂纹、破损则需更换。

2）打开开关，检查是否正常工作。

3）关闭开关，检查能否自动停止在初始位置。

（3）检查刮水器刮水印痕

拨动刮水器操纵杆，喷一定量的喷洗液，看看刮过的范围和痕迹，若存在以下情况应更换刮水片。

1）可视范围内，出现多条临时或持久印痕。

2）夹板下面产生一层薄雾，玻璃上产生细小条纹、雾及线状残留。

3）擦拭时产生异响。

（4）刮水器的更换

1）拆装刮水器，如图5-2所示，步骤如下：

①抬起刮水器臂总成；

②抬起夹持器，拉出刮水片总成；

③安装时将刮水片总成插入刮水器臂，直到刮水片夹持器锁紧到位；

④将刮水器臂总成降至前风窗上。

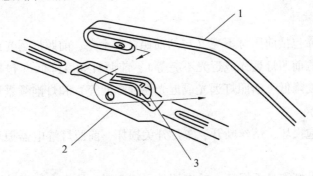

1—刮水器臂总成；2—刮水片总成；3—夹持器。

图5-2 刮水器的拆装

2）更换刮水片胶条，步骤如下：

①用小螺丝刀撬起固定凸耳，并从两端的刮水片胶条上滑下端盖；

②从刮水片上滑出胶条并报废；

③从胶条上拆卸端盖并将胶条插入刮水片，确保胶条穿过每个金属箍；

④将新的端盖安装至胶条两端，确保端盖上的固定凸耳固牢在金属导轨两个上翻端头的后面。

2. 刮水器的保养

刮水片胶条在制作过程中通常加入了少量蜡质。因此，在第一次使刮水片前，建议用软布蘸少许玻璃清洗液擦拭刮舌数次，以洗去其表面的蜡质，因为风窗玻璃和刮舌表面的任何油性物质都会增加刮刷阻力，不仅降低了刮刷的刮净度，甚至会产生恼人的噪声。

为保证良好的刮刷效果，应使用指定的玻璃清洗液，严禁使用清水作为玻璃清洗液。因为专业玻璃清洗液中加入了溶解油污、改善玻璃润湿界面的成分，其冰点也远低于0 ℃，而普通清水则达不到此效果。

建议经常清洗风窗玻璃和刮水片的刮舌，因为空气中的灰尘及车辆尾气排出的微小物质均会附着在风窗玻璃和刮舌上，增加刷刷时的摩擦力。此外，若刮舌表面附着大量灰尘还会降低弹性，影响其使用寿命。

当风窗玻璃干燥或有障碍物（如积雪、结冰）时，不要使用刮水器，否则会损坏刮水片、刮水器电动机和玻璃。

在冬季寒冷天气下使用雨刮前应先检查刮水片是否已冻结在车窗上，如已冻结则不能立即使用，否则会损坏刮水器电动机，此时应开启风窗加热功能，确保前后风窗玻璃及刮水片间的冰融化后方可正常使用。

冬季冰雪天气时，刮水片胶条的楔形槽中如果夹有冰粒会使刮舌变硬，妨碍正常翻转，影响使用，此时也应用风窗加热功能融化刮水片上的冰粒，待恢复刮舌的弹性后，方可正常使用。

5.2.4　前照灯灯光的检查

1. 前照灯常见故障

前照灯常见故障包括前照灯不亮（包括前照灯均不亮、前照灯远光或近光均不亮、一侧前照灯不亮、一侧前照灯远光或近光不亮等）、前照灯亮度降低（包括前照灯亮度均降低、个别前照灯亮度降低、前照灯远光或近光亮度降低等）和灯泡频繁烧坏。

（1）前照灯不亮

可能原因：灯泡损坏、熔丝断开、车灯开关损坏、前照灯继电器损坏、线路断路或短路等。

处理方法：检查灯泡是否损坏；检查熔丝是否断开；检查车灯开关是否损坏；检查前照灯继电器是否损坏；检查线路是否断路或短路。确认故障后进行维修或更换。

（2）前照灯亮度降低

可能原因：蓄电池电量不足、调节器故障、导线连接松动、搭铁不良、灯泡发黑、灯泡功率过小等。

处理方法：为车辆进行充电；检查调节器；检查导线连接是否松动。确认故障后进行维修或更换。

（3）灯泡频繁烧坏

可能原因：发电机输出电压过高、导线连接松动等。

处理方法：检查输出电压是否过高；检查导线连接是否松动。确认故障后进行维修或更换。

前照灯的故障与灯光系统的故障一样，有灯光不亮、灯光发暗以及失控，其原因分别为电路断路、接触不良及短路，或接触不良而控制失灵。

检查方法如下：

1）当闭合车灯总开关后，两前照灯都不亮时，首先检查车灯总开关的接触情况、变光开关的接线情况等。若连接良好，可用螺钉旋具或导线把变光开关的"电源"接线柱分别连接"远""近"光接线柱，若灯全亮，即为变光开关故障；若仍不亮，则可能是灯泡损坏，车灯总开关的熔断器短路或断路等。

2）开前照灯时，若车灯总开关的熔断器熔断，则开关到前照灯间电路有短路故障。若在变光时才跳开，则为该种光的电路有短路故障。

3）当只有一种光不亮时，可用螺钉旋具把变光开关处的电源接线柱与不亮的这种光的接线柱接通，若灯亮则为变光开关故障；若仍不亮则为电路断路、短路及灯丝烧坏等。

4）只有1个前照灯不亮或1种光不亮时，多为灯丝烧坏、接线松脱等。

5）齐亮2个前照灯时，若其中1个灯光发红，则为该前照灯搭铁不良，造成3根灯丝混联所致。

2. 检测仪的准备

1）检测仪不受光，检查各指针。若指针失准，用零点调整螺钉调零。

2）检查各镜面。若有污物或模糊不清，用柔软的布或镜头纸擦拭。

3）检查水准器。无气泡要维修；气泡如不在红线框内，可用调整器或垫片进行调整。

4）检查导轨。若沾有泥土等杂物，要清理干净。

3. 车辆准备

1）清除前照灯上的油污。

2）检查轮胎气压，应符合规定。

3）检查汽车蓄电池，应充足电。

4. 检查前照灯

（1）屏幕式前照灯检测仪的检测方法

屏幕式前照灯检测仪的结构如图5-3所示，通常测试距离为3 m。屏幕式前照灯检测仪在固定屏幕上装有可以左右移动的活动屏幕，活动屏幕上装有能上下移动的内部带有光电池的受光器。检测时，移动受光器和活动屏幕根据光度计指示值为最大时的位置找到主光轴的方向，然后由固定屏幕和活动屏幕上的光轴刻度尺读出光轴偏斜量，同时可从光度计的指示值得出发光强度。

屏幕式前照灯检测仪的操作步骤如下。

1）调整汽车尽量与检测仪屏幕或导轨垂直，前照灯与受光器相距3 m。

2）用汽车摆正找准器使检测仪与汽车对正。

3）开前照灯，用前照灯照准器使检测仪与被检前照灯对正；把固定屏幕调整到与前照灯一样高，使受光器与被检前照灯配光镜的表面中心重合。

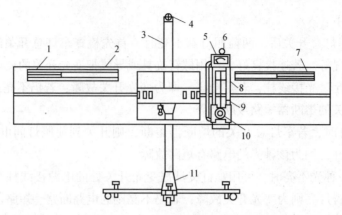

1—光轴刻度尺（右）；2—固定屏幕；3—支柱；4—汽车摆正找准器；5—光度计；
6—前照灯照准器；7—光轴刻度尺（左）；8—活动屏幕；9—光轴刻度尺；10—受光器；11—底座。

图 5-3　屏幕式前照灯检测仪的结构

4）使固定屏幕上左右光轴刻度尺的零点与活动屏幕上的基准指针对正。

5）上下和左右移动受光器，使光度计指示值达到最大值。此时，根据受光器上的基准指针所指活动屏幕上的上下刻度值，以及活动屏幕上的基准指针所指固定屏幕上的左右刻度值，即可得出光轴偏斜量。

6）根据此时光度计上的指示值，即可得出前照灯的发光强度。

（2）聚光式前照灯检测仪的检测方法

聚光式前照灯检测仪是用受光器的聚光镜把前照灯的散射光束聚合起来，根据其对光电池的照射强度，来检测前照灯的发光强度和光轴偏斜量，其结构如图5-4所示。检测时，检测仪放在距前照灯前方 1 m 处，检测方法可分为移动反射镜检测法、移动光电池检测法和移动透镜检测法。

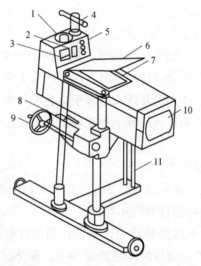

1—光束照射方向选择指示按钮；2—光束照射方向参考表；3—光度表；4—对正器；5—光度选择按钮；
6—观察窗盖；7—观察窗；8—仪器箱高度指示标；9—仪器箱升降手轮；10—透镜；11—仪器移动手柄。

图 5-4　聚光式前照灯检测仪的结构

操作步骤如下。

1）调整汽车，尽量与检测仪导轨垂直，前照灯与受光器距离（1、0.5、0.3 m）。

2）用汽车摆正找准器使检测仪与汽车对正。

3）打开前照灯，用前照灯照准器使检测仪与被检前照灯对正。

4）将"光度/光轴"转换开关扭向"光轴"一边，然后转动上下和左右光轴刻度盘，使光轴偏斜指示针的指示值为零。此时，两光轴刻度盘上指示值即为光轴偏斜量。保持光轴刻度盘位置不动，将"光度/光轴"转换开关扭向"光度"一边，此时光度计的指示值即为前照灯的发光强度。

（3）投影式前照灯检测仪的检测方法

投影式前照灯检测仪是将前照灯光束大影像映射到投影屏上，从而检验出发光强度和光轴偏斜量的，其结构如图5-5所示。

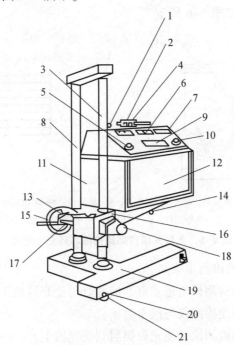

1—电源开关；2—左右表；3—前齿条立柱；4—瞄准器；5—左右刻度盘；6—发光强度表；7—上下表；
8—后立柱；9—显示；10—上下刻度盘；11—光接收箱；12—聚光透镜；13—对准旋钮；14—钢卷尺；
15—手轮；16—转动箱；17—拉手；18—电动机；19—底座；20—加油孔；21—水平调节偏心轴。

图5-5　投影式前照灯检测仪的结构

投影式前照灯检测仪是在前照灯前方3 m的检测距离处，将前照灯的影像映射到投影屏上。在聚光透镜的上下和左右方向装有4个光电池，前照灯光束的影像通过聚光透镜光度计的光电池和反射镜后，映射到投影屏上。检测时，通过上下、左右移动受光器使光轴偏斜指示计指示为0，从而找到被测前照灯主光轴的方向，然后根据投影屏上前照灯光束影像的位置，即可得出主光轴的偏斜量，同时可从光度计的指示中读取发光强度。

检测方法可分为投影屏刻度检测法和光轴刻度盘检测法。

投影屏刻度检测法是在投影屏上刻有表示光轴偏斜量的刻度线，根据前照灯影像中心在投影屏上所处的位置，即可直接读出光轴的偏斜量。

光轴刻度盘检测法是转动上下和左右光轴刻度盘，使前照灯光束影像中心与投影屏坐标原点重合，然后从光轴刻度盘上读取光轴偏斜量。

由被检前照灯发出的光束经聚光镜会聚后，由反射镜反射到屏幕上。屏幕呈半透明状态，在屏幕上可看到 5 束光分布图形，该图形近似于在 10 m 屏幕上观察的光分布特性，屏幕上对称分布 5 个光检测器，如图 5-6 所示。NO.1 及 NO.2 用以检测垂直方向的光分布，其输出电流经转换成电压后，连接到垂直方向的指示表上。通过旋转上下刻度盘，使反光镜移动，从而使 NO.1 及 NO.2 输出信号相等，上下指示表指示为 0。此时上下刻度盘指示出光轴偏斜量的数值。NO.3 及 NO.4 用以检测左右方向的光分布情况，其原理同上。由左右刻度盘指示出光轴偏斜量。NO.5 用以检测发光强度，其输出放大后由发光强度指示表指示发光强度数值。如图 5-6 所示

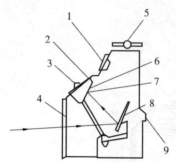 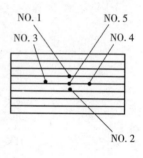

1—指示表；2—屏幕盖；3—光轴刻度盘；4—聚光镜；5—对准瞄准器；6—屏幕；

7—光敏元件；8—反射镜；9—影像瞄准器。

图 5-6　光接受箱内部结构图和硅光电池板

投影式前照灯检测仪的检测步骤如下。

1）调整汽车，尽量与检测仪轨道垂直，前照灯与受光器相距 3 m。

2）用汽车摆正找准器使检测仪与汽车对正。

3）打开前照灯，移动检测仪，使光束照射到受光器上。

4）由光度计读取发光强度。

5）打印结果，与标准对比、分析。

注意：

1）检测仪的底座一定要水平。

2）检测仪不要受外来光线的影响。

3）汽车空载并乘坐 1 名驾驶人。

4）遮住辅助照明灯后再测量。

5）光电池灵敏度稳定后再测量。

5. 前照灯安全测量的技术要求

前照灯光束照射位置及光强度要求如下。

1）汽车在检验近光光束照射位置时，前照灯距离屏幕 10 m 处，光束明暗截止线转角或中点高度为 $0.6H \sim 0.8H$（H 为前照灯基准中心高度，下同），其水平左右偏差不超过 100 mm。

2）四灯制前照灯的远光单光束灯的调整，要求其在屏幕上的光束中心离地高度为 $0.85H \sim 0.90H$，水平左灯左偏不超过 100 mm，右偏不超过 170 mm；右灯左右偏差不超过 170 mm。

3）装有远光和近光双光束灯时，以调整近光光束为主。对于只能调整远光光束的灯，调整远光单光束。

4）远光光束发光强度要求：两灯制汽车应为 12 000 cd，四灯制汽车应为 10 000 cd。其电源系统应为充电状态。

5.2.5 喇叭的检查

1. 喇叭常见故障

当按下转向盘上或其他位置的喇叭按钮时，来自蓄电池的电流会通过回路流到喇叭继电器的电磁线圈上，电磁线圈吸引继电器的动触点开关闭合，电流就会流到喇叭处。电流使喇叭内部的电磁铁工作，从而使振动膜振动发出声音。这就是汽车喇叭的工作原理。

汽车喇叭是驾驶时使用频繁的装置，如果使用时经常出现单音、音质差、时好时坏或有时根本不响等故障，则需要对喇叭进行检查。下面是一些喇叭常出现的问题。

（1）声音不佳

喇叭的音响在正常情况下不必维护调整，只有当其声音不佳时才进行调整。电喇叭在调整时，先摘去上盖，松开锁紧螺母，调整喇叭接触盘与铁芯的间隙。在正常情况下，其间隙应为 $0.5 \sim 1$ mm，间隙过小，声音发哑；间隙过大，声音沉闷。调整时，可旋入或旋出接触盘螺母，还可调整弹簧片的位置，使弹簧片与接触盘平行。

（2）响度与音调

若喇叭触点张开间隙大，则响度减小或声音沉闷；若张开间隙小，则响度提高或声音尖锐。可通过旋动活动触点臂的调整螺母，调整喇叭触点间隙的大小。调整时，先将接触盘与铁芯的间隙调整适当，再接通电源，根据喇叭的响度调整喇叭触点间隙。音调与响度的调节是相互影响的，因此应反复调整，直至符合要求为止。

（3）触点烧蚀

如果长时间按喇叭易造成喇叭触点烧蚀而产生阻抗，使流过电磁线圈的电流减弱，电磁吸力下降无法吸引衔铁带动膜片正常振动，从而导致发音沙哑、甚至不响。但不断按喇叭时，若瞬间强电流通过阻抗，则依然能正常工作，所以会时好时坏。

（4）密封不严易受潮

虽然喇叭内部是密闭的，但如果密封不严且在洗车时进入雾气或内部空间空气中有水蒸气，则触点很容易受潮而无法正常工作。

（5）电磁线圈端子接触不良

有些喇叭内部的电磁线圈漆包线端子接头是铝金属铆钉压接连接的，非牢靠焊接连接，如果端头漆包线上的绝缘漆处理不净或铆钉压接不牢靠很容易产生虚接故障，导致喇叭工作不良。此种故障是喇叭质量原因，无法修复，只能更换新件。

2. 喇叭的检查方法

在转向盘转动 1 周的同时按喇叭，检查喇叭是否发声，并检查音量和音调是否稳定。

维护时清洗表面泥污，分解后发现膜片锈蚀或破损应予更换，日常清洗车辆时，勿将水射入喇叭蜗壳内，以免影响其音质。

5.2.6 车轮的检查

1. 车轮轴承的检查

1) 抓紧车轮，前后上下推拉摇动，检查轴承有无松动。

2) 发现异常时，由一人坐在驾驶人位上踩制动踏板，另一人再次抓紧摇动车轮，前后上下推拉摇动，有松动的话，有可能是轴承松动过大造成的，要对轴承进行进一步检查。

3) 按维修手册调整轴承间隙时，特别是对于圆锥滚柱轴承，要预留一定的间隙，并且不能拧得过紧，否则会产生严重磨耗、过热或烧灼。

2. 车轮的拆卸

1) 拧出车轮上的固定螺栓，将车轮从车桥上拆卸下来。

2) 将拆下的车轮总成平放在地面，并使可拆轮缘的一面朝上。

3) 用专用轮胎气门芯扳手拧下气门芯，将轮胎空气放出。再用脚踢几下轮胎，使胎圈与轮辋脱开。

4) 用轮缘拆离片压迫轮胎使之与轮辋离缝。

5) 将轮胎放在拆胎机的工作台上撑牢（或卡紧），如图 5-7 所示。调整好拆装头与轮胎的位置后锁紧。

6) 在轮胎及轮辋边缘涂润滑剂（肥皂水也可）。

7) 用撬棍将轮胎边缘撬到拆装头上，撬棍不必抽出，使工作台顺时针旋转，即可拆下轮胎；用同样方法可将另一侧轮胎拆下。

图 5-7 拆胎机

8) 对于扁平率较低的轮胎，可以使用压杆和压盘对轮胎臂充分旋转挤压，便于轮胎拆装。

3. 轮胎的检查

1) 检查轮胎接地面（简称胎面）有无异常磨损或偏磨。

2) 检查胎面的磨损显示标记，确认花纹深度是否超过规定最小值。必要时，使用深度计测量（轮胎花纹最小深度：1.6 mm）。

3）检查轮胎是否有龟裂、损伤，胎面及两侧面的四周是否有钉子、石头及其他异物挤入或卡入。

4. 轮胎的修补

一般而言，汽车轮胎的修补技术依据汽车轮胎受损程度，大致可分为 3 种：冷补技术（内补或粘贴补）、热补技术（俗称火补）和胶条补胎技术。

（1）冷补技术

所谓冷补是将受伤的汽车轮胎从轮辋卸下，找到创口处，并将创口处的异物清理后，从汽车轮胎内层贴上专用补胎胶皮从而完成漏补。其实，这种技术类似自行车的补胎技术，只不过需要专用的扒胎机及补胎胶皮才能完成。其优点是可以对较大的汽车轮胎创口进行修补；缺点是不够耐用，在经过一段时间的水浸或车辆高速行驶之后，修补处很可能再次出现漏气现象。

（2）热补技术

汽车轮胎的热补技术是最彻底的补胎技术，同样要将汽车轮胎从轮辋上卸下，然后将专用的生胶片贴附于创口，再用烘烤机对创口进行烘烤，直至生胶片与汽车轮胎完全贴合。汽车轮胎热补技术的优点是非常耐用，基本不用担心汽车轮胎的创口处会重复漏气；缺点是施工时的技术要求较高，因为一旦烘烤时的火候控制不好，很可能会将汽车轮胎烤焦，严重的还会产生变形，这样一来，对汽车轮胎的损伤就更大了。

（3）胶条补胎技术

胶条补胎技术是最简单实用的方法，对设备要求低（1 套补胎工具加上 1 台小型轮胎充气泵即可），对车主的专业技术要求不高，因此很适合普通车主使用。

5. 轮胎气压检查

轮胎是汽车安全行驶的一个很重要的部件，由于轮胎原因而造成的事故是很严重的。轮胎气压（简称胎压）是轮胎的生命，所以应随时保持在正确的胎压下行驶，这对行车安全及其汽车的维护都有极大好处。

汽车胎压是指轮胎内部的空气压力，它对支撑汽车的质量起着重要作用，同时对轮胎的异常磨损、四轮定位、耗油量有极大的影响，且胎压过高或过低都有爆胎危险，所以确认胎压是非常重要的。应当按照厂家要求保持标准的胎压，包括备胎气压。保持标准的胎压和及时发现轮胎漏气是安全驾驶的关键。

以正常的轮胎为基准时，胎压每月会减小 1/100 bar（1 bar＝100 000 Pa），所以每周测定一次胎压是必需的，且必须使用正确的胎压表。对不同的车型，胎压标准值的标签位置不同，有的位于左前门下方，有的位于加油口盖背面，有的在内燃机铭牌上。

注意事项：

1）测量时，车辆需停放在平地上。

2）被测车辆应停驶 1 h 以上，以确保轮胎处于冷却状态，因为在热胎状态下测量的结果是不准确的。

3）保证胎压表刻度为 0；如果不是，请按胎压表回零按钮使之归零。

4）胎压表在插入气门嘴时要迅速，防止轮胎漏气。

（1）仪器结构功能

胎压表（见图 5-8）是一种专用表，一般由气压表、导管、归零阀和接头等组成。当归零阀处于关闭位置时，轮胎气体控制在气压表内，可保持测得的胎压读数（保持气压表指针位置）；当归零阀打开时，气压表指针回零，以便于下次测量。

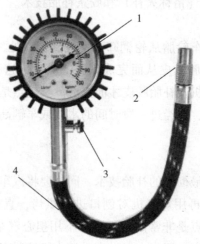

1—气压表；2—接头；3—放气/归零阀；4—导管。

图5-8　胎压表

（2）操作步骤

测量时，车辆需停放在平地上，保证轮胎冷却后，开始测量，如图 5-9 所示。

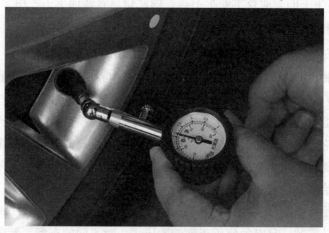

图5-9　测量胎压

1）先将气门嘴帽取下，将胎压表插口对准气门嘴。

2）用力迅速将胎压表插口插入气门嘴，等待 1 ~ 2 s。

3）迅速拔出胎压表，查看读数。

4）读数完毕，按下归零阀按钮，使其归零。

5）测量后，重新将轮胎气门嘴上的盖子锁上。

6. 车轮动平衡机的操作

（1）试验前准备工作

1）清除轮胎胎面上的泥土、嵌在胎纹中的泥土和石子以及扎在轮胎上的铁钉等异物。

2）拆除轮辋上旧的平衡块。

3）检查胎压是否达标，不达标的要进行充放气使其达到标准值。

4）检查轮胎磨损状况。

5）检查车轮动平衡机，并预热 5 min 左右。

（2）检修注意事项

1）离车式车轮动平衡机的主轴固定装置和就车式车轮动平衡机的支架上都装有精密的位移传感器和易碎的压电晶体传感器，因此严禁冲击和敲打主轴或传感器支架。

2）在检修车轮动平衡机时，传感器的固定螺栓不得松动，因为这一螺栓不是一般的紧固件，需要由它向传感晶体提供必要的预紧力。若这一预紧力发生变化，电算过程将完全失准。

3）车轮动平衡机的平衡块又称配重，通常有卡夹式和粘贴式。卡夹式适用于轮辋有卷边的车轮。对于铝镁合金轮辋，因无卷边可夹，可使用粘贴式平衡块。

4）必须明确，车轮动平衡机的机械系统和电算电路，都是针对正常使用条件下出现平衡失准或轻微受损但仍能使用的车轮而设计的，对因交通事故而严重变形的轮辋或胎面大面积剥离的车轮是不能上机进行平衡检测的。一方面，平衡量过大的车轮旋转时的离心力可能损伤车轮动平衡机的传感系统；另一方面，超值的不平衡力可能溢出电算范围而使仪器自动拒绝工作。

5）当不平衡量超过最大平衡块时，可用两个以上平衡块并列使用。但这时要注意，因多个平衡块占用较大的扇面会使其有效质量低于实际质量。

6）一般情况下，离车式车轮动平衡机和就车式车轮动平衡机都是独自使用的。但对高速行驶的汽车车轮而言，如果用离车式车轮动平衡机平衡后再装在车上行驶时，仍会出现不平衡现象。因此，使用离车式车轮动平衡机平衡车轮后，最好能用就车式车轮动平衡机进行校对。

（3）车轮平衡机的结构功能

车轮平衡度应使用车轮平衡机检测，车轮平衡机又称车轮平衡仪。车轮平衡机有以下类型：如果按功能分，车轮平衡机可分为车轮静平衡机和车轮动平衡机两类；如果按测量方式分，车轮平衡机可分为离车式车轮平衡机和就车式车轮平衡机两类；如果按车轮平衡机转轴的形式分，车轮平衡机又可分为软式车轮平衡机和硬式车轮平衡机两类。

LAUNCH KWB-402 车轮平衡机为离车式车轮平衡机，其外形如图 5-10 所示。下面以 LAUNCH KWB-402 车轮平衡机为例，介绍如何进行车轮动平衡的调节。

1）离车式车轮平衡机的专用测量卡尺（见图 5-11）：卡尺主要用于测量车轮的安装距离（简称轮距）和轮毂直径（简称轮径）。

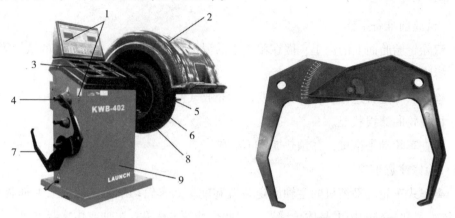

1—显示与控制装置；2—防护罩；3—平衡块槽；4—挂柄；　图 5-11　平衡机专用测量卡尺

5—组合锤；6—转轴；7—专用卡尺；8—检测车轮；9—机箱。

图 5-10　离车式车轮平衡机

2）操作面板：实现人机对话，将测试的数据显示在面板上以及通过面板进行操作控制，不断调整，实现车轮的动平衡调整。

3）挂柄：悬挂锥套、轮宽尺等备件。

4）平衡块槽：用于分类盛装配重铅块。

5）平衡轴：装配待平衡的车轮。

6）组合锤（见图 5-12）：用于平衡块的安装与拆除。

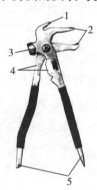

1—起拔器；2—钳子；3—锤头；4—剪线钳；5—锥。

图 5-12　组合锤

（4）车轮平衡机的操作步骤

1）开机。打开位于机器左侧的电源开关，平衡仪进行自检，自检完毕默认"动平衡"测量选项。

2）选择功能。每次开机时，电脑自动设置为标准平衡模式；按"F"按钮可选择自己所需要的平衡模式。

3）被测车轮的装配。把车轮套在平衡轴上，靠近凸缘；选择一个合适的锥套，用快锁螺母锁紧车轮。

4）车轮数据的输入。如图 5-13 所示，输入 A 值数据，将测量尺拉至轮辋安装平衡块的位置，读出测量尺上的数据，即车轮安装距离，然后按动面板上 A 旁边的 "+" 或 "-" 按钮，直至显示器显示值跟测量值一致；输入 L 值数据，用附件中宽度测量尺量出轮辋对边宽度，然后按动面板上 L 旁边的 "+" 或 "-" 按钮，直至显示器显示值跟测量值一致；输入 D 值数据，找到轮辋上标记的名义直径 d，然后按动面板上 D 旁边的 "+" 或 "-" 按钮，直至显示器显示值跟 d 值一致。

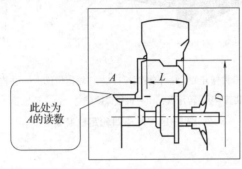

图 5-13　车轮数据

5）平衡机的操作方法如下。

①放下轮罩，车轮自动旋转，7 s 后机器自动停止。

②机器停止后，显示器显示的数值为车轮的不平衡值。

③用手转动车轮，面板上定位灯不停地闪动，当其中一组指示灯全亮时，表示轮辋最高点位置为不平衡点，其中左侧定位灯对应内侧不平衡点，右侧定位灯对应外侧不平衡点。

④在轮辋不平衡点处装上显示器测得数值的相应平衡块，并重复之前操作步骤，直至左右两侧的显示器均显示为 "00"。

6）从平衡旋转轴上卸下车轮，操作程序结束。

7）测试结束。切断电源，从传动轴上取下车轮总成。

7. 四轮定位

对汽车进行四轮定位的方法主要有静态检测法和动态检测法，下面以静态检测法为例，介绍汽车四轮定位的原理和检测操作过程。

车轮定位值的静态检测法是根据车轮旋转平面与各定位角之间存在的直接或间接的几何关系，利用专用的检测设备检测其是否符合原厂规定。汽车四轮定位装置如图 5-14 所示。

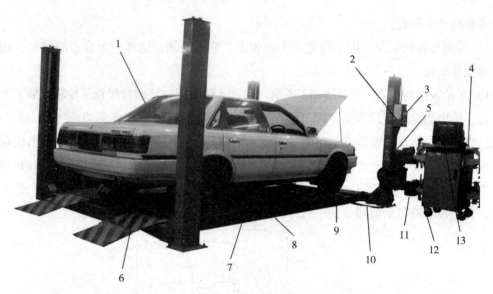

1—待测车辆；2—二次举升控制开关；3—控制面板；4—四轮定位仪；5—主电动机；6—桥式举升机；

7—托板；8—二次举升装置；9—转角盘；10—机械保险锁臂；11—传感器；12—支架；13—电脑。

图5-14　汽车四轮定位装置

操作规程如下。

（1）被检测车辆应具备的条件

在检测汽车的四轮定位时，被检测车辆应满足以下要求：

1）前后胎压及胎面磨损基本一致。

2）前后悬架系统的零部件完好、不松旷，减振器性能良好、不漏油。

3）转向系统调整适当，不松旷。

4）汽车前、后高度与标准值的差不大于5 mm。

5）制动系统正常。

（2）安装传感器

图5-15是传感器的安装方法，具体步骤如下：

1）将传感器和支架从四轮定位仪上拆下来，放在工作台上；

2）将4个支架安装在4个车轮的轮辋上，并将熔断丝上的螺母拧紧在车轮的打气孔上，防止轮辋安装不稳而掉下；

3）将4个传感器按照规定安装在车轮上的4个支架上；

4）用接线将4个传感器连接好，并连接到四轮定位仪后部的接线孔上。

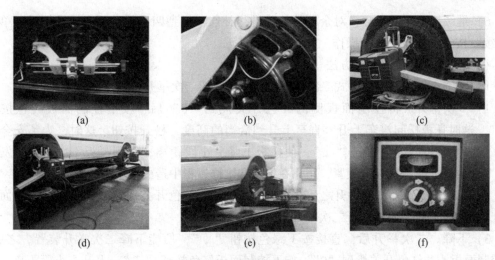

图 5-15　传感器安装方法

（a）安装支架；（b）保险锁；（c）安装传感器；（d）接线；（e）二次举升；（f）补偿控制

（3）电脑进入操作系统

起动四轮定位仪上电脑，进入到操作系统进行操作。

1）输入用户名和用户密码。

2）输入用户信息或者选择查询用户信息、调入用户信息。

3）选择需要进行四轮定位的车辆的信息，包括汽车车型和底盘号，并单击"OK"按钮。

4）显示器会显示出车型的规格值和公差，单击"OK"按钮。

5）显示器会显示出不同的胎面状态，选择胎面状态与所检测车型最符合的图标，并单击"OK"按钮。

6）进入到胎面深度的操作。检查待检测车辆四个轮胎胎面沟槽的深度，并按照对应顺序输入各个轮胎胎面沟槽的深度，单击"OK"按钮。

7）进入到轮胎压力的操作。检查待检测车辆四个轮胎压力的大小，并按照对应顺序输入各个轮胎的压力，单击"OK"按钮。

8）进入到补偿控制。

（4）补偿控制

1）补偿方式选择"三点补偿"。

2）移动二次举升装置到车桥下，二次举升起汽车。

3）长按传感器上的补偿按钮，直到绿灯熄灭、红灯闪烁后，旋转传感器旋钮，松开传感器。

4）逆时针转动车轮，直到绿灯亮后，将水平仪中的气泡调整到中心，旋转传感器的旋钮锁紧传感器，使其不能与车轮相对转动。

5）重复第3）、第4）步骤，直到红灯不闪烁，红绿两盏灯同时亮。这时，显示器中红色的"传感器需要补偿"转变为黑色的"传感器良好"，说明这个轮胎补偿完毕。

6）继续按上面的步骤，对余下的轮胎进行补偿，直到四个轮胎都完成补偿后，单击"继续"按钮，进行下一步操作。

（5）二次举升机的操作方法

以 QJY30-4CB 型四柱桥式二次举升机为例，介绍二次举升机的操作方法。

1）一次举升。将控制面板侧的红色开关拨到"0"后，按下控制面板红色按钮"↑"，这时托板托起汽车上升，直至上升到恰当的高度，松开按钮。这时，为了安全起见，应按下旁边的绿色按钮"↓"，使托板下降一小段距离，直到托板不能下降，发出"咔"响声。此时，托板被锁紧，防止在检测和维修过程中造成安全事故。

2）二次举升。在一次举升之后，将控制面板侧的红色开关拨到"1"，按下控制面板的红色按钮"↑"，便能进行二次举升。

3）下降。二次举升后，直接按下绿色按钮"↓"，便能下降二次举升装置。之后，将控制面板侧的红色开关拨到"0"，按下控制面板红色按钮"↑"，上升一小段距离，拉下机械保险锁臂后，再按下旁边的绿色按钮"↓"，托板就能依照按下绿色按钮的时间控制下降的距离。

（6）车辆测量调整图解

图5-16 和图5-17 分别是定位仪电脑显示器显示的前、后轮调整条。

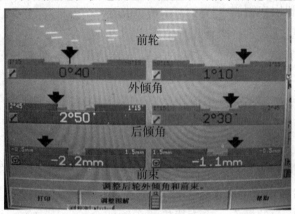

图 5-16　前轮调整条

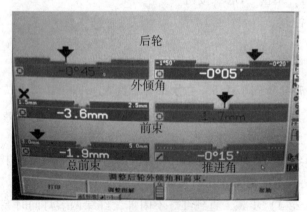

图 5-17　后轮调整条

进行轮胎补偿后，继续进行操作会进入到车辆测量调整的界面。这时显示器会显示前轮的 6 条调整条，红色的调整条说明车轮需要进行定位，绿色的调整条说明车轮不需要调整或者车轮已经调整好。当前轮的 6 条调整条都显示绿色时，说明汽车的前轮已经调整完毕。单击屏幕右边的"OK"按钮，可以对汽车的后轮或者其他参数进行调整。

1）单击"调整图解"按钮后，单击"前一调整图"或者"后一调整图"可以查看前轮前束、前轮后倾角、前轮外倾角和后轮前束等车轮定位的调节位置和调整方法。

2）单击"OK"按钮，返回到车辆测量调整的界面。然后，对汽车的主销后倾角、主销内倾角、前轮外倾角、前轮前束、后轮外倾角和后轮前束进行调整，直到调整条的颜色全部都显示绿色，调整结束，四轮定位完成。

3）车轮定位调整图解如图 5-18 所示。

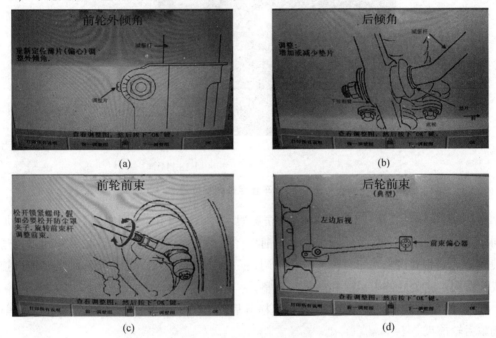

(a)　　　　　　　　　　　　　　　(b)

(c)　　　　　　　　　　　　　　　(d)

图 5-18 车轮定位调整图解

（a）前轮外倾角；（b）前轮后倾角；（c）前轮前束；（d）后轮前束

（7）定位参数的调整

1）调整主销后倾角和车轮外倾角。通过在销轴端增、减垫片可以调整主销后倾角；在前后螺栓增加或减少等量垫片可以调整车轮外倾角。

2）调整前轮前束。图 5-19 是车轮定位调整位置。在调整前轮前束之前，先要确定当前轮朝向正前方时转向盘处于中央位置，然后松开转向横拉杆，调整套筒上的锁紧螺栓，必要时松开防尘罩夹子，通过转动套筒改变横拉杆的长度来调整前轮前束。

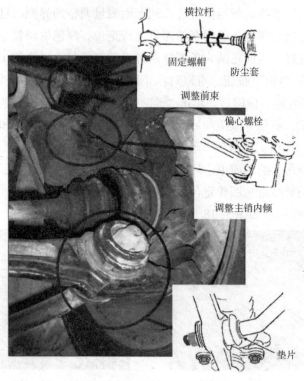

横拉杆

固定螺帽 防尘套

调整前束

偏心螺栓

调整主销内倾

垫片

调整主销后倾

图 5-19 车轮定位调整位置

3）调整后轮外倾角。对于有些半独立悬架，可以通过在后轴和后轴固定座之间加装不同厚度的垫片来改变后轮外倾角和后轮前束。对于其他一些悬架，后轮外倾角可以通过在转向节上端和滑柱之间加装楔形隔套来调整。此外，有些汽车的后轮外倾角是通过控制臂或拖臂固定座处的偏心螺栓和凸轮来调整。

4）调整后轮前束。如图 5-20 所示，松开后轮转向横拉杆锁紧螺栓，转动偏心螺栓，可调整后轮前束。

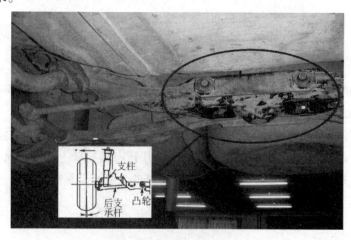

支柱

后支承杆 凸轮

图 5-20 后轮前束的调整

车轮定位的调整过程中，各个参数之间是相互影响的，假若调整过程中无论怎样调整都不能达到满意值，此时可考虑更换零件。

（8）数据标准与故障分析

部分汽车车型的四轮定位参数如表5-2所示。

表5-2　部分汽车车型的四轮定位参数

车型	主销后倾角 α	主销内倾角 β	前轮外倾角 γ	前轮前束 T
凯美瑞	2°00′	—	0°30′	1.0 mm
高尔夫嘉族	7°23′	—	−0°30′	0°10′
高尔夫7	7°38′	—	−0°41′	0°10′
一汽奥迪100	1°16′	14.2°	−30′±20′	0.5~1 mm
宝来NF	7°00′	—	−0°21′	0°00′
迈腾B7	7°32′	—	−0°30′	0°10′
上海别克	2.7°	—	−1°	
捷达PA	4°40′	—	−0°15′	0°10′
上海荣威	3°27′	12°33′±30′	−21±45′	
广州本田	1.8°	—	−1°	
宝马530i	7.9°±30′	12.0°	−0.2°	—
宝马m3	9.13°±30′	12.8°	−0.7°±30′	—
本田雅阁	3°±1′	—	0°±1′	—

注：在早期，"前轮前束"的单位都是"mm"；但后期有些厂商将"前轮前束"叫作"前轮前束角"，故其单位变成了角度，所以在"前轮前束"列中数字的单位有"mm"和角度两种。

当检测车辆的定位值与标准值不符时，偏差值的大小会在不同程度上影响汽车的行驶系统，造成方向转向沉重、发抖、跑偏、不正、不归位，或者轮胎单边磨损、波状磨损、块状磨损、偏磨等不正常磨损，以及驾驶人驾驶时，车感漂浮、颠簸、摇摆等现象。此时，需要对汽车四轮定位值进行调整，使汽车性能达到最佳。

（9）注意事项

1）桥式二次举升机的操作注意事项如下。

①举升机最大载荷不得超过额定值。

②将待修车辆升至所需高度后，再按向下按钮，使横梁挡块平稳地插入立柱保险板上的方孔内，以保证托板处于锁紧状态。

③下降时，先用右手按一下向上按钮，使托板上升一小段距离，左手拉下手柄，使四块挡块脱离保险板，再按向下按钮使托板下降到适当高度。

④严禁挡块在保险板方孔内，即托板处于锁紧状态下硬按手柄。

⑤举升机工作一段时间后，如发现桥面有倾斜现象，可调节立柱顶面的钢丝绳，使桥面调在同一水平面上。

⑥注意电动机的转向标记，顺时针为油泵工作转向；若相反，应转换顺序。

⑦配二次举升的举升机在二次举升时，应注意小车活塞杆上的警戒线，当活塞杆超越警戒线时，应立即停止举升。

⑧配二次举升的举升机切忌接通二次举升开关（二刀二闸开关）进行二次举升，或在接通二次举升开关状态下，进行升降举升机操作。

2）四轮定位仪的操作注意事项如下。

①安装支架到轮辋上，需将熔断丝的螺母拧紧在车轮的打气孔上，防止支架安装不稳而造成支架和传感器跌坏。

②传感器是四轮定位仪的重要元件，在安装和拆下的过程中应防止发生碰撞，以免损坏。使用前，要对传感器进行校正，以保证测试精度。

③4 个传感器之间是靠红外线传递信号的，检测的过程中人和物都应该避免在两传感器之间遮挡红外线的传递。

④移动四轮定位仪时，应避免使其受到振动，否则可能使传感器及电脑受到损坏。在检测四轮定位前须进行车轮传感器补偿，以免造成较大的测量误差。

5.3 高压电池系统的维护

5.3.1 安全维修

高压电系统中的电气系统电压及动力电池电压有致命危险，切勿触碰带有警示标志的高压电气部件、高压电缆或动力电池，以免导致致命的电击！

无专业资质人员切勿试图对高压电系统的电气部件、橙色高压电缆或动力电池进行任何维修操作。针对高压电系统的任何操作只可由有专业资质的专业技术人员按指导规范来实施。

切勿损坏或拆卸橙色高压电缆，或将其从高压电系统中脱开。

对高压电系统或动力电池的任何操作须遵守规范。当对新能源汽车高压电气部件进行维修时，一般需要对高压电气系统进行断电，然后再进行维修作业，需要采取的安全防护措施和断电方法如下。

1. 设监护人持证上岗

高压电气部件的维护和检修作业，建议设立专职监护人。由监护人监督工、量具设备的检查，劳保用品等是否符合要求，也监督作业全过程，并对作业结果进行检查，指挥供电。监护人和操作人要持证上岗。一般来说，要持有特种作业操作证——电工作业低压电工作业证。

操作人员上岗不得佩戴金属饰物（如戒指、手表、项链等），工作服衣袋内不得有金属物件（如钥匙、金属壳、笔、手机、硬币等）。

2. 作业前进行检查

检查现场操作环境,周边不得有易燃物品及与工作无关的金属物品,并在维修车辆周围设置隔离,无关人员不得进入现场。与工作无关的工具不得带入工作场地,必须使用的金属工具,手持部分要做绝缘处理。在地面或车辆附近明显位置放置"高压危险"警示牌。

3. 检查辅助绝缘用具

(1)绝缘手套

选择正确电压等级的绝缘手套(绝缘等级为 1 000 V/300 A 以上)。观察绝缘手套的表面是否平滑,且应无针孔、裂纹、砂眼、杂质等各种明显的缺陷和明显的波纹。观察绝缘手套是否出现粘连的现象。检查绝缘手套有无漏气现象。

(2)绝缘帽

选择正确电压等级的安全绝缘帽,观察绝缘表面有无破损。监督人员和操作人员均须戴好绝缘帽。

(3)高压绝缘鞋

高压绝缘鞋主要适用于高压电力设备方面电工作业时作为辅助安全工具,在 1kV 以下可作为基本安全用具。应选择正确电压等级的绝缘鞋,检查绝缘鞋的表面及鞋底有无破损。监督人员和操作人员均须穿好绝缘鞋。

(4)安全护目镜

安全护目镜应选用防碱性类型,防止电解液的溢出。应选择正确电压等级的护目镜。观察护目镜面有无破损、刮花。目镜的宽窄和大小要适合使用者的脸型。监督人员和操作人员均须戴好护目镜。

(5)绝缘工作台

要检查绝缘防护垫表面有无裂痕、砂眼、老化等现象,放置绝缘垫并用兆欧表检测绝缘性能,绝缘值大于 500 MΩ。

(6)灭火器

不能使用水基灭火器灭火,但可以使用大量并持续的水对燃烧的高压部件进行降温。

(7)吸水毛巾布

在溢出电解液被中和后,使用吸水毛巾布吸收多余的电解液。

(8)胶布

使用绝缘胶布覆盖所有的高压电线或端子,在维修塞被拔出后,使用绝缘胶布包住维修塞槽。

(9)维修工作台

必须要使用工作面带有绝缘橡胶的工作台。

4. 检修操作

(1)检修前准备

1)关闭电源开关,钥匙放在安全处。

2)断开低压蓄电池负极线。

3）断开低压蓄电池负极线，负极电缆接头用绝缘胶布包好。蓄电池负极桩头用盖子盖好或用绝缘胶布包好。

（2）检查放电工装

当被测物体有电时，灯会亮，无电则不亮。

（3）检查万用表

万用表线束和表面应无破损，并进行校零。

（4）检查兆欧表

兆欧表有数字式和指针式两种，现在一般使用数字式兆欧表。兆欧表线束和表面应无破损。戴好绝缘手套，然后进行放电，检查兆欧表性能。绝缘测试只能在不通电的电路上进行。

（5）断开维修开关并妥善保管

断开维修开关，并妥善保管。放置车辆 5～10 min，对新能源汽车的高压电容器进行放电。

一般来说，新能源汽车设置有维修开关，断开维修开关才可对新能源汽车进行维修。断开维修开关时需要穿戴好绝缘防护用品，并用盖子将接口封好或用绝缘胶布将维修开关接口封好。放置车辆 5～10 min（不同厂家有不同要求），对新能源汽车的高压电容器进行放电。

（6）断开动力蓄电池高低压线束

穿戴好绝缘防护品，先断开动力蓄电池低压线束，再断开高压线束（母线）。

（7）验电、放电

断开动力蓄电池母线后，需要对动力电池的母线进行验电，如果母线有残余电荷，需用放电设备进行放电，确保动力蓄电池母线无电。

安全重于泰山，在维修混合动力电动汽车之前一定要采取正确的安全防护措施。一般来说，完成了以上的几个步骤，才可以对混合动力电动汽车高压电气系统进行维修。

当高压电气系统在维护或检修完成后，需由监护人检查确定能否上电。监护人要仔细检查电路是否符合要求，并且检查现场人员是否在安全距离，然后在专用检查单上签字确认，指挥供电。如果发生异常事故和火灾，现场操作人员应立即断开高压回路，其他人员立即使用干粉灭火器或黄沙扑救，严禁使用水基灭火器。

5.3.2 高压电系统的故障

针对混合动力电动汽车高压电系统的配置，对混合动力电动汽车高压电系统可能发生的故障与安全问题进行分析，可以将混合动力电动汽车高压电系统故障分为动力蓄电池组故障、短路故障、绝缘故障、高压环路互锁故障等七类。其中，任何一类问题都是混合动力电动汽车的安全隐患，特别是对于短路、绝缘和交通事故造成电池液泄漏等问题，可能造成最为直接的人身伤害，因而更具危险性。

1. 绝缘电阻故障处理

混合动力电动汽车的电气化程度相对传统汽车要高，其中像电池包、电驱动系统、高压用电辅助设备、充电机及高压线束等在碰撞、翻转及运行的恶劣环境（汽车振动、外部环境湿度及温度）影响下，都有可能导致高压电路与汽车底盘间的绝缘性能降低，由此可能造成汽车火灾的发生，直接影响汽车驾乘人员的生命安全。因此，在电动汽车高压系统设计时，应确保绝缘电阻值大于 10 MΩ。此外，当汽车发生绝缘电阻值低于规定值时，高压管理系统应及时切断所有的高压回路，发出声光报警并持续一定时间，待原先故障消失后，汽车才被允许进行下次起动。

2. 电压检测与故障处理

混合动力电动汽车的动力来源是动力电池和内燃机，动力电池的放电能力和放电效率与其电压有很大关系。当动力电池电压处于低电压时，若仍大电流放电，将会损坏高压用电设备并严重影响电池使用寿命。当检测到电压过高或过低时，应及时切断相关回路。因此，为了保障混合动力电动汽车在动力蓄电池低压时用电设备及动力蓄电池和驾乘人员的安全，需要设计电压检测电路对高压电路系统工作电压进行实时准确的检测和安全合理的故障处理。

3. 电流检测与故障处理

由于运行道路环境及驾驶员操控的影响，汽车的运行状态会随时发生变化，且动力电池的放电电流会随驾驶员的操控而发生明显变化。当动力电池的放电电流超过预设定的允许范围，就会引起温度过分升高，此时不仅影响电池的寿命，而且在极端情况下还会引起异常的反应，造成汽车功率器件的损坏，危及汽车高压系统安全。这就要求高压管理系统需对动力电池电流进行实时监控，当检测到电流异常时，将及时切断所有高压回路并发出声光报警，提示驾乘人员和其他汽车。为了提高测量的准确度和精确度，本书选取霍尔式电流传感器对动力电池充放电电流进行检测，如图 5-21 所示。

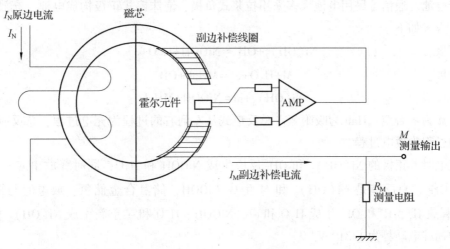

图 5-21 霍尔式电流传感器原理图

4. 高压接触器触点状态检测与故障处理

为实现混合动力电动汽车的控制功能和高压电路的可自行切断保护功能，在混合动力电动汽车的高压系统中必须配置可控制的，并且有自我保护切断高压回路功能的高压接触器。根据整车设计的需求，任何混合动力电动汽车在动力主回路中都会配置高压接触器，如果高压接触器触点发生闭合或断开失效时，没有得到相应的正确处理，将有可能引起不正常的控制，从而造成汽车不能正常起动或不能起动，严重情况下，还会给汽车和人身安全造成危险。鉴于上述问题的严重性，应对高压接触器触点状态进行安全有效的实时监控，并对故障进行处理。当高压接触器触点发生闭合或断开失效故障时，高压管理系统会发出声光报警，以提示操作人员，并根据故障的级别控制汽车是否可进行其他操作。

5.3.3 结构原理

雷凌混动的高压电池系统采用的是镍氢电池。镍氢电池是一种性能良好的蓄电池，分为高压镍氢电池和低压镍氢电池。由于化石燃料在人类大规模开发利用的情况下越来越少，近年来，氢能源的开发利用日益受到重视，镍氢电池作为氢能源应用的一个重要方向也越来越被人们注意。航天用的镍氢电池是高压镍氢电池（氢压可达 3.92 MPa），这样的高压力氢气贮存在薄壁容器内使用容易爆炸，而且镍氢电池还需要贵金属作催化剂，使它的成本变得很贵，这就很难为民用所接受。因此，国外自 20 世纪 70 年代开始探索民用的低压镍氢电池。

镍氢电池正极活性物质为 $Ni(OH)_2$（称 NiO 电极），负极活性物质为金属氢化物，也称储氢合金（电极称储氢电极），电解液为 6 mol/L 的氢氧化钾溶液。活性物质构成电极极片的工艺方式主要有烧结式、拉浆式、泡沫镍式、纤维镍式及嵌渗式等，不同工艺制备的电极在容量、大电流放电性能上存在较大差异，一般根据使用条件的不同采用不同的工艺生产电池。通信等民用电池大多采用拉浆式负极、泡沫镍式正极构成电池。充放电化学反应方程式如下：

正极： $$Ni(OH)_2 + OH^- = NiOOH + H_2O + e^-$$

负极： $$M + H_2O + e^- = MHab + OH^-$$

总反应： $$Ni(OH)_2 + M = NiOOH + MHab$$

其中，M 为氢合金；Hab 为吸附氢。总反应式从左到右的过程为充电过程；总反应式从右到左的过程为放电过程。

充电时，正极的 $Ni(OH)_2$ 和 OH^- 反应生成 NiOOH 和 H_2O，同时释放出 e^- 一起生成 MH 和 OH^-，总反应是 $Ni(OH)_2$ 和 M 生成 NiOOH，储氢合金储氢；放电时与此相反，MHab 释放 H^+，H^+ 和 OH^- 生成 H_2O 和 e^-，NiOOH、H_2O 和 e^- 重新生成 $Ni(OH)_2$ 和 OH^-。电池的标准电动势为 1.319 V。

5.3.4 使用时的维护

镍氢电池在使用时应注意维护。

很多车主都认为蓄电池是一个很简单的东西，因此平时不太注意维护保养。其实在汽车的日常使用中，蓄电池也算是最重要的部件之一，马虎不得。

蓄电池的日常使用应注意什么呢？蓄电池有起动电池和牵引电池之分，而起动电池又包括免维护电池和"加水"电池。就汽车而言，常用的都是起动电池，因为它可以使汽车储能，然后瞬间释放，因此用的起动电池质量越好，汽车起动也越迅速。

有关蓄电池在使用及保养方面需要注意如下问题。

1）蓄电池长久不用，它会慢慢自行放电，直至报废。因此，每隔一定时间就应起动一次汽车，给蓄电池充电。另一个办法就是将蓄电池上的两个电极拔下来，需注意的是，应先拔下负极线，或卸下负极和汽车底盘的连接，然后再拔去带有正极标志（+）的另一端。蓄电池有一定的使用寿命，到一定的时期就要更换。在更换时同样要遵循上述次序，不过在把电极线接上去时，要先接正极，再接负极。

2）当蓄电池电量不足时，要及时充电。有时在路途中发现电量不够了，内燃机又熄火起动不了，作为临时措施，可以向其他的车辆求助，即用其他车辆上的蓄电池来发动车辆，将两个蓄电池的负极和负极相连，正极和正极相连。

3）电解液的密度应根据不同的地区、不同的季节按照标准进行相应的调整。

4）在电解液缺少时应补充蒸馏水或专用补充液。切忌用饮用纯净水代替，因为纯净水中含有多种微量元素，对蓄电池会造成不良影响。

5）在起动汽车时，不间断地使用起动机会导致蓄电池因过度放电而损坏。正确的使用办法是每次发动的时间总长不超过5 s，再次起动间隔时间不少于15 s。在多次起动仍不着车的情况下，应从电路、点火线圈或油路等其他方面找原因。

6）日常行车时应经常检查蓄电池盖上的小孔是否通气。倘若蓄电池盖小孔被堵，会使产生的氢气和氧气排不出去，继而把蓄电池外壳撑破，影响蓄电池寿命。

7）检查电池的正、负级有无被氧化的迹象。为防止氧化，可以用热水时常浇电瓶的电线连接处，用铜丝刷清理干净，并涂上黄油。

8）检查电路各部分有无老化或短路的地方，防止电池因为过度放电而提前退役。

9）蓄电池禁止亏电存放。若蓄电池电量用完后闲置几天再充电，极板易出现硫酸盐化，从而使容量下降。

10）定期检查。定期测量单节电池的电压，若其中有一块电池的电压低于10.5 V，此时应找维修站检查或修理，以免损坏其他电池。

11）冬季电池容量随气温的降低而下降是正常现象，以20 ℃为标准，一般-10 ℃时容量为80%。

12）电池需要长时间放置时必须先充足电，一般每一个月补充一次。

13）充电时要使用专用充电器，放置在阴凉通风处，避免高温和潮湿。

14）请勿使用有机溶剂清洗蓄电池外壳。

15）请勿将蓄电池正负极端短路，以免发生危险。

16）蓄电池组若发生故障，请将其送交厂家授权处或有关机构妥善处理。禁止丢弃，以免造成环境污染。

5.3.5　电池的拆装

电池的拆装步骤如下。

1）将车辆放于举升机位置，关闭点火开关；通过仪表台左下方的前舱盖开启手柄，打开前舱盖。

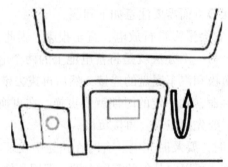

2）断开低压蓄电池负极。

螺母规格：M6×1.0。

螺母拧紧力矩：8 ~ 10 N·m。

使用工具：10 mm 六角套筒。

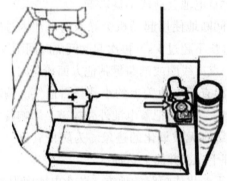

3）拆下动力电池电缆护板固定螺栓，取下护板。

螺栓规格：M6×1.0×16。

螺栓拧紧力矩：6 ~ 8 N·m。

使用工具：8 mm 六角套筒。

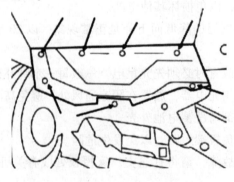

4）拆卸动力电池高压插件，步骤如下：

①逆时针旋出黑色低压控制插头（箭头 A）；

②向后拨动高压线蓝色锁销（箭头 B）；

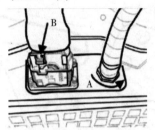

③按下锁止销，并向后按动到底；

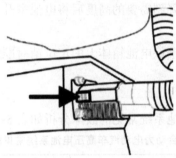

④按下锁止销，并向后拔出插头；

⑤将车辆举升至一定高度，并锁止举升机安全锁；

⑥将动力电池举升车推放到动力电池正下方，升高电池举升车平板与电池包底部接触；

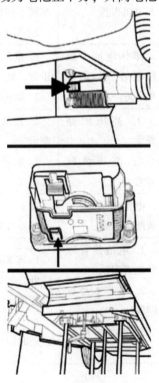

⑦拆下动力电池 10 根固定螺栓；

拧紧力矩：（95±5）N·m。

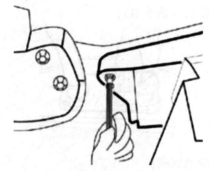

⑧缓慢下降电池举升车，降到需要的高度后将电池举升车推出；

⑨安装时按相反顺序进行。

注意：举升电池的时候要确保电池箱体上的定位销对准底盘上的定位孔。

5.3.6 故障分析

混合动力电动汽车高压电池系统常见的故障分析如表5-3所示。

表5-3 混合动力电动汽车高压电池系统常见的故障分析

序号	故障名称	故障码	可能的原因	售后处理方法
1	单体电池电压过高	P118822	电机系统失控、充电机失控	1. 如果重新上电，车辆恢复正常，则不需要派工（联系电池公司售后）；如果重新上电车辆不能恢复正常，则需要派工 2. 充电过程出现该问题，进行派工
2	单体电池电压不均衡	P118522	单体电池一致性不好或均衡效果不好	1. 重新上电，进行反复几次慢充，如恢复正常，则不需要派工 2. 如仍频繁出现该故障，则需要派工
3	电池外部短路	P118111	1. 高压回路异常 2. 高压负载异常	1. 如果重新上电，车辆恢复正常，则不需要派工 2. 如果重新上电车辆不能恢复正常，则需要派工
4	电池内部短路	P118321	电池内部焊接、装配等问题	派工，电池售后确认无故障后，诊断仪手动清除故障后重新上电
5	电池温度过高	P0A7E22	1. 电池热管理系统有问题 2. 电芯本身有问题 3. 电池装配节点松弛	1. 车辆断电，等待一段时间，使温度自然降低。如果重新上电，车辆恢复正常，则不需要派工 2. 如果重新上电车辆不能恢复正常，或者较短时间内温度仍迅速上升，则需要派工

续表

序号	故障名称	故障码	可能的原因	售后处理方法
6	温度不均衡	P118722	电池热管理系统故障	1. 车辆断电，重新上电，车辆恢复正常，则不需要派工 2. 如果重新上电车辆恢复后仍频繁出现该故障，则需要派工
7	电池温升过快	P118427	1. 电池内部短路 2. 电池焊接、装配等问题引起火花	1. 车辆断电，等待一段时间，使温度自然降低。如果重新上电，车辆恢复正常，则不需要派工 2. 如果重新上电车辆不能恢复正常，或者较短时间内温度仍迅速上升，则需要派工
8	绝缘电阻低	P0AA61A	1. 高压部件内部有短路 2. 高压回路对车身绝缘阻值下降	派工，确认无故障后，诊断仪手动清除故障后重新上电
9	充电电流异常	P118674	充电机故障或者充电回路故障	1. 如果重新上电，车辆恢复正常，则不需要派工 2. 如果重新上电车辆不能恢复正常，则需要派工
10	电池系统内部通信故障	U025482	1. CAN 总线线路故障 2. BMU 或 BMS 掉线	1. 如果重新上电，车辆恢复正常，则不需要派工 2. 如果重新上电车辆不能恢复正常，则需要派工
11	BMS 与车载充电机通信故障（v1）	U025387	1. CAN 总线线路故障 2. 车载充电机故障	1. 如果重新上电，车辆恢复正常，则不需要派工 2. 如果重新上电车辆不能恢复正常，则需要派工
12	内部总电压检测故障	P118964	系统电压检测回路故障	1. 如果重新上电，车辆恢复正常，则不需要派工 2. 如果重新上电车辆不能恢复正常，则需要派工
13	外部总电压检测故障（v2）	P118A64	系统电压检测回路故障	1. 如果重新上电，车辆恢复正常，则不需要派工 2. 如果重新上电车辆不能恢复正常，则需要派工

续表

序号	故障名称	故障码	可能的原因	售后处理方法
14	BMS-EEPROM读写故障	P119844	1. 输入输出存储器错误 2. 输入输出存储器芯片短路、断路或者内部击穿	1. 如果重新上电，车辆恢复正常，则不需要派工 2. 如果重新上电车辆不能恢复正常，则需要派工
15	高低压互锁故障	P0A0A94	高压接插件连接问题，零部件质量问题	1. 紧固高压连接件后重新上电，车辆恢复正常，则不需要派工 2. 如果重新上电车辆不能恢复正常，则需要派工
16	加热元件故障	P119796	加热元件失效	该故障不影响行车和上电
17	负极继电器粘连	P0AA473	1. 继电器带载动作或者严重过流 2. 负极继电器控制相关线路故障	1. 如果重新上电，车辆恢复正常，则不需要派工 2. 如果重新上电年辆不能恢复正常，则需要派工
18	预充继电器粘连	P0AE273	1. 继电器带载动作或者严重过流 2. 预充继电器相关线路故障	需派电池售后确认无故障后，诊断仪手动清除后重新上电
19	正极继电器粘连	P0AA073	1. 继电器带线动作或者严重过流 2. 继电器控制相关线路故障	需派电池售后确认无故障后，诊断仪手动清除后重新上电
20	负极继电器粘连	P0AA572	1. 负极继电器控制相关线路故障 2. 负极继电器失效	1. 如果重新上电，车辆恢复正常，则不需要派工 2. 如果重新上电车辆不能恢复正常，则需要派工

5.4　驱动系统的维护

5.4.1　驱动电机系统关键部件简介

1. 永磁同步电机

驱动电机采用永磁同步电机，它具有效率高、体积小、质量轻及可靠性高等优点，是动力系统的重要执行机构，是电能与机械能转化的部件，且自身的运行状态等信息可以被采集到驱动电机控制器。

驱动电机系统依靠内置传感器来提供电机的工作信息，如旋转变压器和温度传感器。

（1）旋转变压器

1）功用：检测电机转子位置，控制器解码后可以获知电机转速。

2）构造：传感器线圈固定在壳体上，信号齿圈固定在转子上。

3）传感器线圈：由励磁、正弦、余弦三组线圈组成一个传感器。

（2）温度传感器

1）功用：检测电机定子绕组的温度，并提供散热风扇起动的信号。

2）温度传感器阻值：PT1000 型热敏电阻，温度在 0 ℃时阻值 1 000 Ω，温度每增加 1 ℃，阻值增加 3.8 Ω。

3）散热风扇起动温度 t：45 ℃≤t<50 ℃时，冷却风扇低速起动；t≥50 ℃时，冷却风扇高速起动；t 降至 40 ℃时，冷却风扇停止工作。

2. 电机控制系统

（1）特点

1）电机控制系统是混合动力电动汽车核心之一，是车辆行驶的主要执行机构，其特性决定了车辆的主要性能指标，直接影响车辆动力性、经济性和舒适性。

2）采用三相交流永磁电机（DM）、电机控制器（MCU）可调整输出电流和电机转速，电机和电机控制器采用水冷方式防止温度过高。

3）整车控制器（VCU）根据驾驶员意图发出各种指令。

4）电机控制器响应并反馈，实时调整驱动电机输出。

（2）功能

1）怠速控制（爬行）。

2）控制电机正转（前进）。

3）控制电机反转（倒车）。

4）能量回收（交流转换直流）。

5）驻坡（防溜车）。

电机控制器另一个重要功能是通信和保护，实时进行状态和故障检测，保护驱动电机系统和故障反馈。

（3）构造

电机控制系统主要由接口电路、控制主板、IGBT 模块（驱动）、超级电容、放电电阻、电流感应器、壳体水道等组成。

5.4.2　驱动电机拆装

1. 驱动电机拆装

1）关闭点火开关及所有用电器，松开蓄电池负极电缆总成的固定螺母，取下负极电缆组件。

螺母规格：M6×1.0。

螺母拧紧力矩：21 ~ 23 N·m。

使用工具：10 mm 六角套筒。

2）拆卸 PEU 端电机 U、V、W 三相线高压插头。

3）拆前舱底护板。

4）拆卸真空泵。

5）拆卸左右半轴。

螺母拧紧力矩：30 ~ 36 N·m。

使用工具：10 mm 六角套筒。

6）断开空调压缩机高低压插件，拆下电动压缩机 4 颗固定螺栓。

螺母拧紧力矩：20 ~ 24 N·m。

使用工具：10 mm 六角套筒。

注意：将电动压缩机固定至车身合适位置处。

7）拆卸电机右悬置支架与电机间连接的固定螺栓。

螺母拧紧力矩：85 ~ 95 N·m。

使用工具：15 mm 六角套筒。

8）使用动力总成举升装置落下动力总成。

9）安装时以相反顺序进行。

2. 注意事项

（1）驱动电机安装

驱动电机与减速器连接花键润滑脂的规格：德国力魔 LM48 润滑脂。加注量：20 g。

（2）减速器润滑油

补加润滑油到标准油位，规格：美孚 1 号 LS GL-5 75W-90。

（3）冷却系统安装及冷却液加注

1）装配过程中保证管路的清洁，不要进入异物，以免造成水泵的损坏及管路堵塞。

2）管路两端有管路对齐标记，装配时按照对齐标记对齐。

3）管路连接时应注意管路走向，不应出现打帮、扭曲等现象，不应与其他管路干涉。

4）补加冷却液，水泵正常工作后，冷却液位在上限位置。

5）散热系统加注完成后，检查散热器总成左右侧水室密封处有无渗漏现象，即管路连接处是否出现液体泄漏及渗出，如出现液体渗漏须立即进行维修。

6）严禁在未加注冷却液前上电使水泵运转，否则将造成水泵的损坏。

5.4.3　驱动电机系统维护

1. 电机控制器检查

检查电机控制器（PEU），拔下电机控制器 35 针插件（见图 5-22），点火开关置于 ON 挡，用万用表直流电压挡测量 35 针插件 15 号端脚与 4、16 号端脚之间应该有 12 V 蓄电池电压；如无电压则检查保险 FS10 是否烧坏，如保险正常，则检查 35 针插件 15 号端脚线路与 MCU 继电器线束插头 J3/A10 是否导通，检查 24 号端脚与车身搭铁之间是否导通，检查 VCU88 脚与 MCU 继电器线束插头 J3/A8 是否导通，如不导通则维修线束处理。如果导通，则检查继电器是否损坏。

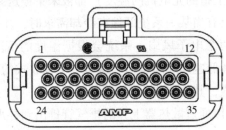

图 5-22　控制器 35 针接插件

2. 检测旋变

（1）正弦绕组阻值

拔下 PEU 35 针插件，用万用表欧姆挡测量 35 针插件 9 号与 21 号端脚之间是否有（43±5）Ω 电阻，如无电阻或无穷大，则排查线束及端子是否退针。

（2）余弦绕组阻值

拔下 PEU 35 针插件，用万用表欧姆挡测量 35 针插件 22 号与 10 号端脚之间是否有（43±5）Ω 电阻，如无电阻或无穷大，则排查线束及端子是否退针。

（3）励磁绕组阻值

拔下 PEU 35 针插件，用万用表欧姆挡测量 35 针插件 20 号与 8 号端脚之间是否有（19±2）Ω 电阻，如无电阻或无穷大，则排查线束及端子是否退针。

（4）电机温度传感器检测

拔下电机旋变插件，用万用表欧姆挡测量电机端插件 G 号与 H 号端脚，J 与 K 号端脚之间是否有 1 097 Ω（25 ℃）电阻，如无电阻或无穷大，则排查线束及端子是否退针。

5.5　冷却系统的维护

5.5.1　冷却系统的原理及结构

1. 冷却系统的原理

混合动力电动汽车在使用过程中，由于各电气系统中功率的损耗会产生大量的热量，为了保证系统的正常工作，需要维持这些温度在一定的范围之内，因此设计了冷却系统来对这些易于发热的系统进行冷却。

混合动力电动汽车中主要的发热部件有：驱动电机、电机控制器和电源分配单元（PDU），PDU 中的主要发热组件为车载充电（OBC）和 DC/DC 直流转化模块。

冷却液经过水泵加压后，被输送到电机控制器，经过电机控制器进入 PDU，经 PDU 进入驱动电机，最后从驱动电机回到散热器进行散热，经过散热后的冷却液再次进入水泵，并以此方式不断循环，带走系统中多余的热量。

冷却系统工作流程如图 5-23 所示，水泵及风扇的开启与停止都由整车控制器（VCU）进行控制，微控制单元（MCU）电机控制器温度（实际上指 IGBT 的温度）、驱动电机的温度及 PDU 的温度（实际上指的充电机的温度）都被采集被送到 VCU 内，VCU 据此判断各系统部件的冷却需求。只有当某一系统部件有冷却需求时，才会起动冷却系统。

散热器的后方安装了两个电子风扇，系统会根据温度的情况来决定是否开启风扇工作，并且根据冷却需求选择低速挡或高速挡。这是一个开放式的冷却系统，在散热器旁边配置了一个冷却系统补水罐，其功能如下：

1）冷却系统的气泡可以通过散热器上方的排气管排出到补水罐。

2）当温度升高，冷却液膨胀时，系统内多余的冷却液可以排到此罐内。

3）当温度降低时，补水罐内的冷却液可以通过底部的口补充到系统中。

4）当系统的冷却液不足时，通过此补水罐的口来添加冷却液，确保冷却液面位于补水罐中的上刻度线和下刻度线之间。

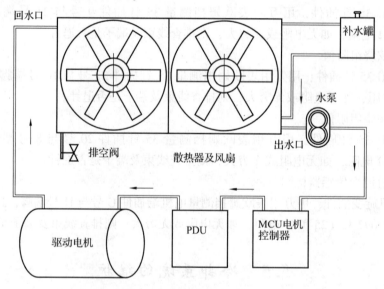

图 5-23　冷却系统工作流程

在散热器的下方还配有一个排空阀，用于冷却液的更换和维护保养时使用。

2. 冷却系统的结构

冷却系统的结构如图 5-24 所示。

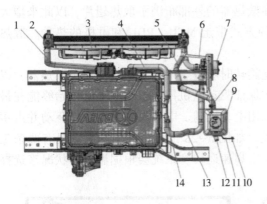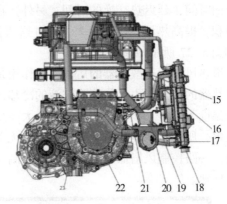

1—电机出水管；2—橡胶块；3—散热器及电子风扇模块；4—电机进水管；5—补水管；6—排气管；
7—水泵总成；8—钢带型弹性环箍；9—副水箱；10—六角法兰面螺栓-加大系列；11—副水箱支架；
12—六角法兰面螺母；13—MCU进水管；14—钢带式弹性软管夹箍；15—高压电缆固定卡子；
16—六角法兰面螺栓-加大系列；17—散热器出水管；18—散热器下悬置总成；19—六角法兰面螺栓；
20—水泵支架；21—六角法兰面螺栓-加大系列；22—高压电缆固定卡子；23—六角法兰面螺母。

图5-24　冷却系统的结构

5.5.2　主要零部件介绍

1. 水泵

水泵的作用是对冷却液加压，保证其在冷却系统中循环流动。混合动力电动汽车和传统内燃机汽车有着一定的区别，其水泵的驱动方式由机械传动变为电机驱动。离心式水泵如图5-25所示。

水泵是否工作的检测方法参照图5-26。用两根导线直接将蓄电池正负极与水泵正负极连接进行测试时（水泵插件的1号针脚为正极，2号针脚为负极），因为水泵有正负极性要求，在蓄电池端的两根导线要对调测试一次，对调后，水泵的转向将改变，以免误判。

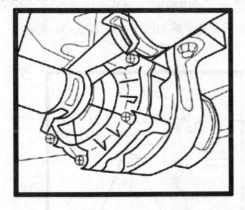

图5-25　离心式水泵　　　　　　**图5-26　水泵是否工作的检测方法**

注意：请勿长时间地转动水泵，否则极容易损坏水泵。

2. 散热器及风扇总成

冷却液先自左向右再自上向下地在散热器内蜿蜒曲折地流动，以此增加其在散热器内停留的时间，延迟热交换的时间。另外，在散热器的外部布满了散热翅片，以此来增大散热面积，提高热量交换的效率，通过这两种方式带走 MCU、PDU 和电机的热量。散热系统如图 5-27 所示。

散热风扇置于散热器的后面，其作用是旋转时吸进空气，并使空气通过散热器，以增强散热器的散热能力，加速冷却液的冷却，保证驱动电机控制器及驱动电机始终能在最适宜的温度下正常工作。目前，轿车上大多采用电动风扇。电动风扇由电动机驱动并由蓄电池供电，所以风扇转速与驱动电机转速无关。如图 5-28 所示，风扇的电动机有两条工作电路，一路控制风扇低速运转，一路控制风扇高速运转。系统会根据温度的状况来选择风扇的转速。

图 5-27　散热系统

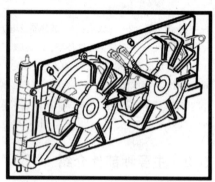

图 5-28　散热风扇

3. 膨胀罐和补水罐

在常温下为了达到良好的冷却效果，将在可能的情况添置尽可能多的冷却液。冷却液会随着温度的升高而膨胀，为了收集膨胀出来的冷却液，在系统中设置了一个膨胀罐，而且随着温度的上升冷却液内还会产生气泡，膨胀罐可将这些气泡中的气体排出系统。当冷却系统温度降低后，冷却液会收缩，然后系统内的冷却液液面就会下降，为了补充这部分的冷却液，补水罐的冷却液会经过补水管补充到散热器内。所以膨胀罐和补水罐就是同一个物体，只是说明了两个不同阶段的作用。膨胀罐罐盖标识和补水罐如图 5-29、图 5-30 所示。

图 5-29　膨胀罐罐盖标识

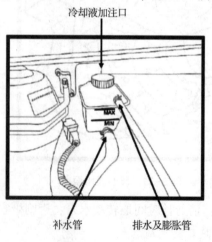

图 5-30　补水罐

补水罐的另一个作用就是用来添加冷却液。

（1）冷却液液位检查

打开前机舱盖前应将车辆停驻在水平路面上，打开前机舱盖前务必仔细阅读和遵守相关警告说明。冷却液膨胀罐和冷却液液位指示。待电机冷却后检查冷却液液位。

"MAX"：为冷却液上限标记。

"MIN"：为冷却液下限标记。

冷却液液位应位于上限标记与下限标记之间。如液位偏低，须添加冷却液。

（2）冷却液添加

1）若电机处于热态，关闭驱动系统并等待其冷却。

2）为防止烫伤用一块厚布包住膨胀罐盖，然后慢慢拧下膨胀罐盖。

3）必须添加新冷却液。加注后冷却液液位必须处在标记范围内，至少高于"MIN"标记。

4）装上并拧紧膨胀罐罐盖。

（3）注意事项

1）不允许用不同的冷却液添加剂与先前的冷却液添加剂混合。

2）符合标准的冷却液添加剂可防止霜冻、腐蚀和结垢，此外还能提高沸点。因此冷却系统务必全年加注防冻防腐剂。

3）如果出于气候原因需要更强的防冻效果，可以提高冷却液的比例，但最高只到60%（防冻温度最低至约-40 ℃），否则防冻效果会减弱，此外还会降低冷却效果。

4）使用折射计确定当前的防冻液浓度。

5）如果更换了散热器、驱动电机等，就不能重新使用已经用过的冷却液。

5.5.3 冷却系统常见故障排查

1. 工具

冷却系统常见故障排查使用的工具如表5-4所示。

表5-4 冷却系统常见故障排查使用的工具

工具名称	规格
个人绝缘工具	绝缘手套，绝缘鞋，护目镜，安全帽，警示牌等
手动绝缘工具	一套（含有套筒、扳手、棘轮、内六角、内六花、钳子、螺丝刀、皮锤）
万用表等	数字式（包含有端子测试工具）挑针，剥线钳，压线钳
绝缘表	500MΩ
测温枪	红外线
测速枪	红外线
BDS	诊断仪（含笔记本带安装软件）
PCAN	含已安装好程序的笔记本

2. 故障码的故障诊断

故障码的故障诊断如表 5-5 所示。

表 5-5　故障码的故障诊断

编号	故障名称	DTC	维修提示
1	低速风扇继电器驱动通道开路	P100A13	1. 检查风扇插件和线束；2. 更换风扇继电器
2	低速风扇继电器驱动通道对电源短路	P100A12	1. 检查风扇插件和线束；2. 更换风扇继电器
3	低速风扇继电器驱动通道对地短路	P100A11	1. 检查风扇插件和线束；2. 更换 VCU
4	水泵继电器驱动通道开路	P100C13	1. 检查水泵插件和线束；2. 更换水泵继电器
5	水泵继电器驱动通道对电源短路	P100C12	1. 检查水泵插件和线束；2. 更换水泵继电器
6	水泵继电器驱动通道对地短路	P100C11	1. 检查水泵插件和线束；2. 更换 VCU
7	高速风扇继电器驱动通道开路	P100D13	1. 检查风扇插件和线束；2. 更换风扇继电器
8	高速风扇继电器驱动通道对电源短路	P100D12	1. 检查风扇插件和线束；2. 更换风扇继电器

3. 常见无故障码的故障诊断

常见无故障码的故障诊断如表 5-6 所示。

表 5-6　常见无故障码的故障诊断

故障现象	故障分析	处理措施
水泵工作有异响（嗡嗡声）	首先分析车辆是在行驶中还是静止状态出现的异响，若以上两种情况均有。检查散热器内防冻液是否充足，补充后再进行试车，如还是存在异响，考虑为水泵出现故障	补充防冻液；若补充后，水泵声音仍然很大，更换水泵
仪表报出驱动电机过热	1. 水泵不工作/运转不顺畅。2. 水道堵塞。3. 冷却系统缺液。4. 散热器外部过脏。5. 散热器散热效果不佳，如散热器翅片发生变形，通风量降低等。6. 电子风扇不转	1. 检查水泵电路部分，更换相应器件（保险丝、继电器、线束）；更换水泵。2. 更换相关管路。3. 补充冷却液。4. 清理散热器表面脏污（如杨絮、蚊虫等杂物）。5. 更换散热器。6. 检查电子风扇供电电路

4. 排查步骤与方法

在进行故障诊断时，请牢记先简后难，从外到内的原则。

大部分的故障来源于电源、保险、线路、开关（继电器）及接地等简单元件。应先检查这些简单元件，再检查温度传感器和电机等电子元件，最后再检查控制器和通信故障。

对于冷却系统的控制，控制器采用的都是低电位控制，所以为了故障诊断可以将控制器甩开，直接进行接地检测，并根据系统的原理图进行下一步的检查。由于电动车固有的特性和控制策略，其冷却系统的温度不可能达到 100 ℃，所以不能根据冷却液的温度来推断其故障现象。

5.6　转向系统的维护

采用电动助力转向系统（EPS），EPS控制模块通过检测来自整车的车速信号、点火信号以及转矩传感器的转矩信号来改变提供给转向盘的助力的大小和方向，它可以提高整车的低速转向轻便性和高速转向稳定性，减轻驾驶员操作转向盘的工作强度，缓解驾驶疲劳。

EPS采用可压溃和可调节角度的转向管柱，可压溃的转向管柱在车辆碰撞过程中通过管柱压溃可吸收碰撞能量，减轻驾驶员受到的伤害；可调节角度的转向管柱可以通过管柱调节转向盘角度，让驾驶找到更舒适的姿势，提高驾驶舒适性。

EPS总成装置包括：

1）转向管柱总成；

2）电动助力转向控制器；

3）电动助力转向器总成。

5.6.1　转向管柱总成

1. 转向管柱拆卸

（1）拆卸

转向管柱作为备件只能整套更换，无法进行维修，其拆卸步骤如下。

1）拆卸组合开关。

2）拆卸仪表盘左下装饰板总成。

3）用记号笔在转向管柱1，与电动助力转向器总成2上做好装配标记箭头A。

4）掀起地毯，旋出固定螺栓，脱开转向管柱1与电动助力转向器总成2的连接。

螺栓规格：M8×1.25×30。

螺栓拧紧力矩：20～26 N·m。

使用工具：13 mm六角套筒。

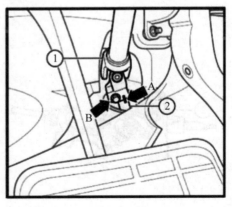

5）断开点火开关连接插头（箭头 A、箭头 B、箭头 C）。

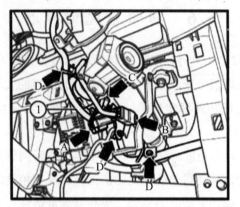

6）撬出固定卡（箭头 D，3 处位置），将线束 1 放置在一旁。

7）旋出固定螺栓（箭头 A）、（箭头 B），取出转向管柱 1。

螺栓（箭头 A）规格：M8×1.25×30。

螺栓（箭头 A）拧紧力矩：20～26 N·m。

螺栓（箭头 A）使用工具：10 mm 六角套筒。

螺栓（箭头 B）规格：M8×1.25×20。

螺栓（箭头 B）拧紧力矩：20～26 N·m。

螺栓（箭头 B）使用工具：10 mm 六角套筒。

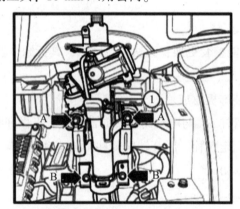

8）撬开点火开关 1 的连接插头（箭头处）。

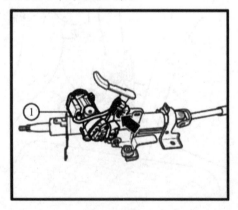

9）使用工具钻去固定螺栓（箭头处），取下点火开关1。

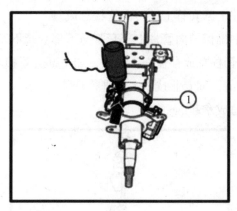

（2）安装

安装以倒序进行，同时注意：安装完成后，在试车时必须检查转向盘总成的位置。

2. 转向管柱总成检查

（1）目检

检查转向管柱总成部件是否出现损坏。

（2）功能检查

1）检查转向管柱是否卡住或转动困难。

2）检查转向管柱是否可进行角度调节。

3. 转向管柱的处理和运输

注意：必须正确处理转向管柱，错误的处理会导致转向管柱损坏并由此造成安全隐患。

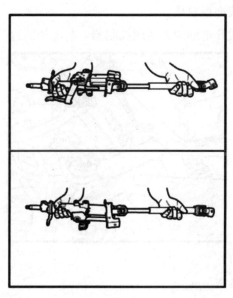

正确处理和运输转向管柱总成的注意事项如下。

1）用双手运输转向管柱总成。

2）在上部区域内抓住上部套管上的转向管柱总成。

3）运输及拆装过程中确保转向管柱上部套管与下部套管不发生分离。

错误处理会导致转向管柱总成存在安全隐患，如下部套管损坏，上部套管与下部套管可能发生分离。一旦分离请咨询专业技术人员进行合装。

4）单手将转向管柱总成拿起。

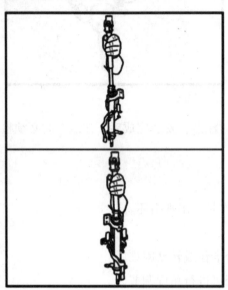

5.6.2 电动助力转向控制器拆装

1. 拆卸

1）拆卸仪表盘左下装饰板总成。

2）旋出固定螺栓，脱开电动助力转向控制器 1 与支架的连接。

螺栓规格：M6×1.0×12。

螺栓拧紧力矩：9~11 N·m。

使用工具：10 mm 六角套筒。

3）移动电动助力转向控制器 1 至可断开连接插头位置。

4）断开连接插头（箭头 A、箭头 B、箭头 C 处），取出电动助力转向控制器 1。

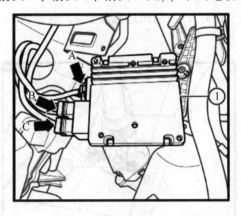

2. 安装

安装以倒序进行。更换电动助力转向控制器后，将点火开关置 ON 状态（无须起动），进行电动助力转向控制器配置，具体配置项目参照诊断仪提示进行操作。

5.6.3　电动助力转向器总成

1. 结构

电动助力转向器总成的结构如图 5-31 所示。

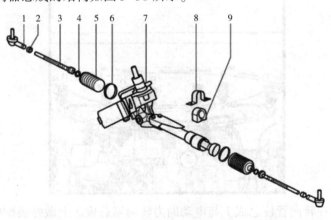

1—外拉杆总成；2—锁止螺母；3—内拉杆总成；4—小卡箍；5—防尘套；

6—大卡箍；7—转向器；8—安装支架；9—橡胶衬套。

图 5-31　电动助力转向器总成的结构

2. 拆卸

1）将转向盘转至直线行驶位置。

2）换挡杆置于"N"挡。

3）拆卸两侧转向节组件。

4）断开蓄电池负极电缆。

5）拆卸前雨刮电机及连杆总成。

6）撬出线束固定卡（箭头A），撬出过孔胶套1，脱开线束2与通风罩前下板总成的连接。

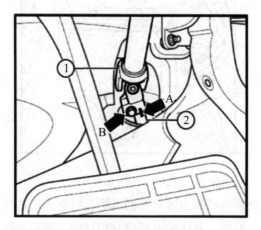

7）旋出固定螺栓（箭头B），取下通风罩前下板总成。

螺栓规格：M6×1.0×12。

螺栓拧紧力矩：6～12 N·m。

使用工具：8 mm 六角套筒。

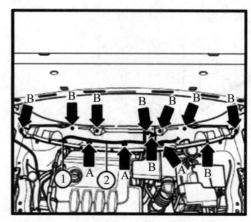

8）用记号笔在转向管柱总成1与电动助力转向器总成2上做好装配标记（箭头A）。

9）旋出固定螺栓（箭头B），脱开转向管柱总成1与电动助力转向器总成2的连接。

螺栓规格：M8×1.25×30。

螺栓拧紧力矩：20～26 N·m。

使用工具：13 mm 六角套筒。

10）将左侧驱动轴总成 1 与右侧驱动轴总成 2 固定至车身上。

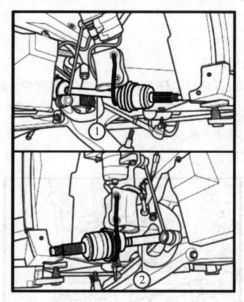

11）旋出固定螺栓（箭头 A、箭头 B、箭头 C），取下后悬置软垫总成 1 与后悬置支架 2。

螺栓（箭头 A）规格：M12×1.25×60。

螺栓（箭头 A）拧紧力矩：75～85 N·m。

螺栓（箭头 A）使用工具：15 mm 六角套筒。

螺栓（箭头 B）规格：M12×1.25×20。

螺栓（箭头 B）拧紧力矩：75～85 N·m。

螺栓（箭头 B）使用工具：15 mm 六角套筒。

螺栓（箭头 C）规格：M12×1.5×55。

螺栓（箭头 C）拧紧力矩：85～95 N·m。

螺栓（箭头 C）使用工具：18 mm 六角套筒。

12）旋出固定螺母，脱开前稳定杆左侧连杆 3 与前稳定杆 2 的连接。

螺母规格：M12×1.5。

螺母拧紧力矩：57 ~ 73 N·m。

使用工具：18 mm 两用扳手。

13）旋出固定螺母，脱开前稳定杆右侧连杆 1 与前稳定杆 2 的连接。

螺母规格：M12×1.5。

螺母拧紧力矩：57 ~ 73 N·m。

使用工具：18 mm 两用扳手。

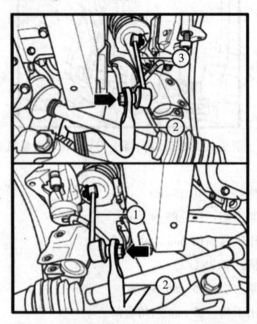

14）断开电动助力转向器总成的连接插头（箭头 A、箭头 B）。

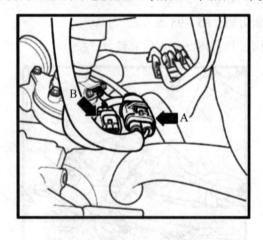

15）使用举升装置放置前副车架组件1。

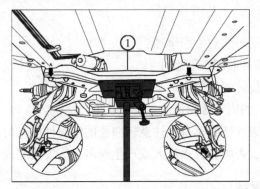

16）旋出固定螺栓（箭头A、箭头B），将前副车架组件1降下。

螺栓（箭头A）规格：M14×1.5×80。

螺栓（箭头A）拧紧力矩：190~210 N·m。

螺栓（箭头A）使用工具：21 mm六角套筒。

螺栓（箭头B）规格：M14×1.5×90。

螺栓（箭头B）拧紧力矩：190~210 N·m。

螺栓（箭头B）使用工具：21 mm六角套筒。

提示：必须在另一位装配工的协助下进行操作。

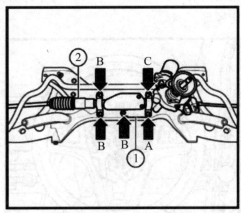

17）旋出固定螺母（箭头A）和螺栓（箭头B、箭头C），取下支架1与电动助力转向器总成2。

螺母（箭头A）规格：M12×1.5。

螺母（箭头A）拧紧力矩：85~95 N·m。

螺母（箭头A）使用工具：18 mm六角套筒。

螺栓（箭头B）规格：M12×1.5×20。

螺栓（箭头B）拧紧力矩：85~95 N·m。

螺栓（箭头B）使用工具：15 mm六角套筒。

螺栓（箭头C）规格：M12×1.5×45。

螺栓（箭头C）拧紧力矩：85~95 N·m。

螺栓（箭头 C）使用工具：15 mm 六角套筒。

3. 安装

安装以倒序进行，同时注意下列事项：

1）使用举升装置举升前副车架组件 1。

提示：必须在另一位装配工的协助下进行操作。

2）预紧前副车架 1 的固定螺栓箭头 A、箭头 B。

提示：①将前副车架安装到车身上注意转向器的密封件应无弯折地紧贴装配板，并且正好封住脚部空间开口，否则会有水进入或产生噪声；②安装完成后需进行四轮定位。

5.6.4 转向盘拆装

1. 拆卸

1）拆卸主安全气囊。

2）将转向盘总成转至直线行驶位置。

3）断开时钟弹簧连接插头（箭头 B），旋出转向盘总成 1 的固定螺母（箭头 A）。

螺母规格：M12×1.5。

螺母拧紧力矩：37 ~ 43 N·m。

使用工具：18 mm 六角套筒。

提示：必须更换新固定螺母。

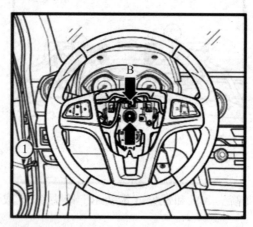

4）将转向盘总成 1 从转向管柱上拔出。

提示：在取出转向盘总成时，注意转向管柱和转向盘总成的标记。若转向管柱上没有标记，在取下转向盘总成前应用记号笔在转向管柱上做标记。

2. 安装

安装以倒序进行。安装后，在试车时必须检查转向盘总成的位置。

5.6.5 故障现象和诊断

故障现象和诊断如表 5-7 所示。

表 5-7　故障现象和诊断

序号	检查步骤	检查结果		
		正常	有故障	操作方法
0	初步检查转向盘是否安装到位	进行第1步	转向盘安装不到位	重新安装转向盘
1	检查转矩传感器是否正常	进行第2步	转矩传感器功能失效	更换转矩传感器
2	检查电机的驱动力是否正常	进行第3步	电机的驱动力不足	更换电动助力转向器总成
3	检查电动助力转向器总成是否有故障	进行第4步	电动助力转向器总成故障	更换电动助力转向器总成
4	检查车速传感器是否正常	进行第5步	车速传感器信号不良	检查车速信号电路
5	检查转向管柱总成是否正常	进行第6步	转向管柱总成故障	更换转向管柱总成
6	检查电动助力转向控制器是否正常	进行第7步	电动助力转向控制器故障	更换电动助力转向控制器
7	执行正确检修操作后，检查故障是否出现	诊断结束	故障未消失	从其他症状查找故障原因

5.7　制动系统的维护

5.7.1　制动拖滞检查

1）检查、调整制动踏板自由行程。

2）将车辆支起后检查各车轮转动情况，转动不灵活故障一般在制动主缸之前，应检查制动主缸及真空助力器。

3）个别车轮存在转动不灵活及过热现象，故障一般在该轮制动器及制动轮缸，应检查车轮制动器及其制动轮缸的工作性能。

5.7.2　制动液的检查与更换

制动液是液压制动系统中传递制动压力的液态介质，又称为刹车油或迫力油，是制动系统不可缺少的部分。而在制动系统之中，制动液作为力传递的介质，因为液体是不能被压缩的，所以从总泵输出的压力会通过制动液直接传递至分泵之中。

对于制动液的性能要求有以下几点：黏温性好，凝固点低，低温流动性好；沸点高，高温下不产生气阻；使用过程中品质变化小，并不引起金属件和橡胶件的腐蚀和变质。制动液在使用一定时间后，会出现沸点降低、受污染及不同程度的氧化变质，所以应根据气候环境条件、季节变化及工况及时检查其质量性能，及时更换。普通工况下，制动液在使用两年或五万公里后就应更换。

我国将制动液分为 JG0、JG1、JG2、JC3、JG4、JG5 共 6 个级别，其中 JG3、JG4、JG5 分别对应美国 DOT3、DOT4、DOT5 级别。JG0 级制动液推荐在严寒地区使用；JG1、JG2 级制动液一般用于普通车辆的液压制动系统；JG3 级制动液可使用于我国的广大地区，适用于各种高级乘用车和轻型、中型、重型货车的液压制动系统；JG4 级制动液适用于制动液操作温度较高的乘用车；JG5 级制动液则供对制动液有特殊要求的车辆使用。

1. 制动液的选择

1）由于制动系统中的密封件为橡胶皮腕，长期浸泡在制动液中会发生化学变化，造成皮腕膨胀或收缩，从而影响制动性能，因此应选择与橡胶配伍性良好的制动液。

2）高温性能，也就是制动液高温下抗气阻的能力，用"平衡回流点"这一指标来考查。制动液的平衡回流点越高，说明其高温性能越好，同时也说明其质量级别越高。

3）低温性能，也就是制动液低温时的流动性能，用 40 ℃时制动液的运动黏度来考查。如果在该温度下制动液黏度过高，就会影响制动力的传递。

4）由于汽车制动系统中不少零部件都是金属材料，因此好的制动液应加入各种防腐蚀的添加剂，这样才能防止制动系统被腐蚀。

2. 选择制动液需注意的问题

选择制动液需注意的问题如下。

1）应按照汽车使用说明书的要求选取制动液。

2）不可混加制动液，否则可能出现制动液浑浊或沉淀现象，会造成制动性能不足，甚至因管路堵塞造成制动失灵。

3）防止水分和矿物油混入制动液中。

4）制动主缸、轮缸橡胶皮腕不可敞开放置。

5）汽车制动液多以有机溶剂制成，易挥发易燃，因此管理和使用过程中要注意防火。

6）制动液产品一般有一定的毒性，因此在更换时不能用嘴将制动液吸出。

7）制动液对车身涂层有一定的破坏作用，会产生喷胶现象，因此在使用过程中要防止制动液与车身涂层接触。

8）经常检查制动液液位和质量。液位过低，制动系统会进气，导致制动不良或失效，应及时补充制动液；制动液质量异常，应及时更换。

9）制动液多为有机溶剂制成，易挥发且易燃，因此要远离火源。同时，要注意防潮，因为制动液会因吸水而降低其制动性能。

3. ABS 制动液

装有 ABS 的汽车的制动系统产生的摩擦热比未装 ABS 的汽车高，因此对于制动液的选取更为严格，加上由于 ABS 较常规制动系统更为复杂，因此在选用、更换及补充制动液时应特别注意。

1）在 ABS 中，制动液的通路更长、更曲折，因此制动液在流动过程中受到的阻力较大；另外，在 ABS 中，运动零件更多、更精密，这些运动零件对润滑的要求也更高，因此，ABS 所选用的制动液必须具有恰当的黏度。

2）在 ABS 中，制动液反复经历压力增大和减小的循环，因而其工作温度和压力较常规制动系统中的制动液更高，这就要求其具有更强的抗氧化性能，以免形成胶质、沉积物和腐蚀性物质。

3）在 ABS 中，有更多的橡胶密封件和橡胶软管，这就要求选用的制动液不能对橡胶密封件产生较强的膨润作用。

4）在 ABS 中，有更多、更为精密的金属零件，因此要求所选用的制动液具有较低的腐蚀性，以免对金属零件产生锈蚀。

5）在 ABS 中，有更长、更复杂的管路，因此要求所选用的制动液具有较高的沸点，以免发生汽化使制动系统产生气阻。

根据以上特点，ABS 一般都选用 DOT4 级制动液。尽管 DOT5 级制动液具有更高的沸点，但是它是硅基制动液，会对橡胶件产生较强的损害。DOT3 和 DOT4 是醇基制动液，具有较强的吸湿性，随着使用时间的延长，其中的含水量会不断增多。当制动液中含有较多的水分时，会使制动压力调节装置中的精密零件发生锈蚀，在寒冷的气候条件下，还会使制动液的黏度变大，影响制动液在制动系统中的流动，使制动变得迟缓，导致制动距离延长。

4. 制动排空

ABS 中的空气特别有害，它能干扰系统对制动压力的调节而导致 ABS 失去作用。在更换制动器、打开制动管道、更换液压部部位时；或因制动管道中出现空气使制动踏板感觉发软或变低时，均应对 ABS 进行放气。ABS 空气排放的操作方法如下。

（1）准备工作

1）排空气前，检查储液罐制动液液位，液面高度应当在上限（MAX 或 HIGH）与下限（MIN 或 LOW）刻度之间；若不足，应拧下储液罐盖，加满制动液，注意不要使制动液沾到油漆上，如沾上应立即清洗。此外，应注意制动液的清洁，防止灰尘和水分进入制动液。

2）一人进入驾驶室，举升车辆。

（2）制动排空

ABS 制动排空时，与普通排空一样，需要用透明塑料软管将轮缸的放气螺塞和盛有制动液的容器相连，并且保证在放气过程中透明塑料软管不露出液面，如图 5-32 所示。

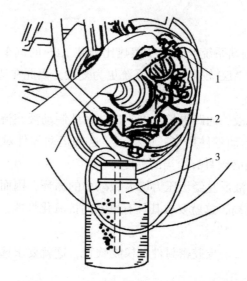

1—放气螺塞；2—透明塑料软管；3—盛有制动液的容器。

图5-32　液压制动系统排气的通用方法

5.7.3　真空助力器带制动主缸及储液罐总成拆装

1. 制动主缸及储液罐拆装

（1）拆卸

1）用制动液加注和排气装置（或抽吸装置），从储液罐中尽可能多地抽出制动液。

2）拆卸 ABS 控制器总成。

3）断开制动器主缸及储液罐 1 的油位传感器连接插头（箭头 A）。

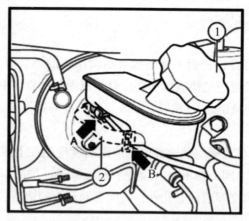

4）旋出固定螺母（箭头），将制动主缸及储液罐 1 从真空助力器中拆下。

螺母规格：M8×1.25。

螺母拧紧力矩：8～12 N·m。

使用工具：13 mm 六角套筒。

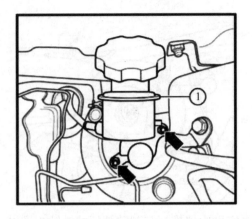

（2）安装

安装以倒序进行。组装制动主缸及真空助力器时，注意推杆在制动主缸中的正确位置。

2. 真空助力器拆装

（1）拆卸

1）拆卸制动主缸及储液罐。

2）从箭头 C 处脱开左前制动硬管 2 与 ABS 控制器支架 1 的连接。

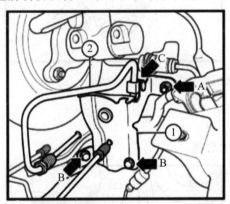

3）旋出固定螺母（箭头 A）、固定螺栓（箭头 B），取出 ABS 控制器支架 1。

螺母（箭头 A）规格：M8×1.25。

螺母（箭头 A）拧紧力矩：21～25 N·m。

螺母（箭头 A）使用工具：13 mm 六角套筒。

螺栓（箭头 B）规格：M8×1.25×20。

螺栓（箭头 B）拧紧力矩：21～25 N·m。

螺栓（箭头 B）使用工具：10 mm 六角套筒。

4）脱开真空助力器 1 与单向阀 2 的连接。

提示：安装单向阀 2 时，注意密封圈不要脱落。

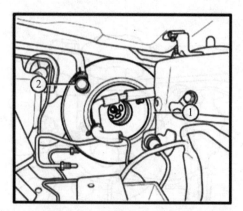

5）拔出锁销 1，将真空助力器推杆与制动踏板的销轴 2 拔出。

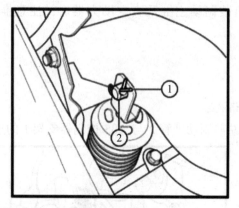

6）旋出固定螺母，从机舱内取出真空助力器 1。

螺母规格：M8×1.25。

螺母拧紧力矩：21～25 N·m。

使用工具：13 mm 六角套筒。

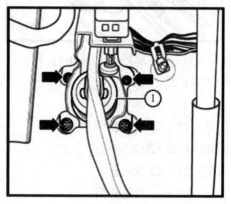

（2）安装

安装以倒序进行。安装真空助力器时，注意推杆与制动踏板总成的正确位置。

5.7.4 前轮制动器拆装

本节的拆卸和安装仅针对右侧前制动钳，左侧前制动钳的拆卸和安装大体上可参照右侧。

1）拆卸右侧前车轮。

2）将排气瓶的排气管安装至右侧前制动钳的前排气螺栓上，旋松右侧前排气螺栓。

3）踏下制动踏板，安装制动踏板加载装置。

4）旋紧右侧前排气螺栓，并取下排气瓶的排气管。

5）使用工具撬动右侧外前制动片1，将右侧前制动钳活塞压入至极限位置。

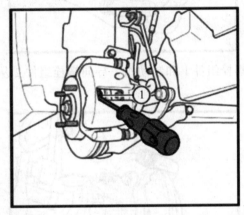

6）旋出空心螺栓（箭头A），脱开右侧前制动钳1与制动软管2的连接。

螺栓（箭头A）拧紧力矩：31～35 N·m。

螺栓（箭头A）使用工具：15 mm六角套筒。

提示：必须更换新密封垫片，并用维修套件中密封塞将右侧前制动钳1与制动软管的出油口封闭，以防制动液流失和污染。

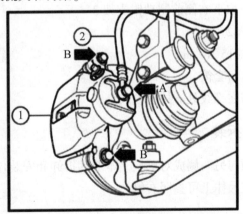

7）旋出固定螺栓（箭头B），取下右侧前制动钳1。

螺栓（箭头B）规格：M8×1.0×22。

螺栓（箭头B）拧紧力矩：30～36 N·m。

螺栓（箭头B）使用工具：14 mm六角套筒。

提示：安装螺栓（箭头 B）前需在螺纹处涂抹螺纹胶。

8）将右侧内前制动片 2 与右侧外前制动片 3 从右侧前制动钳支架 1 上取下。

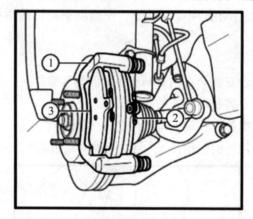

9）将制动钳上导向螺栓组件 1 和制动钳下导向螺栓组件 2 从右侧前制动钳支架 3 上取下。

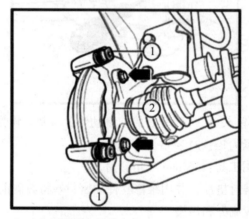

10）旋出固定螺栓，取下右侧前制动钳支架 3。

螺栓规格：M12×1.5×27。

螺栓拧紧力矩：79 ~ 115 N·m。

使用工具：17 mm 六角套筒。

提示：安装螺栓前需在螺纹处涂抹螺纹胶。

5.7.5　前制动片拆装

更换前制动片时必须与另一侧成对更换。本节的拆卸和安装仅针对右侧前制动片，左侧前制动片的拆卸和安装大体上可参照右侧。

1）拆卸右侧前车轮。

2）使用工具撬动右侧外前制动片 1，将右侧前制动钳活塞压入至极限位置。

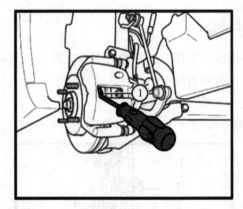

3）旋出固定螺栓（箭头 A），将右侧前制动钳 1 沿箭头 B 方向向上翻转至极限位置。

螺栓（箭头 A）规格：M8×1.0×22。

螺栓（箭头 A）拧紧力矩：30～36 N·m。

螺栓（箭头 A）使用工具：14 mm 六角套筒。

提示：安装螺栓前需在螺纹处涂抹螺纹胶。

注意：勿用压缩空气吹洗制动系统，因其产生的粉尘对身体有害。清洁右侧前制动钳，只能用酒精清洁。

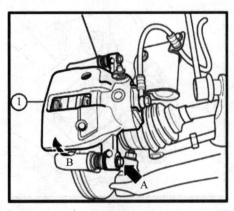

4）将右侧外前制动片 1、右侧内前制动片 2 取下。

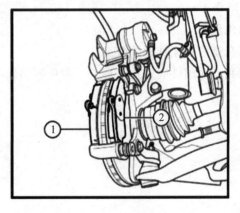

5.7.6 前制动盘拆装

前制动盘必须与另一侧成对更换。本节的拆卸和安装仅针对右侧前制动盘，左侧前制动盘的拆卸和安装大体上可参照右侧。

1）拆卸右侧前车轮。

2）使用工具撬动右侧外前制动片 1，将右侧前制动钳活塞压入至极限位置。

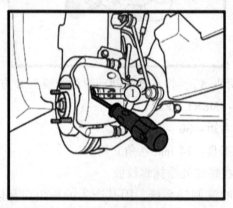

3）旋出固定螺栓，脱开右侧前制动钳总成 1 的连接。

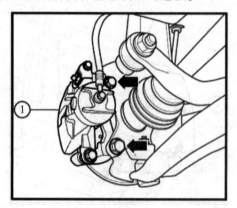

螺栓规格：M12×1.5×27。

螺栓拧紧力矩：79～15 N·m。

使用工具：17 mm 六角套筒。

提示：安装螺栓前需在螺纹处涂抹螺纹胶。

注意：用固定带将前制动钳组件固定在车身上，避免制动软管因承受制动钳的重量而损坏。

4）将右侧前制动盘 1 取下。

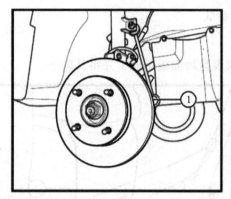

安装以倒序进行。安装完成后，将制动踏板多次用力踩到底，使右侧前制动片达到其运行状态相应的位置。检查制动液液位。

5.7.7 驻车制动器拆装

驻车制动器通常是指机动车辆安装的手动刹车，简称手刹，在车辆停稳后用于稳定车辆，避免在斜坡路面停车时由于溜车造成事故。常见的驻车制动器一般置于驾驶员右手下垂位置，便于使用。市场上的部分自动挡车型均在驾驶员左脚外侧设计了功能与驻车制动器相同的脚刹，个别先进车型亦加装了电子驻车制动系统。驻车制动器是制动系统中重要的组成部分，在无法驻车制动或出现其他故障时，需要将其拆解。

进行驻车制动时，将驻车制动杆上端向后拉动，则制动杆的下端向前摆动，传动杆带动摇臂顺时针转动，拉杆则带动摆臂顺时针转动，凸轮轴亦顺时针转动，凸轮则使两制动蹄以支承销为支点向外张开，压靠到制动鼓上，产生制动作用。当制动杆拉到制动位置时，棘爪嵌入齿扇上的棘齿内，起锁止作用。解除制动时，按下驻车制动杆上的按钮使棘爪脱离棘齿，向前推动制动杆，则传动杆、拉杆、凸轮轴按逆时针方向转动，制动蹄在回位弹簧的作用下回位，制动蹄与制动鼓间恢复制动间隙，制动解除。

1. 驻车制动器的结构

驻车制动器的结构如图5-33所示。

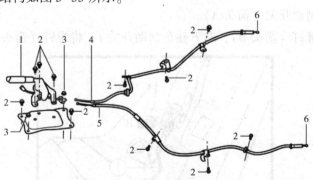

1—驻车制动手柄总成；2—六角法兰面螺栓；3—六角法兰面螺母；
4—右后驻车制动拉索总成；5—左后驻车制动拉索总成；6—开口销。

图5-33 驻车制动器的结构

2. 驻车制动手柄总成拆装

（1）拆卸

1）使用工具撬起副仪表盘后面板总成1并将其取下。

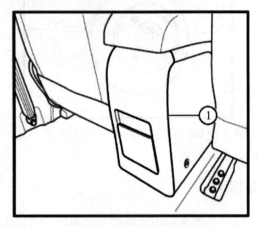

2）拉起驻车制动手柄总成至可拆卸手刹盖板总成位置。

3）掀开手扶箱盖板，使用工具撬起手刹盖板总成1并将其取下。

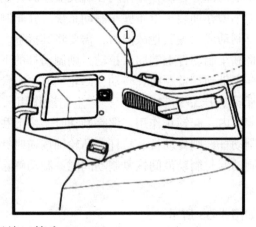

4）断开驻车制动开关（箭头A）。

5）旋出固定螺钉（箭头B），取下驻车制动开关1，将螺钉（箭头A）拧紧即可。

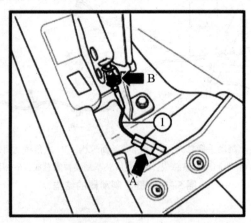

6）拉紧驻车制动手柄总成3次，将驻车制动手柄总成放在最低位置。

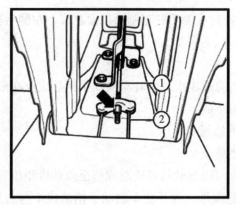

7）旋松驻车制动调整螺母，脱开驻车制动手柄总成1与左后驻车制动拉索总成2和右后驻车制动拉索总成3的连接。

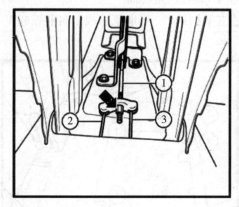

使用工具：10 mm 六角套筒。

8）旋出固定螺栓，取出驻车制动手柄总成1。

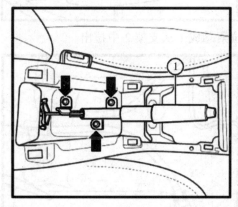

螺栓规格：M8×1.25×16。

螺栓拧紧力矩：21 ~ 25 N·m。

使用工具：10 mm 六角套筒。

（2）安装

安装以倒序进行，同时注意驻车制动器调整。

3. 后驻车制动拉索总成拆装

本节的拆卸和安装仅针对右侧后驻车制动拉索总成，左侧后驻车制动拉索总成的拆卸和安装大体上可参照右侧。

（1）拆卸

1）拉紧驻车操纵手柄总成 3 次，将驻车操纵手柄总成放在最低位置。

2）拆卸副仪表盘骨架总成。

3）拆卸左右侧 B 柱下饰板。

4）拆卸后排座椅坐垫总成。

5）将驾驶员座椅总成与副驾驶员座椅总成移至前端极限位置。

6）旋松驻车制动调整螺母，脱开驻车制动手柄总成 1 与右后驻车制动拉索总成 2 的连接。

螺栓-箭头-使用工具：10 mm 六角套筒

7）拆下后排座椅转轴支架护罩 1，将地毯总成 2 向前掀起至可拆卸右后驻车制动拉索总成位置。

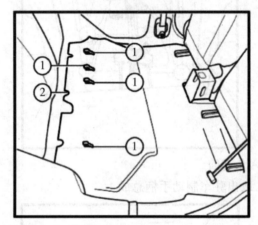

8）将右后驻车制动拉索总成 1 从支架 2 中拉出

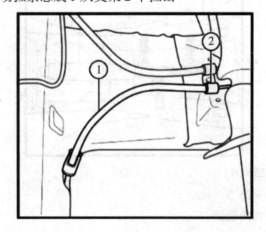

9）拔出开口销1，脱开后制动钳2与后驻车制动拉索总成3的连接。

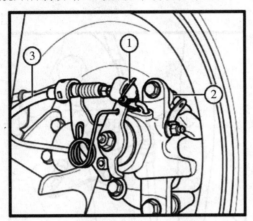

10）旋出固定螺栓（箭头处），脱开右侧后驻车制动拉索1与后轮速传感器总成2的连接。

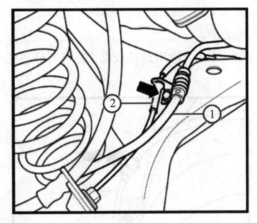

螺栓规格：M8×1.25×20。

螺栓拧紧力矩：21～25 N·m。

使用工具：10 mm 六角套筒。

11）按压固定卡（箭头处），脱开后制动钳1与后驻车制动拉索总成2的连接。

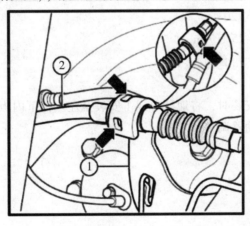

12）旋出固定螺栓（箭头处），脱开右侧后驻车制动拉索 1 与后轮速传感器总成 2 的连接。

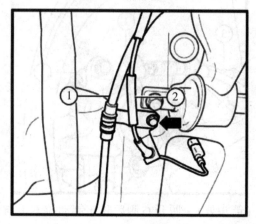

螺栓规格：M8×1.25×20。

螺栓拧紧力矩：21~25 N·m。

使用工具：10 mm 六角套筒。

13）旋出固定螺栓（箭头处），撬出过孔胶套 2，将右侧后驻车制动拉索 1 从车身中拉出。

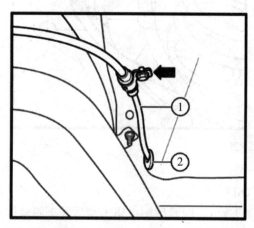

螺栓规格：M8×1.25×20。

螺栓拧紧力矩：21~25 N·m。

使用工具：10 mm 六角套筒。

（2）安装

安装以倒序进行。安装时，将地毯总成 1 安装至左侧柱下内板总成 2 与右侧柱下内板总成 3 下。进行驻车制动器调整。

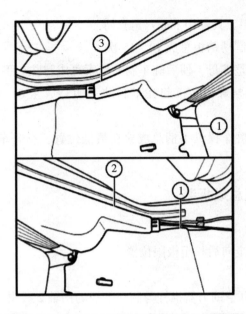

5.7.8 驻车制动调整

1）将驻车操纵手柄总成放在最低位置。

2）使用工具撬起副仪表盘总成 1 并将其取下。

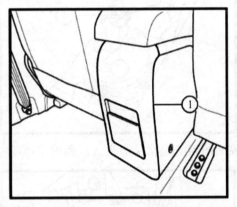

3）旋松驻车制动调整螺母（箭头处），直至后驻车制动拉索总成与驻车手柄平衡器为松弛状态。

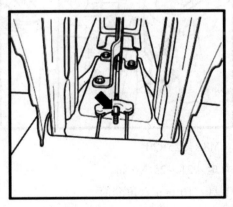

螺母（箭头处）使用工具：10 mm 六角套筒。

4）起动车辆，深踩制动踏板总成 10～15 次。

5）旋紧驻车制动调整螺母，使后驻车制动拉索总成与驻车手柄平衡器连接绷紧。

6）旋紧驻车制动调整螺母，拉起驻车制动手柄总成至 6～9 齿之间实现 20% 坡度驻车。

7）调整完成后，将驻车操纵手柄总成放在最低位置，举升车辆检查左右侧后车轮是否可以转动自如。

5.7.9　制动踏板总成拆装

（1）拆卸

1）将驾驶员座椅完全向后移至极限位置。

2）拆卸制动开关。

3）拔出锁销 1，将真空助力器推杆与制动踏板的销轴 2 拔出。

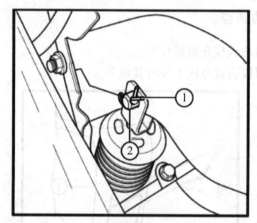

4）旋出制动踏板总成 1 的固定螺栓（箭头 A）和固定螺母（箭头 B）。

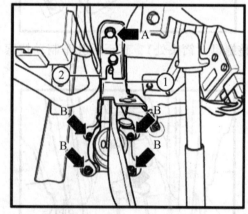

螺栓（箭头 A）规格：M8×1.25×20。

螺栓（箭头 A）拧紧力矩：21～25 N·m。

螺栓（箭头 A）使用工具：10 mm 六角套筒。

螺母（箭头 B）规格：M8×1.25。

螺母（箭头 B）拧紧力矩：21～25 N·m。

螺母（箭头 B）使用工具：13 mm 六角套筒。

5）脱开线束 1 的固定卡（箭头处），取出制动踏板总成 2。

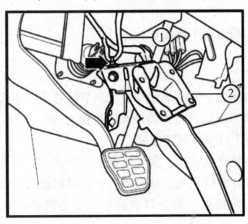

（2）安装

安装以倒序进行。

5.7.10 制动防抱死系统

1. 概述

防抱死系统（ABS）能够随时监测所有车轮的转速信号，一旦发现某一个或几个车轮有制动抱死的趋势，就控制液压调节模块及时地作出反应，终止轮缸压力的进一步增加或降低制动压力。在这种压力调节的作用下，车轮始终保持着稳定状态，从而确保车辆的操纵稳定性和最短的制动距离。图 5-34 为 ABS 工作原理。

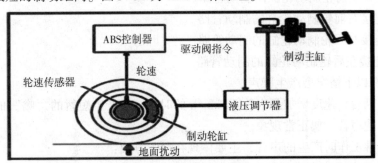

图 5-34　ABS 工作原理

为了达到在各种情况下都具有更为精确的制动性能，电子制动力分配（EBD）作为 ABS 的附加功能，充分利用 ABS 现有的硬件，代替了传统的制动比例阀，在进入 ABS 控制前提供最优制动效能。

2. 注意事项

ABS 是涉及行车安全的系统，对其进行维修诊断时，除遵守一般的安全和预防措施外，还必须遵守下列诊断注意事项。

1）ABS 必须由经过专业培训并掌握维修技能的技师进行维修。

2）在对 ABS 进行诊断前，如果基础制动系统存在故障，必须首先排除，如：

①制动系统噪声；

②制动踏板过硬；

③常规制动时，制动踏板或车辆震动；

④车辆制动跑偏；

⑤驻车制动系统故障。

3）ABS 总成（指 ABS 电子控制单元与液压调节器总成，不包括制动管路、传感器等附属装置）只能整体更换，不能进行拆检或部分更换/互换。

4）以下两种情况说明 ABS 检测到故障。

①打开点火开关，系统自检完毕，警告灯保持点亮。

②行车过程中，警告灯保持长亮。此时，驾驶员可以进行常规制动，但应尽可能减小施加的制动力，以防止车轮抱死。警告灯点亮后需小心驾驶，并立即到特约服务站进行检修。

5）接插 ABS、传感器线束需要注意以下几点：

①拔下 ABS 线束、传感器线束前，必须断开点火开关；

②确保接插件的干燥和清洁，避免有任何异物进入；

③ABS 线束的接插必须在水平方向和垂直方向安装到位，以免损坏接插件。

6）ABS 制动管路必须确保正确连接由 ABS ECU 加以判断；错误连接可能导致严重事故。连接制动管路时，必须遵照 ABS 总成上的标记，标记如下。

①MC1：连接制动主缸的制动管路 1。

②MC2：连接制动主缸的制动管路 2。

③FL：连接左前轮制动轮缸的制动管路。

④FR：连接右前轮制动轮缸的制动管路。

⑤RL：连接左后轮制动轮缸的制动管路。

⑥RR：连接左后轮制动轮缸的制动管路。

7）ABS 在以下情况会产生噪声。

①起动车辆后，速度增加到大约 40 km/h 的时候，会产生短暂的"嗡"的声音，这是 ABS 进行自检的声音，属正常现象。

②ABS 正常工作时产生的声音，主要体现在以下方面：

a. ABS 液压单元内电机、电磁阀及回流泵动作的声音；

b. 制动踏板反弹引起的声音；

c. 因紧急制动而引起悬架与车身的撞击声。

3. 初步检查

对 ABS 进行诊断前，应首先检查可能导致 ABS 故障并且容易接触的部件，因为目视检查和外观检查程序能快速确定故障，从而无须再作进一步的诊断。

1）确保车辆上只安装推荐尺寸的轮胎和轮毂，且同轴轮胎的花纹样式和深度必须一样。

2）检查 ABS 液压调节器、制动管路及连接处是否有泄漏。

3）检查 ABS 的保险丝，确保保险丝没有烧毁并且型号正确。ABS 有 3 个保险丝，分别是：

①泵电机保险丝（40 A）；

②电磁阀保险丝（25 A）；

③电子控制单元保险丝（5 A）。

4）检查蓄电池电压，检查蓄电池接线柱是否腐蚀或松动。ABS 的正常工作电压范围是 9～16 V。

5）检查 ABS 接地线的搭铁点是否松动，搭铁位置是否被改变。

6）ABS 接地线必须具有良好的密封性，以避免水、湿气在毛细（虹吸）效应作用下，经由线束中的孔道渗入 ABS ECU 的接头，由此引起功能失效。可在线束的裸露端涂上密封胶，并采用热缩管封套加以防护。

7）对下列电气部件进行目视检查和外观检查：

①ABS 相关部件的线束和接插件是否正确连接、是否被夹伤或割伤；

②线束布线是否过于靠近高压或大电流装置，如高压电气部件、发电机/起动机、售后加装的立体声放大器等。

注意：高压或大电流装置可能会使电路产生感应噪声，从而干扰电路的正常工作。ABS 部件对电磁干扰（EMI）很敏感，如果怀疑有间歇性故障，应检查售后加装的防盗装置、灯或移动电话是否安装正确。

8）ABS 是一种主动安全系统，它的主要作用是最大限度地利用地面附着，保持汽车的可操纵性和行驶的稳定性。但是，当超过物理极限或在湿滑路面上高速行车时，ABS 也不能完全防止汽车发生滑移。

9）如果 ABS 噪声过大，可能由以下原因导致：

①ABS 总成与 ABS 支架的固定松动；

②ABS 支架与车身的固定松动；

③ABS 支架上的塑料垫圈缺失或损坏；

④制动管路变形、磕碰、干涉；

⑤制动管路支架卡扣损坏。

4. 制动防抱死系统的维护

（1）注意事项

1）拆装 ABS 控制器时必须关闭电源。

2）ABS 控制器总成不允许拆分。

3）接入诊断仪前，打开点火开关。

4）注意保持液压元件的清洁。

5）从高处摔落或外观有损坏的 ABS 控制器不允许使用。

（2）部分故障的维修

如果 ABS 存在故障，但没有存储故障码，此类故障称为无故障码故障。无故障码故障一般由基础制动系统故障所致，如：

1）制动液泄漏（可能引起制动偏软，制动踏板行程过长，严重的可能引起制动失效）；

2）使用劣质的制动液（使用劣质制动液会腐蚀制动管路和 ABS 液压调节模块内部元件，严重的还会导致制动失效）；

3）制动管路有空气（可能引起制动偏软，甚至制动失效）；

4）制动管路堵塞（可能引起制动偏硬，制动跑偏，甚至制动失效）；

5）制动盘过度磨损（可能引起制动偏软，制动踏板行程过长）；

6）助力器故障（可能引起制动偏硬或偏软，制动踏板行程过长，严重的还会导致制动失效）；

7）制动管路连接错误（可能引起 ABS 性能下降，出现摆尾、刹车距离长等现象，正确安装方法请参照 ABS 液压调节模块上油孔附近标识）。

注意：ABS 无供电或供电异常中断会导致 ABS 警告灯长亮，但没有故障码的现象。

故障排除建议：针对故障现象检查相应部件，并根据车辆维修手册进行故障排除。

5.8 空调系统的维护

5.8.1 风道总体布置

风道总体布置如图 5-35 所示。

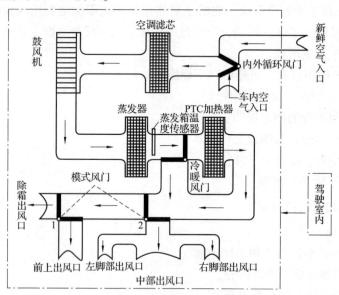

图 5-35 风道总体布置

关于图 5-35 的说明如下。

1）图 5-35 中的内外循环风门有两个工作位置，根据司机的选择，来决定空气的来源是新鲜空气还是车内的空气。

①选择内循环时，风门将关闭车外新鲜空气的通道，空气自驾驶室内被鼓风机吸入经过空调滤芯器后进入鼓风机。

②选择外循环时，风门将关闭车内空气的通道，新鲜空气被鼓风机吸入经过空调滤芯器后进入鼓风机。

2）图5-35中的冷暖风门有两个工作位置，根据司机选择的冷暖功能，来决定风门的位置。

①选择制冷功能时，冷暖风门将关闭空气通往PTC加热器的通道，自鼓风机来的空气经过蒸发器进行制冷后，直接进入到排风口进行模式分配控制。

②选择自然风时，冷暖风门将关闭空气通往PTC加热器的通道，自鼓风机来的空气经过不工作的蒸发器（不进行制冷）后直接进入到排风口进行模式分配控制。

③选择制热功能时，冷暖风门将关闭蒸发器后通往排气口的通道，自鼓风机来的空气经过不工作的蒸发器（不进行制冷）后，再进入PTC加热器进行热交换（制热）后流入排风口等待进行模式分配控制。

3）图5-35中的模式风门只表示了其工作时的两个极限位置。并且这两个风门是联动控制，即由同一个电机带动。根据两个风门所处位置会组合成四种模式，即除霜、吹面、吹足除霜、吹面吹足。

①除霜模式：风门1关闭前上出风口，风门2关闭中部和脚部出风口；空气全部通往前风挡玻璃底部，进行除霜。

②吹面模式：风门1关闭除霜出风口，风门2关闭中部和脚部出风口；空气全部通往前上出风口，吹向面部。

③吹足除霜模式：风门2处于半开状态，一部分的空气被送往中部及足部出风口（若没有配备中部出风口，这一部分的空气将全部被送往足部）；另一部分空气被送往除霜及前上部出风口，此时，风门1将关闭前上部出风口，所以这部分空气被送往除霜出口。

④吹面吹足模式：风门1关闭除霜出风口，风门2处于半开闭状态，一部分空气通往前上出风口，吹向面部；另一部分空气通过足部出风口，吹向足部。

4）温度传感器有3个。

①环境温度传感器：安装于前保险杆中间，用于监测环境温度及控制空调和暖风系统。

②制冷温度传感器：安装于蒸发器后，由一种热敏材料制成，用于监测空气制冷温度。

③PTC温度传感器：安装于PTC加热器内，由一种热敏材料制成，用于监测制热的温度。

1. 空调系统的操作

（1）风速、风量控制策略

设置1~8挡风量，最小风速为1挡，每次空调功能唤醒后，风速为旋钮指示状态；

待机状态操作此旋钮可唤醒空调，同时风速调整为旋钮对应风速。

（2）出风模式控制器策略

循环调节吹面、吹面吹足、吹足除霜和除霜四种模式；待机状态操作此按键可唤醒空调，并恢复上次关机前所在位置记忆。

（3）冷暖调节控制策略

根据最冷至最热需求变化，共15种过程状态，左侧极限位置为最大制冷，右侧极限位置为最大制热；在偏向制冷的7种过程状态下，可起动电动压缩机，并根据制冷程度调节对应电动压缩机的不同目标转速；中间状态（第8挡）不可起动电动压缩机及PTC加热器；在偏向制热的7种过程状态下，起动PTC加热器，并将冷暖风门转动至最大制热位置，但制热程度输出信号（CAN报文）与旋钮角度、屏幕显示均对应保持7挡可调状态；待机状态操作此旋钮可唤醒空调，同时冷暖选择调整为旋钮对应设置。

2. 拆装

（1）安全信息与工具

1）系统永远处于加压状态，即便压缩机没有工作也是如此。切勿让已加注制冷剂的系统受热。

2）接触制冷剂会造成冻伤。让手、脸避开有助于防止受伤。

3）制冷管路打开时，须始终佩戴护目镜，即便压力计显示系统中已经没有制冷剂。

4）取下接头时务必小心谨慎，应慢慢地拧松接头。如果此系统仍然有压力，请抽空系统，回收制冷剂，然后再拆下接头。

5）通过点燃的香烟吸入制冷剂会导致人受伤或死亡。

6）通过点燃的香烟或其他抽烟方法吸入空调制冷气体，或吸入燃烧空调制冷气体形成的烟雾，都会导致人受伤或死亡。

7）维修空调时，或在任何可能存在制冷气体的情况下都不要抽烟。

8）请先将车辆移至平坦的地方，然后再对空调和加热系统进行检查，确保旋转挡位处于空挡，确保驻车制动器接合，让所有其他人员远离车辆。

9）金属或挠性软管构成的所有制冷剂管路中不得存在急弯，急弯会导致制冷剂流动受阻。另外，不要采用扭结的制冷剂管路。通过管路内阻力位置处的冷点或结霜可以确定制冷剂管路内的阻力，管路中的阻力会降低系统的性能和效率。

10）柔性软管的弯曲半径不得小于软管外径的10倍。

11）需要每年检查软管有无泄漏和硬化。对所有软管和管路执行泄漏试验，更换出现泄漏或硬化的软管。采用密封无污染的新软管更换旧软管。

12）连接中务必正确地使用扳手，且只能采用管接头专用扳手。在系统上连接或断开软管时，务必利用一把扳手卡住接头，同时用另一把扳手拧动螺母。

13）在断开或拆开的所有部件和软管上安装保护塞或保护盖。

14）O形密封陶和O形密封座必须处于良好状态。细小的割伤、划痕或污垢颗粒也会导致系统泄漏。安装时，在所有新的 O 形密封圈上涂覆新的矿物油。请勿在接头上涂抹任何密封胶。

15）压缩机体接头上的防尘罩是空调系统的主密封。

16）车辆应当具有用来规定车辆制冷剂加注量的标识牌。

17）如果排气中有水，或空调系统漏水，请检查止回阀。止回阀应当具有正确的位置和方位。

（2）工具清单

空调系统拆装工具清单如表 5-8 所示。

表 5-8 空调系统拆装工具清单

工具名称	规 格
手动工具	棘轮及长短接杆和万向接头相对应的与梅花及开口两用扳手和套筒（6、7、8、10、11、12、13、14、15、16、17、19、21、22、24 mm）
钳子	鲤鱼钳，尖嘴钳
螺栓刀	十字及一字（中、小号）
空调维修专用工具	抽真空泵及加注阀，歧管压力计
辅料	制冷剂盛放容器

5.8.2 空调压缩机的拆装

空调压缩机的拆装步骤如下。

1）确保断开点火开关，断开蓄电池负极。

2）用手指按下锁片 1，将插头拔出一部分，用一字螺丝刀压下 2 中的锁片，将高压插头从压缩机控制器上拔出。

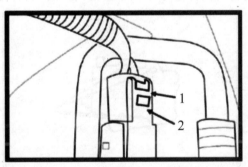

3）将插头的 1 往右拔出，然后用力将压缩机控制器的低压插头拔出。

4）用真空泵及空调歧管压力计抽空系统中的制冷剂，用 10 mm 的六角套筒及棘轮松开压缩机上的进口空调管的连接螺栓，请注意保护好管接头并用合适的堵头安装在所有管路。

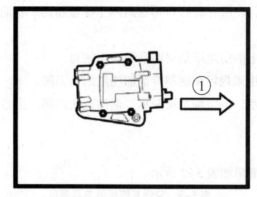

关于歧管压力计和真空泵的使用，请参考工具的使用说明书。

5）用 10 mm 的六角套筒及棘轮松开压缩机的出口空调管上的连接螺栓，并用相关堵头保护好接口。

6）用 10 mm 的六角套筒及棘轮将 3 颗固定螺栓松开，然后将压缩机从其支架上移开。

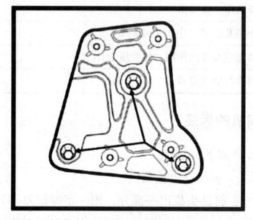

7）用 10 mm 的六角套筒及棘轮将 4 颗固定螺栓松开，然后将压缩机支架从车上移开。

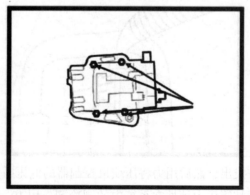

8）安装以倒序进行。

注意：如无特别说明，拧螺栓的力矩为 9 ~ 12 N·m。

5.8.3 冷凝器的拆装

冷凝器的拆装步骤如下。

1）用 10 mm 的扳手将冷凝器左上端的空调管拆下，并用堵头保护好管接头。

2）用 10 mm 的扳手将冷凝器左下方的空调管拆下，并用堵头保护好管接头。

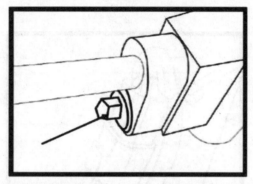

3）用 10 mm 的六角套筒及棘轮将冷凝器右边的固定螺栓松开。

4）用 10 mm 的六角套筒及棘轮将冷凝器左边的固定螺栓松开。

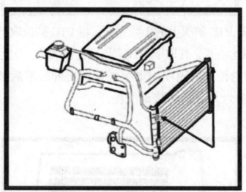

5）将冷凝器慢慢从散热器上取下。

6）安装以倒序进行。

注意：如无特别说明，拧螺栓的力矩为（9±2）N·m。

5.8.4 PTC 的拆装

PTC 的拆装步骤如下。

1）关闭点火开关。

2）断开低压蓄电池负极电缆。

3）旋出子母扣，拆开驾驶员右端的侧板。

4）拔掉 PTC 高压接插件。用手指按住锁片，然后用手握住插头两端，用力将插头拔开，直至分离。

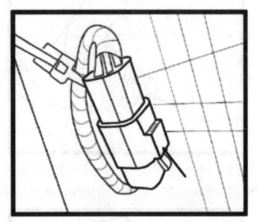

5）用十字螺丝刀松开 PTC 护板上的 3 颗螺丝，将 PTC 护板取下，拿掉护板。再用十字螺丝刀将 PTC 固定板上的螺丝松开，并取下 PTC 固定板。拧螺丝力矩：(1.5±0.5) N·m

6）将副驾驶左侧的侧板上的螺丝用十字螺丝刀松开，然后撬下侧板，拔掉 PTC 低压接插件，然后用 10 mm 的六角套筒将接地线松开。

7）抽出 PTC 本体。

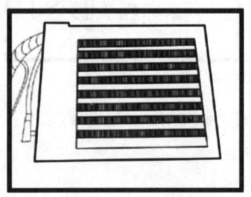

8）安装以倒序进行。

5.8.5 故障检测与维护

1. 空调压缩机

空调压缩机的作业内容及技术要求如表5-9所示。

表5-9 空调压缩机的作业内容及技术要求

检查次序	作业内容	技术要求	备注
1	压缩机清洁度检查	目视确认压缩机外表无灰尘、水渍	若有,则清理
2	压缩机碰伤检查	目视确认压缩机外观无碰伤或磨损痕迹	若有,则需听压缩机运转声音是否有异常,有异常则修复或更换
3	接插件线束波纹管检查	目视确认接插件线束波纹管无破损	若有,则修复或更换
4	高压接插件插拔检查	确认高压接插件接插牢固、无松脱	若未达要求,则修复或更换
5	安装螺栓转矩检测	确认空调压缩机支架所有安装螺栓的拧紧力矩是否满足在 20 N·m 以上	若有未达标的螺栓,则需进一步拧紧到 20 N·m 以上

2. 常见故障处理措施

常见故障处理措施如表5-10所示。

表5-10 常见故障处理措施

序号	故障描述	故障原因	解决措施
1	空调内部电压故障	内部电路故障,AD采集电压小于 1.58 V 或大于 1.71 V 时	更换压缩机
2	空调内部功率管故障	部分或全部功率管出现短路,功率管故障时,控制器输出电流很大,会使硬件触发过流保护,硬件自动封锁输出	更换压缩机
3	空调过压故障	当软件检测到电源输入端电压大于 420 V 时,输出该故障信号	可恢复
4	空调欠压故障	当软件检测到电源输入端电压小于 220 V 时,输出该故障信号	可恢复,更换高压保险,插好高压接插件,更换高压线束

续表

序号	故障描述	故障原因	解决措施
5	空调过流保护	输出电流大于硬件设定值时，硬件封锁输出并拉低相应输出信号	产生过流后立即停机保护，30 s后再次起动；连续5次过流后，停机保护，重新上电后故障码清除，重新检测

3. 空调系统压力过高

空调系统压力过高的检查步骤及结果如表5-11所示。

表5-11 空调系统压力的检查步骤及结果（过高）

序号	检查步骤	检查结果		
		正常	有故障	操作方法
0	初步检查制冷剂是否过量	进行第1步	制冷剂过量	调整制冷剂量至标准值
1	检查压力开关是否损坏	进行第2步	压力开关损坏	更换压力开关
2	检查制冷剂循环管路是否变形或折弯	进行第3步	制冷剂循环管路变形或弯折	维修或更换问题管路
3	检查膨胀阀是否堵塞或失效	进行第4步	膨胀阀堵塞或失效	更换膨胀阀
4	检查压缩机是否损坏	进行第5步	压缩机损坏	更换压缩机
5	正确检修操作后，检查故障是否出现	诊断结束	故障未消失	从其他症状查找故障原因

4. 空调系统压力过低

空调系统压力过低的检查步骤及结果如表5-12所示。

表5-12 空调系统压力的检查步骤及结果（过低）

序号	检查步骤	检查结果		
		正常	有故障	操作方法
0	初步检查空调管路是否有泄漏	进行第1步	空调管路有泄漏	维修或更换问题管路
1	检查制冷剂是否不足	进行第2步	制冷剂不足	加注制冷剂量未至标准值
2	检查压力开关是否损坏	进行第3步	压力开关损坏	更换压力开关

续表

序号	检查步骤	检查结果		
		正常	有故障	操作方法
3	检查膨胀阀是否堵塞或失效	进行第4步	膨胀阀堵塞或失效	更换膨胀阀
4	检查压缩机是否损坏	进行第5步	压缩机损坏	更换压缩机
5	正确检修操作后，检查故障是否出现	诊断结束	故障未消失	从其他症状查找故障原因

5. 空调不制冷

空调不制冷的检查步骤及结果如表5-13所示。

表5-13　空调不制冷的检查步骤及结果

序号	检查步骤	检查结果		
		正常	有故障	操作方法
0	初步检查空调控制器是否损坏	进行第1步	空调控制器损坏	更换空调控制器
1	检查保险丝是否熔断	进行第2步	保险丝熔断	更换保险丝
2	检查制冷系统压力是否不足	进行第3步	制冷系统压力不足	检查管路泄漏，必要时补充制冷剂
3	检查膨胀阀是否堵塞或失效	进行第4步	膨胀阀堵塞或失效	更换膨胀阀
4	检查压缩机是否损坏	进行第5步	压缩机损坏	更换压缩机
5	检查鼓风电机运转是否正常	进行第6步	鼓风电机不运转	维修或更换鼓风电机
6	检查室外温度传感器、蒸发温度传感器是否正常	进行第7步	传感器失效短路	更换故障传感器
7	正确检修操作后，检查故障是否出现	诊断结束	故障未消失	从其他症状查找故障原因

6. 空调间断性制冷

空调间断性制冷的检查步骤及结果如表5-14所示。

表5-14 空调间断性制冷的检查步骤及结果

序号	检查步骤	检查结果		
		正常	有故障	操作方法
0	初步检查	进行第1步	进行第1步	无
1	检查制冷剂循环回路是否有水分	进行第1步	制冷剂循环回路有水分	空调系统抽真空，更换干燥储液罐
2	检查膨胀阀是否损坏	进行第2步	膨胀阀损坏	更换膨胀阀
3	检查空调系统电路是否接触不良	进行第3步	空调系统电路接触不良	维修检查问题电路
4	正确检修操作后，检查故障是否出现	诊断结束	故障未消失	从其他症状查找故障原因

7. 制冷不足

制冷不足的检查步骤及结果如表5-15所示。

表5-15 制冷不足的检查步骤及结果

序号	检查步骤	检查结果		
		正常	有故障	操作方法
0	初步检查	进行第1步	进行第1步	无
1	检查空调系统电路是否接触不良	进行第2步	空调系统电路接触不良	维修检查问题电路
2	检查制冷剂是否过多	进行第3步	制冷剂过多	按比例更换制冷剂量至标准值
3	检查制冷剂是否不足	进行第4步	制冷剂不足	加注制冷剂量至标准值
4	检查膨胀阀是否损坏	进行第5步	膨胀阀损坏	更换膨胀阀
5	正确检修操作后，检查故障是否出现	诊断结束	故障未消失	从其他症状查找故障原因

8. 冷空气输入速度过低

冷空气输入速度过低的检查步骤及结果如表5-16所示。

表5-16 冷空气输入速度过低的检查步骤及结果

序号	检查步骤	检查结果		
		正常	有故障	操作方法
0	初步检查	进行第1步	制冷剂不足	无
1	检查制冷剂是否过多	进行第2步	制冷剂过多	按比例更换制冷剂量至标准值
2	检查制冷剂是否不足	进行第3步	制冷剂不足	加注制冷剂量至标准值
3	检查膨胀阀是否损坏	进行第4步	膨胀阀损坏	更换膨胀阀
4	正确检修操作后，检查故障是否出现	诊断结束	故障未消失	从其他症状查找故障原因

9. 空调仅高速时有冷气

空调仅高速时有冷气的检查步骤及结果如表5-17所示。

表5-17 空调仅高速时有冷气的检查步骤及结果

序号	检查步骤	检查结果		
		正常	有故障	操作方法
0	初步检查制冷剂循环回路内是否有空气	进行第1步	制冷剂循环回路内有空气	空调系统抽真空
1	检查制冷剂是否不足	进行第2步	制冷剂不足	加注制冷剂量至标准值
2	检查空调压缩机是否损坏	进行第3步	压缩机损坏	更换压缩机
3	检查冷凝器是否阻塞	进行第4步	冷凝器阻塞	清洁或更换冷凝器
4	正确检修操作后，检查故障是否出现	诊断结束	故障未消失	从其他症状查找故障原因

10. 维修注意事项

1）维修空调系统时，在切断电源后，进行高压电连接接头拆装前，务必用万用表检测高压端子是否仍然有残余电压。

2）维修制冷剂循环前，使用专用设备回收制冷剂。

3）进行制冷剂相关操作时，做好人身安全防护，避免接触、吸入制冷剂。

4）必须在良好的通风环境中检修空调管路，禁止焊接含有制冷剂的空调系统。

5）禁止将制冷剂直接排放到大气中，应使用专用设备进行回收，并根据相关规定处理废旧制冷剂。

6）装有制冷剂的容器应放在阴凉处，避免存放在阳光照射及高温区域，以免发生膨胀爆裂。

7）必须使用原厂 O 形圈密封，安装密封圈时，应涂抹少量的制冷剂油。

8）在加注制冷剂前，需进行系统抽真空。

9）制冷剂、制冷剂油必须按要求储藏，并防止空气中的水分或其他杂质渗入，禁止使用没有密封储藏的制冷剂油及过期制冷剂。

10）压缩机安装前请确认外壳、接插件以及对接线束的外观，如有破损，则禁止使用。

11）接插件及接线必须连接正确、可靠，特别是高压接插件正负极禁止反接，并且压缩机外壳应接地良好，以确保压缩机正常运行。

12）压缩机在出厂时，整机内部会添加冷冻油 POE68 共计（120±20）mL。在压缩机运行过程中，冷冻油会有损耗，可适量进行补油，尤其是冷媒完全释放时，部分冷冻油会随冷媒一起排出压缩机，此时可补充（60±5）mL 的冷冻油。

13）在系统安装完成后，须抽真空并充注冷媒，抽真空时间为 25～30 min，保压 25～30 min 后，若排气压力值没有变化即可进行冷媒充注（若排气压力值有降低，则需要对压缩机和系统进行检漏），所充注冷媒为 R134a，充注量为（425±5）g，抽真空和充注冷媒过程中应避免空气进入系统，确认无误后方可通电。

14）压缩机应贮存在阴凉干燥且无腐蚀的环境中，要求贮存环境相对湿度在 65% 以下。

15）避免有金属屑和其他颗粒物黏结在压缩机零部件的装配面上，以防影响压缩机的密封和装配。压缩机吸、排气口密封塞打开后，不得在空气中持续暴露 5 min 以上。

5.9 安全气囊的维护

在自行检查汽车的时候，很多用户都关注到了如何对机油进行检查，如何对轮胎进行检查，如何对车辆的各个配置以及中控进行检查等，但是很少有用户关注到如何对车辆的安全气囊进行检查，主要的原因在于现实中对安全气囊的使用概率是极低的。

如果车辆不出现安全状况的话，那么安全气囊不会弹出，此种情况之下也就不会知道安全气囊在使用过程中是否有最佳的效果表现，但一旦有问题产生，若安全气囊无法使用则会造成极大的人身伤害。

日常中想要对安全气囊进行检查，判断它是否能正常工作的方法非常简单：将车辆起动之后，对仪表盘进行观察，在仪表盘上有一个 SRS 报警灯，它在 5 s 左右的闪烁过程中会自检，当安全气囊没有任何问题时，电脑处理器就会将报警灯自动熄灭；如果报警灯一直在不停地闪动，这就说明安全气囊已经存在故障，在这种时候就应该将车辆送到 4S 店进行检修了。

部分车辆在行驶的过程中出现事故之后安全气囊会弹出，而安全气囊和车辆上的其他配件有着本质上的不同，它是一次性的消耗品，在弹出之后是无法进行收回的，因此有必要进行更换，那么在进行安全气囊的选择时要关注到哪些问题呢？

最重要的是关注安全气囊的品质问题，不同的安全气囊在应用材质以及做工技术上具有本质性的区别，一些对材料并不了解的用户是无法做好选择的，这种情况之下最好的选择方式莫过于直接用触摸的方式进行判断，如果柔软度很高，而且韧性十足，那么这样的安全气囊就是一个合格的产品，在关键时刻能够起到保护作用；如果发现其材质非常薄，而且没有任何弹性可言，那么这种产品在安全程度表现方面就很低。在安全气囊的安装过程中一定要关注车辆是否被改装的问题，由于安全气囊重新安装涉及的车辆较少，部分修配厂的安装工对于这方面并不了解，导致一些车辆在改装之后对于安全气囊的正确弹出是会造成极大影响的。所以，一些改装车辆在安装安全气囊的时候最好到4S店进行安装，不要在路边的修配厂进行安装。

安全气囊的检测、安装和维修工作都必须由专业人员操作，操作如下：

1）接通点火开关，安全气囊指示灯亮6～8 s，然后自动熄火，否则有故障；

2）进一步检查时，将车上安装的气囊引爆线全部拆下，用12 V试灯代替气囊接入线路中检查，接通点火开关，试灯亮说明碰撞传感器故障，须换用新件。

检测时的注意事项：

1）安全气囊价格昂贵，碰撞传感器和引爆开关灵敏度高，一般情况下不宜随便使用仪表检测，以免误引爆造成损失；

2）使用中应特别注意避免触碰车前（及保险杠）安全气囊系统线路和碰撞传感器；

3）对于膨胀过的安全气囊，应及时换用新件。

在检测过程中，不得使用检测灯、电压表和欧姆表等。

检查安全气囊时，必须断开蓄电池负极。将安全气囊与电源相连时，车内不可有人。安全气囊从运输器内取出后必须马上安装，如需中止工作，应将安全气囊放回运输器具内。

附录一　丰田雷凌双擎常规维护清单

用户姓名				牌照号			底盘号					购车日期			行驶里程(km)			保养日期		
5000	10000	20000	30000	40000	50000	60000	70000	80000	90000	100000	110000	120000	130000	140000	150000	160000	170000	180000	190000	200000	210000	220000

维修间隔				维修内容		合格	不合格	消除
二保之后每10000km或首保后一年定期维护	10000km或一年定期维护	5000km或1年首次维护	电气设备	自诊断系统；查询故障存储器				
				维护周期指示器：复位				
			汽车外部	车门止动器、发动机舱锁扣：润滑				
				装备TSI发动机的车型：加注燃油添加剂G17				
			轮胎	⊙ 前、后制动摩擦衬块：检查厚度；标准>2mm（不计背板）。检查结果：左前□ 右前□ 左后□ 右后□				
				⊙ 所有轮胎（包括备胎）：检查花纹深度（标准>1.6mm）及磨损形态，消除轮胎上的异物。检查结果：左前□ 右前□ 左后□ 右后□				
				进行车轮换位，并检查车轮螺栓拧紧力矩（标准值120N·m）				
				检查前轮胎气压：满载□ 半载□ 舒适□ 标准值_____ bar；调整后结果：左前□ 右前□				
				检查后轮胎气压：满载□ 半载□ 舒适□ 标准值_____ bar；调整后结果：左后□ 右后□				
				检查备胎气压：标准值_____ bar；备胎□				
				装备胎压监控指示器的车型：校正胎压后需重新标定				
			汽车下面	发动机机油及机油滤清器：更换（注：如拆卸油底壳放油螺栓，按要求更换放油螺栓和垫片）；机油标准：VW 502 00，机油实际加注量应以机油标尺为准				
				⊙ 车身底部防护层和底饰板：目测检查是否破损				
				⊙ 制动系统：目测检查是否有泄漏和损坏				
				⊙ 变速器、主减速器及等速万向节防护套：目测检查有无泄漏或损坏				
				⊙ 转向横拉杆球头：检查游隙，紧固程度及防尘套状况				
			发动机舱	⊙ 发动机及机舱内的其他部件：目测检查是否有泄漏或损坏				
				蓄电池：检查固定情况，电眼颜色（免维护蓄电池无电眼检查蓄电池电压_____V及其电解液液位）				
				制动液：检查液位，必要时添加				
				⊙ 风窗清洗液：检查液面高度，必要时添加				
				冷却液：检查液面高度及浓度（防冻能力），冰点测量值：_____℃（标准值：-35℃及以下）；必要时添加冷却液或调整浓度				
			最后	试车：检查行车、驻车制动器、变速器、离合器、转向及空调等功能，查询故障存储器，终检				
			设备	⊙ 检查安全气囊和安全带状态及安全气囊壳是否损坏				
				车内所有开关、车内照明、用电器、显示器和仪表各警报指示灯：检查功能				
				滑动/外翻式天窗：检查天窗功能、清洗导轨并用专用润滑脂润滑、清洁导流板、清洁并润滑天窗密封条				
				滑动/外翻式天窗：检查排水功能，必要时清洁				
				车外前部、后部、行李舱照明灯等所有灯光状态和闪烁报警装置、静态弯道行车灯、自动行车灯控制：检查功能				
				风窗刮水器、清洗器：检查功能，必要时调整喷嘴				
				前照灯：检查光束，如必要，调整前照灯光束				
				粉尘及花粉过滤器：清洁外壳，更换滤芯				
			汽车下面	⊙ 主销球头防尘套、前后车桥橡胶金属支座、连接杆及稳定杆橡胶金属支座：目检是否损坏				
				⊙ 排气系统：检查是否有泄漏或损坏及紧固程度				
				⊙ 前后部螺旋弹簧和缓冲块、塑料防尘罩：检查是否损坏				
			发动机舱	⊙ 警告标签：检查是否完好				
				空气滤清器：清洁壳体，检查滤芯状态，必要时采取相应维修措施				
其他维护项目			电气设备	带气体放电灯泡的前照灯（氙灯）：进行基本设置（首次60000km或4年，之后每60000km或每4年）				
			汽车下面	更换制动液：非营运车——首次3年，之后每2年；营运车——每50000km/2年				
				09G型自动变速器：检查ATF润滑油油位必要时添加（每20000km）；更换ATF润滑油（首次60000km，之后每60000km）				
				02E双离合器变速器：更换DSG油和滤清器（首次60000km，之后每60000km）				
				燃油滤清器：更换（首次60000km或4年，之后每60000km或每4年）				
			发动机舱	装备SRE发动机的车型：更换火花塞（首次30000km，之后每30000km）				
				装备TSI发动机的车型：更换火花塞（首次20000km，之后每20000km）				
				空气滤清器：更换滤芯，清洁壳体（首次20000km或2年，之后每20000km或2年）				
				多楔皮带：检查状态，必要时更换（首次30000km或2年，之后每30000km或每2年）；每120000km或6年更换多楔皮带				
				正时齿带及齿带张紧轮（除2.0TSI发动机）：每90000km检查，必要时更换；每120000km更换				
				水泵齿形皮带（除2.0TSI发动机）：检查状态，必要时更换；每120000km更换				

注意：
　◆ 所有维修项目，请检修工程据车辆行驶里程/时间进行选择（以先达到者为准）。
　◆ 加注机油时应小心防止机油溅出；机油加注完毕后务必拧紧机油加注口盖，并清洁机油加注口及汽缸盖罩周围的油渍，保证其清洁无油渍。
　◆ 本项目单的维护内容是根据汽车正常行驶情况下编制的。对于经常在恶劣条件下使用的车辆，某些维护内容需在两次维护间隔之间提前进行。特别是经常停车/起动及经常在低温条件下使用的车辆，应经常检查机油油位，并定期更换机油。经常在高尘环境或地区使用的车辆应增加清洗壳体及更换空气滤清器滤芯的频次。
　◆ 每次维护时请在表格上方的行驶里程表上打勾。
　◆ 装备TSI发动机的车型：每次定期维护（包括5000km首次维护）建议加注燃油添加剂G17，并请由用户购买。
　◆ 检查是否加装或改装其他电气设备或机械附件，并在本次维护单备注中注明"有"或"无"，若"有"，请详细注明！

维修技师签名：		质量检查员签名：		用户签名：	

⊙ =目检；合格＝已检查未发现缺陷；不合格＝检查中发现缺陷；消除＝按维修信息消除缺陷

备注：　◆ 加装或改装其他电气设备（ ）。如果有，请列出：
　　　◆ 加装或改装机械附件（ ）。如果有，请列出：
　　　◆ 建议下次维修：_____km　_____年　_____月
选择机油类型：　□专用机油　　□优选机油　　□高端机油

注：混合动力电动汽车维护、检测、诊断相关的技术规范应依据GB/T 18344—2016《汽车维护、检测、诊断技术规范》执行。

附录二　思考题答案

第1章

1. 新能源汽车是什么，有哪几类？

新能源汽车是指采用非常规的车用燃料作为动力来源（或使用常规的车用燃料、采用新型车载动力装置），综合车辆的动力控制和驱动方面的先进技术，形成的技术原理先进、具有新技术、新结构的汽车。新能源汽车包括四大类型：混合动力电动汽车、纯电动汽车、燃料电池汽车、其他新能源（如超级电容器、飞轮等高效储能器）汽车等。非常规的车用燃料指除汽油、柴油、天然气（NG）、液化石油气（LPG）、乙醇汽油（EG）、甲醇、二甲醚之外的燃料。

2. 混合动力电动汽车有何优缺点？

优点如下。①排放性能良好：一般车辆在怠速、起动时造成的污染最厉害，因为此时内燃机负荷大、汽油燃烧不充分；而在怠速状态的混合动力电动汽车的内燃机并不工作，因此不会有排放。混合动力电动汽车在起动时只有电动机工作，也克服了过多排放问题，使得内燃机能保持良好的工作状态，提高了燃油效率，在很大程度上减少了尾气排放。②动力性能佳：混合动力电动汽车可根据不同车况来选择内燃机、发电机和蓄电池之间的任意组合，能形成适合车况的动力输出。③耗油量低：在大中城市，交通拥堵现象严重，汽车起步停车频繁，混合动力电动汽车的能量转化优势将体现得更为明显。

缺点如下。①由于混合动力电动汽车仍需要燃烧汽油，因此无法从根本上摆脱对石油的依赖和彻底解决环保问题。②混合动力系统的生产成本比内燃机系统的成本更高。③混合动力电动汽车需要配置普通汽车并不需要的昂贵配件，如庞大笨重的电池组及精密的电子控制模板等。④混合动力电动汽车在高速路上，仍需全凭汽油内燃机驱动，并且由于加载了几百公斤的电池与电动机，反而更耗费汽油。

3. 纯电动汽车有何优缺点？

优点如下。①经济，国家大力提倡节能环保，在新能源汽车方面给予很多补贴。②环保，纯电动汽车几乎是"零污染"，电动汽车采用电力系统驱动，不排放尾气，不污染环境和空气。③低噪声，纯电动汽车要比燃油车产生的噪声小很多。④保养成本低，燃油车的常规保养无外乎机油、机滤、汽滤、空滤这些项目，而电动车则需要检查插口接头和线路绝缘情况，最主要的就是要对电池组检测和保养，相比燃油车保养简单，费用低。

缺点如下。①续驶里程在季节、路况、电池等综合因素影响下变化大。②充电时间长，慢充时间大概需要 8 h，快充也要 2 h。③充电难，国内充电设施还没有完备，公共场所充电桩很匮乏。

第 2 章

1. 混合动力电动汽车的基本组成主要有哪些？

混合动力电动汽车主要由原动机、传动系统、驱动系统、车载能量源、连接部件等构成。原动机，主要的能量来源；电动机，作为辅助动力；能量储存系统，将化学能转化为电能，以及反过来通过电化学氧化反应或还原反应提供或回收车辆中的电能，电能可能来自再生制动的能量回收或者通过插电式充电装置从电网获取；驱动系统，实现最佳的效率和性能；连接部件，实现电气元件的连接。

2. 电池的基本类型有几种？分别是？

总共有 4 种类型，分别是镍氢电池，铅酸电池，镍镉电池，锂离子电池（三元锂电池，磷酸铁锂电池）。

3. 原动机有哪 3 种？

汽油机、柴油机、燃料电池电动机。

第 3 章

1. 典型的混合动力电动汽车结构有几种？

按电机的位置分，有 P0 构型、P1 构型、P2 构型、P2.5 构型、P3 构型、P4 构型。

按动力系统的布置分，有串联式，并联式，混联式。

按是否外接电源充电与否分，有插电式与非插电式。

2. 电动机共有哪几种？

直流电动机，三相异步感应电动机，永磁同步电动机，开关磁阻电动机。

3. 永磁电动机有几种类型？分别是？

永磁无刷直流电动机，永磁磁阻同步电动机。

4. 汽车上有哪些传感器？

进气量传感器，节气门位置传感器，曲轴位置传感器和凸轮轴位置传感器，氧传感器，温度传感器，爆燃传感器，车轮转速传感器，转向盘转角传感器，加速度传感器，偏转率传感器，制动液压力传感器。

第 4 章

1. 充电时需要注意什么？

确保充电设备没有刮破、生锈、破裂或充电口、电缆、控制盒、电线以及插头表面没有破损等异常情况；选择在相对较安全的环境下充电（如避免有液体、火源等环境）；充电前请确保车辆、供电设备和充电设备的充电端口内没有水、外来物，金属端子没有因生锈或腐蚀而造成破坏、影响；正在充电时，不要接触充电端口；严禁对充电设备进行改装、拆卸或修理；严禁使用外加的电线或者适配器/转接器；严禁手上沾有水接触插头；严禁触摸充电插头插针和电动车充电插座插孔；必须在额定电压下充电；严禁在三相插头线变软以及充电枪电缆磨损、绝缘层破裂或者其他任何损坏的情况下使用；严禁在防护包装或者电动车充电口断开、破裂、打开或者表露出有任何损坏状况的情况下使用该设备。

2. 汽车冬季行驶需要注意什么？

驾驶前，可以根据驾驶条件采取如下措施：不要强行打开冻结的车窗或移动冻结的刮水器，应向冻结部位浇温水以使冰融化，并立即将水擦净以防结冰。为确保温度控制系统风扇的正常运行，应清除风挡玻璃前方进气口的积雪。检查并清除任何可能堆积在车外灯、车顶、底盘、轮胎周围或制动器上的冰雪。上车前，清除鞋底的雪或泥。

驾驶时，需缓慢加速，与前方行驶的车辆保持安全距离，并根据路况适当放慢行驶速度。需要驻车时停车并将挡位换至"P"挡，但不要设定驻车制动，以免驻车制动器冻结，导致不能解除。必要时，挡住车轮以防意外滑动或缓慢移动。

3. 汽车着火应该怎么处理？

如果车辆发生火灾，应及时冷静地采取有效措施进行处理，最大限度地降低损失。火灾一般有初期前兆，如车身出现异响、异味等，一旦发现异常情况时，应及时熄火停车，最好能将车停在避风处，然后取出车载灭火器进行扑救；查找起火点，如果发现内燃机舱冒烟，不要马上打开内燃机舱盖（因为这样做会使空气大量进入，从而加剧火势；内燃机舱的燃烧物很有限，保持内燃机舱盖关闭的状态，能控制火势燃烧缓慢，有利于扑救）。可用车载灭火器从内燃机舱盖缝隙处对准起火部位喷射灭火，或向过路车辆求救，如果能借到多个灭火器，可以在外部基本看不到火苗的情况下，打开内燃机舱盖，继续扑救；及时拨打119报警，告知消防队这是一辆电驱动汽车，务必通知救援人员，汽车装备了高电压蓄电池，同时拨打投保的保险公司报案电话，并要求保险公司到现场处理；消防队灭火后，索要出警证明，并要求其出具起火原因说明；事故发生后，及时联系保险公司进行事后处理。

4. 日常可以对汽车进行哪些保养？

车辆外部的清洁，更换刮水器刮水片，内饰清洁，补充内燃机、动力控制单元冷却液，补充内燃机润滑油，更换保险丝，更换灯泡，调节轮胎气压，补充喷洗液，更换空调滤清器。

参考文献

[1] 邹世德. 混合动力电动汽车的使用与维护策略分析 [J]. 时代汽车, 2020 (7)：82-83.

[2] 彭华. 中国新能源汽车产业发展及空间布局研究 [D]. 长春：吉林大学, 2019.

[3] 涂超群. 丰田雷凌双擎混合动力汽车技术解析 [J]. 时代农机, 2018, 45 (10)：78-79.

[4] 孙叶, 刘锴. 里程焦虑对纯电动汽车使用意愿的影响 [J]. 武汉理工大学学报 (交通科学与工程版), 2017, 41 (1)：87-91.

[5] 刘鹏, 孟宪臣. 浅谈未来新能源汽车的技术发展趋势 [J]. 科技创新与应用, 2015 (36)：79.

[6] 刘卓然, 陈健, 林凯, 等. 国内外电动汽车发展现状与趋势 [J]. 电力建设, 2015, 36 (7)：25-32.

[7] 罗骁, 陈薇. 混合动力汽车发展现状及前景 [J]. 电子世界, 2014 (11)：12-13.

[8] 王峰, 王安新. 混合动力电动汽车的使用与维护 [J]. 客车技术与研究, 2011, 33 (3)：58-60.

[9] 张冰战. 插电式混合动力电动汽车能量管理策略研究 [D]. 合肥工业大学, 2011.

[10] 舒华, 程旭东, 赵劲松, 等. 车辆稳定性控制 VSC 技术介绍 [J]. 汽车电气, 2010 (11)：34-36+41.

[11] 秦朝举, 袁丽娟. 混合动力汽车的研究现状与发展前景 [J]. 山东交通科技, 2008 (4)：97-100.

[12] 段幼华. 混合动力轿车复式制动系统的研究 [D]. 长春：吉林大学, 2007.

[13] 张金柱. 混合动力汽车结构、原理与维修 [M]. 3 版. 北京：化学工业出版社, 2017.

[14] 史文库, 姚为民. 汽车构造 [M]. 6 版. 北京：人民交通出版社, 2013.

[15] 凌永成. 汽车电子控制技术 [M]. 3 版. 北京：北京大学出版社, 2017.

[16] 余志生. 汽车理论 [M]. 6 版. 北京：机械工业出版社, 2018.